紀 序

　　2005年12月，臺灣臺北市的臺北小巨蛋開始正式營運，此時臺灣才真正擁有一座國際現代化商業運轉的大型多功能體育場館，在此之前，台灣真的很欠缺大型多功能體育場館，當然臺灣更欠缺營運實務經驗的專業管理人才，然而人才培養不易，也需要時間空間的充分配合。

　　隨著城市國際行銷的重要性，一座經營良好的國際級多功能體育場館是絕對必要的，它對於國家形象、城市印象與民眾休閒生活，肩負著雙向溝通的服務功能，場館空間為城市展現了說話的力量，而參與者在參與過程中，也以行為回應了對話的方式，不論是哪種類型活動，都帶給人們不同驚奇的饗宴，透過活動不斷地舉辦，在多元空間與時空不斷地對話當中，在無形之間也豐富都會人們的心靈與休閒生活，進而提升城市居民整體的人文素養與生活品質。

　　探究一座場館是否能永續經營，並維持肩負城市行銷及人文探索重要任務目標，同時又能確保良好的營運與服務品質可靠性，實有賴於培育專業經理人對場館經營價值觀與實務觀的建立，在本書當中作者以行動與管理參與者的實際背景與角度，將理論及實務上真實的觀點加以綜合論述，可為場館現在與未來人才的管理觀念培養，以及場館相關工作實務操作能力的培育，長遠經營規劃正確觀念建立，提供良好深入淺出專業知識系統的教育訓練範本，

　　本人基於對臺灣體育長期的熱愛與關注，以及與產官學界合作的多年規劃執行經驗，深覺本書值得推薦，期盼臺灣培育更多大型多功能體育場館專業管理人才。

紀政

希望基金會

2013/11/19

i

鄭　序

　　體育館是運動行為發生的起點，演變至今更成為各項體育活動的基礎建設，世界各國無不積極籌建、規劃與興建各類型場館。臺灣在2005年第一個民營化的大型多功能體育館——臺北小巨蛋的開幕後，除開啟了多功能巨蛋體育館的新局面，更帶動了周邊產業的蓬勃，與大型體育館的興建，故此書以其為論述核心，實具有相當之參考價值。

　　本書作者群為兼具理論與實務的超級組合，首先，由全臺灣唯一參與過三個巨蛋規劃營運的大型多功能體育館經理人李柏熹領軍，其資歷涵蓋OT與BOT評估投標、建築設計規劃與營運管理實務，深具實戰經歷，帶領全書的撰做方向；配合帆庭國際股份有限公司總經理臧國帆，以其在臺北小巨蛋安全服務部工務管理處高專與OT案與市府接管專案承辦之經歷，兼以育達科技大學休閒事業管理系副教授黃蕙娟個人過去學養與實務經驗，採學術的角度進行整合分析，共同完成此一集結初級資料輔以個人實務經驗之專作，相信此書可作為未來相關產官學界參考之工具書籍。

　　本書共分十二章節，其架構從初探、營運實務、可行性評估、營運規劃、行銷管理、大型活動、到機電餐飲以及相關法令與願景建議，其涵蓋之內容極為完備，值得肯定，也可幫助讀者熟悉多功能體育館現場作業之專業知能。

　　個人多年來耕耘於運動休閒專業領域，也深知多功能體育館對於運動產業之意義與價值，而本書以實務角度出發，兼具理論與法令之探討，集結國外多功能體育館的營運理方法，並參酌本土市場的實際狀況，值得向國人推薦，值此書出版之際，特撰文以為序。

國立臺灣師範大學副校長

鄭志富

林 序

　　很榮幸接受老朋友所託為其新書作序，更高興國內一些優秀的專家、學者很用心地以實務經驗，蒐集並提供一套完整且具體大型體育館之經營實務，值得讚許與推薦。

　　我國運動產業的發展，在馬總統指示下將陸續完成32座國民運動中心，並在前任體委會戴主委努力下通過「運動產業發展條例」對運動產業注入一劑強心針，接續體育署成立後在何署長豐富行政經驗及積極推動下，落實「體育運動政策白皮書」，將帶動新一波運動產業發展，國人可拭目以待。

　　運動產業發展除政府前瞻性政策規劃與執行外，亦須仰賴社會與民間企業豐沛資源與人才一同投入，才能帶動整體產業不斷提升與發展。近年來，可以看到大型多功能體育場館的規劃建設，為運動產業主體與周邊行業，包含硬體工程與軟體服務行業，提供更多產業結合發展的可能性，例如運動表演業、運動經紀、場館經營顧問、場館經營服務、場館物業管理服務及運動人口的提升等。

　　一座大型場館誕生，初期所耗費之資金與人力不可言喻，而後期的維運更是一大挑戰，不論是由政府公營，或是委外經營模式，亦或委外興建經營模式等，均需要各種專業人才投入，實屬不易。然而在大型多功能體育場館這樣特殊性的行業，每座場館因應使用的特殊功能性，將造就不同的經營方式，此外在地文化與市場生態需求的差異，使場館在經營與行銷規劃也有不同，所以場館經營經驗之傳承與創新是需要應變的知能與執行力，這個部分也是最不容易建立的。

　　本書撰寫內容特別將規劃、籌備、接館、營運等實務經驗毫無保留與大家分享，這點非常難能可貴，未來若要讓規劃與經營團隊參與的人

員或學校教學有參考的價值與溝通語言，透過場館專業知識經驗的建立與交流，將是最快最好的方式。

　　作者同時也將未來場館發展觀點，以經營者角度提出中肯的建議，是一本可窺及大型多功能體育場館經營面貌的優良工具書，值得推薦產官學界參考。

教育部體育署
主任秘書
林哲宏
2013/12/6

北谷　序

The readers of this book are extremely fortunate since no other such texts existed even in the leading market of live entertainment industry. Mr. Lee's experience, careful observation and extensive research have created this impeccable master textbook on venue management.

Globally, arenas and stadia have become privatized over the last two decades and many new constructions are taking place by private corporations and joint ventures which may include local municipal governments.

I have known Mr. Lee since the early period of Taipei Arena and have had privileges of sharing my personal experience in managing Tokyo Dome stadium and promoting concerts and sports events in many cities of the world. While Mr. Lee resembles a character of a serious scholar, his deep understanding of entertainment industry structures, law policy issues and marketing had definitely made him a unique and well-respected entertainment professional. His presence is well-known outside of Taiwan and he is perceived to be the ultimate authority in entertainment venue management in the Far East.

This book will be beneficial to anyone who has direct involvement with venue management, entertainment and sports industry, media business and policy makers. I would like to recommend this crowned jewel of entertainment textbook at the most enthusiastic of terms.

　　我認為能有機會讀到這此書的各位讀者真的是非常的幸運。因為在這本書之前，有關在娛樂產業主辦現場活動的書籍幾乎是沒有的。由於李柏熹先生本身所擁有的豐富經驗，再加上細心的觀察以及廣泛的研究，讓此書成為無可挑剔的一本業界參考書。

　　在全球的國際市場上，過去二十年的體育場館逐漸民營化，並且有越來越多的建設逐漸邁向民間企業經營或是與政府共同合資管理。

　　我與李先生的相識是在早期的台北小巨蛋時代，我非常榮幸的有機會能夠與李先生分享我在東京巨蛋舉辦演唱會、體育賽事以及世界各國舉辦活動的經驗。雖然李先生看起來像一位非常斯文的學者，但是他對

於娛樂業界的結構、法律政策以及市場營銷的瞭解度,足以證明他是一位非常獨特並且備受尊重的專業人士。李先生在海外也是被公認為對於亞洲的休閒體育場館管理的最終權威者。

最後,我相信此書對於場館管理、體育娛樂業界、媒體業務以及相關法規有興趣的讀者們非常有利,我衷心推薦此難得一見的著作!

北谷 賢司 博士

愛貝克思(新加坡)國際控股有限公司 總經理

愛貝克思集團控股公司 特別顧問

Kenji Kitatani, PhD

President, avex international holdings Singapore Pte. Ltd.

北谷博士為世界領先的媒體以及娛樂事業的專業人士。現任為日本愛貝克思集團控股公司的特別顧問並兼任子公司愛貝克思(新加坡)國際控股有限公司的總經理,管理集團公司在台灣、新加坡、中國、香港以及夏威夷的海外分公司。此外,2010年開始,北谷博士擔任日本金澤工業大學數位資訊技術融合研究所所長。

北谷博士在1991年到2003年之間,擔任日本東京巨蛋(Tokyo Dome Corporation)的董事並兼任東京巨蛋在美國紐約(Tokyo Dome Enterprises Corporation)的分公司總經理。隨後加入Sony Corporation,擔任美國Sony Corporation的執行副總裁。

自 序

　　2005年，自首座委託民間經營的多功能體育館——臺北小巨蛋開幕後，演唱會市場逐年成長，多元化的體育賽事也不斷在小巨蛋中精彩呈現，我國的大型活動市場從此邁入嶄新世紀。而臺北小巨蛋更開創了場館新局面，成為我國第一個委託民間經營，兼具商業化之多功能體育館，不但有別於傳統公家單位或學校經營管理之模式，亦是自2003年起，考察了美國、日本、新加坡、香港的管理技術，並融合臺灣市場特性所建立出來之獨特形式，深具參考價值。

　　高雄巨蛋則是第一個採用民間BOT方式開發的多功能體育館，在筆者擔任顧問期間，協助高雄巨蛋建立了第一套的經營管理制度，建立初期營運團隊。多年來，臺北小巨蛋、高雄巨蛋對於臺灣多元活動市場大幅成長之貢獻有目共睹，兩個多功能體育館也儼然成為南北的休閒娛樂中心，加以民營化的大型運動場館也愈來愈受到企業界與學術界的重視，促使有志投入多功能體育館產業的學生、專業人士愈來愈多。然綜觀我國諸多相關研究、著作，對多功能體育館營運管理實務分享卻付之闕如，加以少數的研究成果僅能依據次級資料進行分析歸納，既難以碰觸到多功能體育館的經營核心，也較欠缺對本地市場的了解，為訓練出能在實務上操作的經營管理者，一本富在實務經驗，兼具參考價值之專書，實有撰做之必要，此成為本作者群產出本書之初衷。

　　筆者有幸，十年來參訪了超過一百個國內外的大小巨蛋、職棒球場、職籃球場、多功能體育館、會展中心、音樂廳、劇場、博物館，並與其高階經營管理者有長期且深入的交流，除便於取得第一手經營管理實務資料，因本身直接參與超過六十場大型活動的規劃、執行等實務經驗，更得以深入瞭解大型活動的場地需求與管理。筆者將這十年來所取

得之初級資料輔以個人實務經驗，萃取其重點在本書中呈現，期除得以協助初學者建立正確的觀念外，更得以釐清次級資料解讀上的謬誤，也幫助讀者在熟讀後，能具備立即投入臺北小巨蛋、高雄巨蛋，甚至臺北（大）巨蛋等多功能體育館之現場作業及工作之專業知能。

　　本書內容雖經嚴謹求證，並詳細校稿、確認，然因牽涉到國內外資料繁多，難免有疏漏或過時之內容，懇請相關領域的專家學者、前輩、從業人員，持續給予題點與指導。對於書中的謬誤或有不同觀點，敬請各位先進不吝賜教，俾於改版時更正，為產業提供更精闢之參考資訊。

李柏熹、臧國帆、黃蕙娟 謹誌

目　錄

紀　序　i

鄭　序　iii

林　序　v

北谷　序　vii

自　序　ix

CHAPTER 1　多功能體育館意義與未來發展之探討　1　　黃蕙娟

第一節　運動場館之定義與分類　4

第二節　臺灣代表性多功能體育館所屬規模與分類　8

第三節　多功能體育館之未來展望　11

本章結論　13

CHAPTER 2　多功能體育館規劃設計之實務程序與原則　17 李柏熹

第一節　多功能體育館之需求與用途　19

第二節　多功能體育館之選址　29

第三節　多功能體育館之基本設計原則　35

第四節　多功能體育館之附屬事業規劃　54

本章結論　60

CHAPTER 3　多功能體育館營運可行性評估　63　　李柏熹

第一節　政府開發規劃的可行性分析項目　65
第二節　市場現況與潛力分析　73
第三節　競爭分析　89
第四節　財務可行性分析　97
本章結論　102

CHAPTER 4　多功能體育館之營運準備規劃　105　　李柏熹

第一節　多功能體育館之營運組織規劃　107
第二節　多功能體育館之營運準備　123
第三節　商業設施招商與進駐開幕作業　136
本章結論　145

CHAPTER 5　多功能體育館的業務行銷規劃　149　　李柏熹

第一節　多功能體育館業務行銷作業概述　151
第二節　多功能體育館業務發展管理概述　152
第三節　多功能體育館行銷企劃管理概述　174
第四節　多功能體育館公共關係管理概述　179
本章結論　186

CHAPTER 6　多功能體育館的大型活動管理　189　　李柏熹

第一節　大型活動管理概論　191
第二節　活動前期管理作業執行實務　194
第三節　活動進行期間管理作業執行實務　203

第四節　活動後期管理作業執行實務　212

本章結論　215

CHAPTER **7**　多功能體育館之機電場務管理　219　　　臧國帆

第一節　場館建築設備與設施維護管理作業規劃　222

第二節　場館設施安全管理作業規劃與測試修正　227

第三節　建築機電設備與設施維護管理作業測試
　　　　與缺失改善　231

第四節　外部協力廠商設施使用申請與維護管理作業
　　　　執行實務　235

第五節　場館安全管理作業執行實務　239

本章結論　242

CHAPTER **8**　多功能體育館之餐飲零售　247　　　臧國帆

第一節　場館外之餐飲零售規劃　249

第二節　場館內之餐飲零售規劃　252

第三節　場館內貴賓包廂之餐飲零售規劃　253

第四節　場館附屬事業規劃　256

本章結論　262

CHAPTER **9**　臺灣現有多功能體育館介紹　265　　　黃蕙娟

第一節　臺北小巨蛋之介紹　267

第二節　高雄巨蛋之介紹　284

本章結論　293

CHAPTER **10** 臺灣多功能體育館的願景與建議　297　臧國帆

第一節　臺灣多功能體育館的願景　299
第二節　未來大型體育場館建築規劃興建與委外營運
　　　　之建議　304
本章結論　306

 CHAPTER **11** 臺北（大）巨蛋BOT案簡介　309　李柏熹

第一節　臺北（大）巨蛋案的起源　311
第二節　臺北（大）巨蛋的設計規劃　332
第三節　臺北（大）巨蛋案的展望　343
本章結論　347

 CHAPTER **12** 多功能體育館公辦民營之相關政策與法規分析　353

黃蕙娟

第一節　世界各地民營化之興起　356
第二節　臺灣地區民間參與公共建設之沿革　359
第三節　多功能體育館委外經營之政策與法令　363
第四節　BOT與多功能體育館委託經營模式　367
本章結論　373

CHAPTER 10

多功能體育館意義與未來發展之探討

黃蕙娟

第一節　運動場館之定義與分類

第二節　臺灣代表性多功能體育館所屬規模與分類

第三節　多功能體育館之未來展望

本章結論

重點摘要

　　本文首將針對各類運動場館進行定義與分類，確認體育館所在位置，進而分析臺灣現有體育館所屬規模，延伸討論並據之以提出未來展望與建議，期得以對於整體運動產業之發展，提供有效之參考依據。本章重點簡述如下：

一、大型體育館擁有多用途、可多角化經營、可出售冠名權、吸引職業運動進駐、推廣演出賽事與運動觀光等效益，以及提供城市轉型的外溢效果，因此，「體育館」相關議題，成為整體發展運動產業不得不正視的重要課題。

二、運動場館主要涵蓋場域包括有：田徑運動場（或稱操場）、體育館、游泳池、運動中心、社區或學校活動中心、運動公園與其他運動場館。

三、體育館的分類，依據體育館的規模，將之區分為以下幾類：巨蛋體育館（dome）、大型體育館（arena）、露天體育館（stadium）、中小型體育館（gymnasium）與簡易體育館（field house）。

四、臺灣目前具有指標性與代表性的體育館包括：臺北小巨蛋、高雄巨蛋以及興建中的臺北（大）巨蛋。依據容納人數、場館規模與功能，臺北小巨蛋與高雄巨蛋可歸類為大型體育館，而興建中的臺北（大）巨蛋，則可歸屬於巨蛋體育館。

五、建議規劃時可思考：功能多用途的創造、營運方式多角化、充分利用營運時間、商業機能運轉、優秀經營團隊組合、提升服務業競爭力。

　　運動場館的興建、經營與管理是運動產業發展的基本面向（熊鴻鈞，2012），也是所有運動行為產生的基本條件。尤至今日，無論是參與性運動之推展，抑或是觀賞性運動的生產，均需具備運動場地設施此一先決條件，顯示出建製完備功能之運動場地，不只得以誘發運動行為，也為國家發展體育運動之要件（黃蕙娟，2013）。

　　運動場地種類繁多，依據不同的分類各有不同的定義與說明，使得過去多數使用者對其涵義並不是很清楚（林國棟，1996），也造成名稱各異。邱金松（1992）提出運動場地設施之基本概念，認為其包含運動場地、運動設施、運動器材、附屬設施、附帶設施與關聯性設施，另雷文谷（2006）亦彙整過去學者之觀點，提出各類得以提供社會大眾從事休閒、運動、體育教學、健康與體適能活動與運動競賽之室內外場地及附屬設施稱為「運動場地設施」；然官文炎（2009）與田文政、陳國華（2011）則將sport facility一詞合併稱之為運動場館，因此，本文將以運動場館作為總體概念之名詞（黃蕙娟，2013）。

　　然自古希臘奧林匹克運動會之舉辦開始，延續至今影響了體育館之建造與發展，加以政治與國家社會的推波助瀾，職業運動之興盛與運動參與人口的增加，以及科技和工程技法的日新月異（官文炎，2009；田文政、陳國華，2011），刺激與帶動大型體育館不斷興建，也使得「體育館」在各類運動場館中脫穎而出，成為提供人們從事各類運動行為的重要場所。例如日本目前單體型運動場所有21,078個，複合型運動場所亦有6,415個，更有包括東京巨蛋體育館（Tokyo Dome）與福岡巨蛋體育館（Fukuoka Yafuoku! Dome）等共計8個巨蛋體育館；而美國現有包括1965年啟用，曾被譽為世界八大奇景之休士頓太空巨蛋體育館（Houston Astrodome）等共計15個巨蛋體育館；加拿大則擁有3座，包括興建於1989年，世界首座自動開閉式，被譽為世界第九大奇景之多倫多天頂巨蛋體育館（SkyDome，現名Rogers Centre）；英國亦於1990年興建，1999

年啟用千禧巨蛋（Millennium Dome，現名O2 Arena）。而臺灣亦跟進此國際潮流，為推展全民運動除了在臺北市各行政區皆興建完成並啟用各運動中心外，亦開始於各縣市進行國民運動中心之興建與規劃；而為因應大型國際賽事、發展職業運動與休閒育樂，亦興建規劃各大型體育館，例如2005年正式開館啟用之臺北小巨蛋，為2009年高雄世界運動會所興建之世運主場館（龍騰），以及松山菸廠正在興建中之臺北文化體育園區多功能體育館「臺北（大）巨蛋」即為此例（黃蕙娟，2013）。

此外，由於大型體育館擁有多用途、可多角化經營、可出售冠名權、吸引職業運動進駐、推廣演出賽事與運動觀光等效益，以及提供城市轉型的外溢效果（陳鴻雁，2010），因此，「體育館」相關議題，成為整體發展運動產業不得不正視的重要課題。然過去名稱多有混淆，針對體育館有學者稱之為大型運動場館、運動場、體操館與體育劇場等，亦有稱之為巨蛋或是小巨蛋者，然歸諸過去文獻，卻無定論或是無所依據（黃蕙娟，2013）。因此，運動場館所指為何？體育館又與運動場館有何關係？為明確定位其角色，本文首將針對各類運動場館進行定義與分類，確認體育館所在位置，進而分析臺灣現有體育館所屬規模，延伸討論並據之以提出未來展望，期得以對於整體運動產業之發展，提供有效建議。

第一節　運動場館之定義與分類

一、運動場館之意義

運動場館泛指一切提供人類從事各種運動行為的活動場所，是從事運動行為的基本單位，也是體育事業發展最重要的環境條件（田文政、

陳國華，2011）。也由於運動場館所涵蓋的範圍相當廣泛，因此，眾多學者各依據不同方式進行分類（黃蕙娟，2013）：蔡長啟（1983）依據使用對象、興建空間、使用目的與建築型態分類；黃金柱（1993）依據經營性質及使用規模進行分類；葉公鼎（1990）依據場地規模以及經營型態進行歸類；官文炎（2009）從領域、所在區位、等級及服務距離、建築型態以及容納人數等進行區分；大陸學者譚群林、顏銘與盧海濱（2011）則依功能、用途管理者、聚散程度與運動項目進行分類；劉田修、周宇輝（2012）則依其設置目的與功能屬性之不同，概略分為觀賞型運動設施以及參與型運動設施。

　　黃蕙娟（2013）彙整官文炎（2009）、雷文谷（2006）與田文政、陳國華（2011）等學者意見，歸納運動場館主要涵蓋場域包括有：田徑運動場（或稱操場）、體育館、游泳池、運動中心、社區或學校活動中心、運動公園與其他運動場館，因此，體育館為其中的一種類別，換言之，體育館係歸屬於運動場館的類別之一，運動場館涵蓋範圍較廣，主要提供體育教學、選手訓練、社會大眾娛樂休閒以及觀賞性運動競賽之用，更為設置體育場必備條件（林秉毅、劉田修，2003）。

二、多功能體育館之定義與分類

　　體育館的概念從古希臘、羅馬時期至今日，隨時代背景、國度與地區差異、社會意義與制度，以及民眾需求提升等而不斷轉變，各有不同的名稱、詮釋與意義（黃蕙娟，2013）。葉憲清（1999）指出，此為民眾使用率最高與最喜愛之運動場所。體育館主要提供訓練、教學比賽、休閒、演唱、集會等功能，除了為多樣性的室內場所，也具備不受天候（雨天、冷熱）影響與使用時間（晝夜）限制之特性，也因為此為永久性的建築，因此，學者田文政、陳國華（2011）建議，在設計規劃期間

最好能與周邊商圈、交通體系做全面結合考量，做長期擘劃，方得以永續經營。然大體而言，體育館係指占地大、體積大、設有專門設備可供各種體育活動用途之大型、永久性建築（黃蕙娟，2013）。

而體育館的分類，也因學者而異，為求客觀基準，黃蕙娟（2013）參照學者看法，依據體育館的規模，將之區分為以下幾類，歸納說明於下：

(一)巨蛋體育館（dome）

源自拉丁文「domus」，意指住所，在英文之意為半球形狀、圓屋頂形狀的建築物以及使建築物膨脹成圓形（張紫樹，1977）。現指超大型圓頂體育館，因巨蛋屋頂材料使用鐵氟龍玻璃纖維薄膜（Teflon coated fabric），外觀造型就像雞蛋潔白又薄，故俗稱為「巨蛋」（官文炎，1996），容納觀眾人數在50,000人以上的規模（亦有學者認為在40,000人以上即屬之）。巨蛋一詞緣起於日本東京巨蛋，而其外觀為圓頂造型，故也如同一顆巨大的蛋一般。而巨蛋體育館之量體大小應為直徑210公尺以上的圓形或是近乎圓形大型結構體，高度也需在68公尺以上淨高，頂蓋可採用活動開閉式系統、氣撐式鋼索網或鋼索衍架網等設計。造價昂貴，需有詳盡的風險維安管理系統，以及對外交通網絡、停車空間與大眾運輸等之規劃設計，同時可一館多用（黃蕙娟，2013）。

(二)大型體育館（arena）

或稱center，arena在過去解釋為鬥獸台與圓形競技場（吳卓夫，1988；官文炎，2003）。在今日係指提供作為各運動項目所使用之專業與具規模之室內競技比賽場地，歐美國家通常將大型體育館以此命名，較適合室內專用之運動項目。可容納約20,000人之規模（亦有學者認為在15,000人至25,000人間），區別為室內與露天體育館。與巨蛋體育館相同

羅馬競技場已具備現代大型體育館的雛形，是最早的觀賞型運動設施
（李柏熹攝，2006）

之處在於皆為綜合性的體育館，但相異之處在容納人數與造價經費，大型體育館低於巨蛋體育館（黃蕙娟，2013）。

(三)露天體育館（stadium）

功能與大型體育館頗接近，但因興建成本低以及維護較易，成為都市級體育館興建之主流，目前我國各縣市體育館多屬於此類，可容納人數依據運動項目、所處地區等各異（亦有學者認為在6,000人至10,000人間）。目前美國、日本為數眾多之棒球場多屬此（黃蕙娟，2013）。

(四)中小型體育館（gymnasium）

或稱為體操館，通常指可以讓人進行體育活動的室內場地，可從事體育教學、體能訓練或是比賽。國內早期多數各縣市立體育館與大專校

院之室內體育館興建頗多，可容納人數為6,000人以下。看臺較少，也無包廂設備，主場地地板無法更動，故舉辦非體育活動時，需要加鋪保護墊（黃蕙娟，2013）。

(五)簡易體育館（field house）

設備簡單，供教學訓練用的體育館，提供多項室內運動設施擺放與使用空間，規模與設備較簡易（黃蕙娟，2013）。

第二節　臺灣代表性多功能體育館所屬規模與分類

臺灣目前具有指標性與代表性體育館包括有臺北小巨蛋、高雄巨蛋以及興建中的臺北（大）巨蛋，黃蕙娟（2013）分別針對所屬規模進行分類與說明。

一、臺北小巨蛋

臺北小巨蛋位於臺北市南京東路四段及敦化北路交叉口，前身為臺北市立棒球場，2000年拆卸後，自2001年11月12日開工重建，於2005年8月底完成，12月1日正式開館啟用，命名為臺北市立多功能體育館，稱為Taipei Arena，是臺灣首座多功能室內體育館。觀眾席位得以因應不同目的而改變座椅配置：中央舞臺式可容納座位數共計15,350個；遠端舞臺式可容納13,500個座位；近端舞臺式可容納10,000席位（臺北小巨蛋，http://www.taipeiarena.com.tw/default.aspx）。

2005年啟用的臺北小巨蛋，是臺灣第一座大型多功能室內體育館（李柏熹攝，2012）

二、高雄巨蛋

全名為高雄現代綜合體育館，2004年以BOT方式動工興建，完工於2008年。提供民眾競技、表演、運動、會議、展覽、遊憩、教學等高水準、多功能的舞臺，2009年成功完成體操、運動舞蹈等世運會。基地面積一萬七千餘坪，屋頂為大跨距鋼構外型，館內挑高40公尺，6層樓高的開放空間，15,000個座位，並設置大型中央電子螢幕、活動天花板懸掛系統、視訊即時轉播等，是符合奧運設施標準的現代化綜合體育館。移動式自動縮放座椅與大型活動吊具等設施，使高雄巨蛋快速變更空間使用特性，可提供大型且多目標活動使用（高雄巨蛋，http://www.k-arena.com.tw/intro_00.aspx）。

2008年啟用的高雄巨蛋，是臺灣第二座大型多功能室內體育館，開幕迄
今已經成為南臺灣最重要的文化育樂地標（李柏熹攝，2008）

三、臺北（大）巨蛋

　　係指臺灣省菸酒公賣局松山菸廠古蹟再利用興建之臺北文化體育
園區多功能體育館主體。位於光復南路、忠孝東路與臺鐵縱貫線之間。
該區設置項目兼作文化展演空間，官方名稱為臺北體育園區，然因為與
過去臺北小巨蛋有所區隔，所以以臺北（大）巨蛋稱之。現定位為現代
化、科技化、資訊化、實用性與多功能之臺灣國際級娛樂場所，預計可
容納人數將達40,000人（遠雄巨蛋公司，http://www.farglorydome.com.tw/
tw/）。

　　綜合上述分析可知，依據容納人數、場館規模與功能，臺北小巨蛋
與高雄巨蛋可歸類為大型體育館，而興建中的臺北（大）巨蛋，則可歸
屬於巨蛋型體育館（黃蕙娟，2013）。另由上述三大場館可知，目前臺

灣興建場館朝向多功能、大型、室內體育場館方向演進，與國際趨勢接軌（黃蕙娟，2013）。而臺灣另有桃園巨蛋與苗栗巨蛋兩大體育館皆以巨蛋命名，然桃園巨蛋容納15,000座位數之規模，僅得以歸屬為大型體育館；而苗栗巨蛋僅得以容納7,788之座位數，充其量只能歸屬於studium之規模，黃蕙娟（2013）指出，臺灣過度使用巨蛋名稱，然事實上，甚多體育館皆未達巨蛋之規模。

第三節　多功能體育館之未來展望

　　一個成功體育館的建製，其造型與建築外觀，都是建築功法與藝術創作的結晶，未來，也將如同臺北小巨蛋是結合「藝、文、體、愉、食」五度空間般，將是運動、訓練、賽事、藝文、展覽、會議等多功能的綜合性休閒中心，也得以成為城市的觀光景點與國家的新地標（例如北京奧運的鳥巢與水立方），因此，以多功能體育館命名之，應為妥切（黃蕙娟，2013）。然因各類型體育館動輒耗費經費甚多，因此，未來多功能運動場館之興建與評估應更審慎考量，黃蕙娟（2013）建議規劃時可思考以下幾個方向：

1. 功能多用途的創造：參考小巨蛋以商養場的概念，除了傳統功能外，亦思考善用非比賽的期間，充分舉辦多樣性的活動。
2. 營運方式多角化：善用策略結盟，吸引多元化廠商進駐，例如運動博物館、音樂廳、飯店、百貨公司及遊樂場等，販售紀念品，可吸引人潮又得以增加營收。
3. 充分利用營運時間：延長營業時間為便利顧客的一種舉動，尤其對於服務性產業而言。因此，若是能使場館使用率達百分百，充分利用每一天，不但得使場館曝光率提高，知名度提升，也得以免除場

館空閒養蚊子的情形發生。

4. 商業機能運轉：善用場館命名權出售，善用公共資源爭取利益，與廠商達雙贏的曝光機會，提高品牌形象，也得以收取命名費用；另也可吸引職業運動隊伍的進駐，可同時發揮場館與城市行銷之雙重效益，並推展運動觀光。

5. 優秀經營團隊組合：大型以上的體育館因為涉及層面很廣，經營不易，因此應參考企業經營的原理原則，透過民間企業營運之觀點來建立，重視市場機制之運作，因此需要優秀的經營團隊與人才。此也顯示，未來引入公辦民營以及優秀人力資源的培育有其必要性。

6. 提升服務業競爭力：增加場館服務設施，提升服務品質，並做好場館營運研發工作，可納入獎勵與評鑑機制，導入民間企業之管理方式。

東京巨蛋除了巨蛋體育館，尚有大型遊樂場、SPA館、商場、飯店、音樂廳等多元化設施，成為東京最重要的娛樂地標（李柏熹攝，2011）

 本章結論

　　運動場館是運動產業發展與所有運動產生的基本條件。運動場地依據不同的分類各有不同的定義與說明，然回顧學者觀點，黃蕙娟（2013）歸納，運動場館應得以作為總體概念之名詞。然自古希臘奧林匹克運動會之舉辦開始，政治與國家社會的推波助瀾，加以場館擁有多用途、多角化經營、冠名權、職業運動進駐以及提供城市轉型的外溢效果，使得「體育館」在各類運動場館中脫穎而出，成為提供人們從事各類運動行為的重要場所（黃蕙娟，2013）。體育館係歸屬於運動場館的類別之一，運動場館涵蓋範圍較廣，而體育館則為設置體育場必備條件（黃蕙娟，2013）。反觀國內，依據容納人數、場館規模與功能，臺北小巨蛋與高雄巨蛋可歸類為大型體育館，而興建中的臺北（大）巨蛋，則可歸屬於巨蛋體育館。進一步分析可知，目前臺灣興建場館朝向多功能、大型、室內體育場館方向演進，與國際趨勢接軌，而其他巨蛋存在則顯示，臺灣過度使用巨蛋名稱，然事實上，甚多體育館皆未達巨蛋規模。因此，未來體育館之規劃，應朝向功能多用途、營運方式多角化、充分利用營運時間、商業機能運轉、優秀經營團隊組合與提升體育館之服務業競爭力等方向努力（黃蕙娟，2013）。期透過本文得以協助澄清體育館之定位與意義，並期在政府財政資源日益減縮之際，提醒各界重視營運與投資績效，使大型體育館之興建，得以充分發揮預期效益。

問題討論

一、請簡要說明運動場館之定義與分類。

二、請說明體育館之定義與分類。

三、請簡要說明臺灣代表性體育館有哪些？所屬規模與分類為何？

四、請簡要說明多功能體育館之未來展望？

參考文獻

田文政、陳國華（2011）。〈運動場館概論〉。載於劉田修（主編），《運動場館規劃與管理》（頁53-73）。臺北市：華都。

吳卓夫（1988）。《建築辭典》。臺北市：國立編譯館。

周宇輝、簡全亮、胡廷鴻（2010）。〈興建大型公共設施之決策模式〉。《國民體育季刊》，39(3)，頁7-10。

官文炎（1996）。〈圓頂運動場（Dome）經營成功的策略探討——以東京（Tokyo Dome）為例〉。《北體學報》，5，頁161-176。

官文炎（2003）。《棒球場的建造及其發展之研究》。臺北市立體育學院碩士論文，未出版，臺北市。

官文炎（2009）。《運動場館規劃與經營管理》。臺中市：華格那。

林秉毅、劉田修（2003）。〈運動場館經營管理發展策略之探討——以屏東縣立體育場為例〉。《大專體育》，68，頁111-116。

林國棟（1996）。〈學校體育之運動設施事業〉。《大專體育》，28，頁29-45。

邱金松（1992）。〈運動設施的概念與問題之探討〉。《建築師雜誌》，210，頁48。

高雄巨蛋，http://www.k-arena.com.tw/intro_00.aspx

張紫樹（1977）。《大陸簡明英漢辭典》。臺北市：大陸書局。

陳鴻雁（2010）。〈大型運動場館之營運與推廣〉。《國民體育季刊》，39(3)，頁18-25。

黃金柱（1993）。《體育管理》。臺北市：師大書苑。

黃蕙娟（2013）。〈多功能體育館意義初探與未來展望〉。《中華體育季刊》，27(2)，頁119-126。

葉公鼎（1990）。〈公共體育館的經營管理〉。《國民體育季刊》，19(1)，頁78-85。

葉憲清（1999）。〈臺灣公立體育場之體育館之經營研究〉。《體育學報》，27，頁1-6。

雷文谷（2006）。《運動場地設施規劃與管理》。新北市：全威圖書。

熊鴻鈞（2012）。〈運動產業發展條例之實施與應用——運動場館業〉。《國民

體育季刊》，41(3)，頁17-20。

臺北小巨蛋，http://www/taipeiarena.com.tw/default.aspx

遠雄巨蛋公司，http://www.farglorydome.com.tw/tw/

劉田修（2008）。〈運動設施規劃及管理實務〉。2008運動設施經理人初級證照研習會研習手冊，頁106-109。

劉田修、周宇輝（2012）。〈運動產業發展條例之實施與應用——運動設施營造業〉。《國民體育季刊》，41(3)，頁32-35。

劉田修、鄭良一、田文政、黃煜、鄭勵君、康正男、許龍池、陳國華、李俞鱗、林秉毅、周宇輝、簡鴻檳（2011）。《運動場館規劃與管理》。臺北市：華都。

蔡長啟（1983）。《體育建築設備》。臺北市：體育出版社。

鄭志富（2004）。《體育行政與管理》。臺北市：師大書苑。

簡鴻檳（2012）。〈運動產業發展條例之實施與應用——輔導運動場館業〉。《國民體育季刊》，41(3)，頁21-25。

譚群林、顏銘、盧海濱（2011）。《體育場館經營管理實務》。廣州：華南理工大學出版社。

CHAPTER 2

多功能體育館規劃設計之實務程序與原則

李柏熹

第一節　多功能體育館之需求與用途

第二節　多功能體育館之選址

第三節　多功能體育館之基本設計原則

第四節　多功能體育館之附屬事業規劃

本章結論

重點摘要

　　本章將從多功能體育館的需求、用途與定位出發，再依據場館定位進行選址與配套措施規劃，並在最後重點提示設計原則實務，以及相關附屬事業之規劃。簡述本章之重點於下：

一、有良好的場地才能發展體育或藝文娛樂政策，但良好場地僅是整體產業政策的一環。

二、多雨的臺灣需要大型室內多功能體育館，運動場館多功能使用為國際趨勢，因此自規劃之初就應該將不同用途納入設計考量。

三、多功能體育館的經營選擇應考量公營或民營？場館營運定位為何？據此，再將合宜的基礎建設改良與商業性配套措施納入設計，避免對環境造成衝擊，也預防成為使用率不彰的蚊子館。

四、多功能體育館規劃設計之初，必須要有未來營運者、潛在營運者或有相關營運經驗之顧問參與其中，以確保所有軟硬體設計符合實際營運需求。

五、場館設計時，營運者應特別注意人車動線區隔、前場空間、後場空間、機電空調設施等實務設計需求項目。

六、是否規劃附屬事業或附屬商業設施，應由場館營運定位與營運方式為考慮基礎，事業項目以主場館使用者（觀眾、主辦單位、競賽或演出者、工作人員等）之服務性設施為優先，再考慮挹注營運收入，以及提升整體園區附加價值等。

第一節　多功能體育館之需求與用途

一、場地是任何活動舉辦之基礎

Mullin（2000）等人指出，運動場地設施是運動行為發生的基本條件之一。不論體育發展或演藝娛樂發展，自有其整體政策配套考量，但良好的場地規劃，絕對是運動休閒或演藝娛樂產業發展之基礎。沒有場地，尤其是良好的場地，高品質的休閒運動賽事或演藝娛樂活動是無法舉辦的。

(一)運動場館的分類

官文炎（2009）曾針對運動場館做過概略性分類歸納，包括：

◆從領域區分

　　1.學校型運動場館。

　　2.社會型運動場館。

◆從所在區位區分

　　1.直轄市型運動場館。

　　2.都市型運動場館。

　　3.縣（市）級運動場館。

◆從等級區分

　　1.社區級或縣級運動場館。

　　2.都會區級運動場館。

　　3.國家級運動場館。

◆從建築型態與容納人數區分

1.巨蛋體育館。

2.大型體育館。

3.中大型體育館。

4.中型體育館。

5.小型體育館。

由於我國運動場館興建的政策、規劃，幾乎都是由政府主導，針對以上分類，從「實務」領域的角度看，「從等級區分」一項是需要多加瞭解的。不同規模用途的運動場館，配合國家體育政策而有不同的用途，何友鋒與王小璘（1992），區分為「國家級」、「市級」、「縣或社區級」三種。高雄世運主場館（龍騰館）就是配合國家田徑與足球發展政策，由體委會主導與管理的國家級運動場館；臺北小巨蛋或興建中的臺北（大）巨蛋（筆者認為臺北（大）巨蛋Taipei Dome應正名為臺北巨蛋，其理詳見第十一章第一節）則屬於舉辦國際級賽事的市級運動場館；臺北市各區運動中心，則屬於社區級的運動場館。其中，高雄世運主場館可容納人數與臺北（大）巨蛋的規模都是40,000席，但因為國家政策一開始就不同，場館的定位也變成一個是國家級，一個是市級。

而在體育活動屬性上，則區分為「參與型」以及「觀賞型」兩種。「國家級」、「市級」的運動場館以舉辦「觀賞型」的體育競技為主，非賽事期間則提供運動員練習或有條件開放民眾參與使用。

在國外，職業球團所使用的場地，皆是作為「觀賞型」體育活動的運動場館。但國內，由於各大小運動場館都是由政府出資興建經營，職業賽事市場又欠缺應有的成長，職業球隊主場制度不健全，尚未出現真正的職業球賽主場地。我國唯一的職業運動聯盟——中華職棒大聯盟（Chinese Professional Baseball League, CPBL），各球團的「類主場」球

場，皆由政府興建再讓球團認養進駐，球場空間與設備水準仍不能與國外職棒球場相比。其中，義大犀牛隊在高雄澄清湖棒球場、統一獅隊在臺南棒球場、Lamigo桃猿隊在桃園棒球場，僅位於臺北的兄弟象隊並沒有類似的主場球場。其原因乃在於該球團及其母企業兄弟大飯店位於臺北市，但臺北市唯一的棒球場天母棒球場因所在位置受附近居民抗議，僅能在假日比賽，非假日的賽事移到新北市的新莊棒球場，而球隊平日練習的場地又位於桃園。因此，兄弟象雖然成軍最久、球迷最多，但反而欠缺職業球賽屬地主義的歸屬感。

(二)多功能體育館的需求

為了提振國人運動風氣、舉辦大型國際賽事，興建符合使用定位的良好運動場館是必要的。尤其在多雨的臺北，不但大型體育競技需要室內場地，大型娛樂表演也有此需求，兩者間最大公約數，就是大型室內體育館。

但運動場館的興建，只是政府整體體育政策發展的一環，應該要有完整的配套措施，不能因應選舉花招，或只是為了蓋而蓋。以臺北小巨蛋為例，政府體認到臺北市對於大型多功能體育館的需求，為了提供體育賽事、藝文演出有良好場地而規劃興建，但不論對體育或藝文娛樂，卻都沒有相關的配套措施，以致於在完工開幕後，因準職業籃球聯盟的超級籃球聯賽（Super Basketball League, SBL）無法在小巨蛋內常態性舉辦而招致非議；又因在小巨蛋中舉辦演唱會的比例多於體育賽事，也引來巨蛋「體育館」卻不是供運動相關活動為主的輿論壓力。這一切，若在興建規劃的同時，考量到國內體育與藝文娛樂產業的市場現況，進行相關的配套規劃，則上述的狀況是可以避免的。

舉例來說，臺北小巨蛋2005年委託民間經營時的委託經營契約中規定了兩件事：場租部分，售票活動以門票15%收取（臺北市政府2007年

接管後降為10%），上限270萬元（臺北市政府接管後降為189萬元），下限50萬元；另外，每年提供45天「公益檔期」免場租讓政府舉辦活動使用。在訂定委託經營契約時，政府應該先瞭解該場地潛在的主要體育使用團體——超級籃球聯賽SBL的市場現況，針對體育賽事給予更低的場租收費規定；或者在45天的政府免費使用天數中，固定某個天數提供給SBL舉辦相關賽事。

但上述的配套規劃又牽涉到兩件事：首先，為什麼是優先提供給SBL，而不是其他運動組織？更何況SBL是屬於「民間」的「營利」單位。關鍵在於政府的體育政策究竟是什麼？蓋這個體育場館究竟是要振興哪一種運動項目？在有限的預算與資源中，不可能討好每一種運動項目或產業，但政府施政通常希望面面俱到，也因為這種包袱變得沒有一樣做好。此外，就是委託經營的招標方式。由於臺北小巨蛋當初是採用價格標，招標公告上又未對運動產業有任何特殊優惠條款，受託經營單位只能就市場機制成為一個平臺，哪個單位來租就租給誰，市場較蓬勃的演唱會自然成為主要的使用者（事實上，在臺北小巨蛋開幕前，臺灣演唱會市場也低迷了十幾年）。因此，由於欠缺完整的運動產業配套機制，臺北小巨蛋的用途當然只能由市場決定。

二、大型活動市場的轉折

自從可以容納12,000人的中華體育文化活動中心（即中華體育館）在1989年11月20日租用活動廠商施放煙火而毀於大火後，臺北市一直沒有足夠規模進行大型休閒運動與娛樂活動的室內場地，過去經常在中華體育館舉辦的威廉瓊斯盃國際籃球賽也因而式微，正在中華體育館茁壯的臺灣演唱會市場也失去舞臺，而鄰近的亞洲城市卻在接近的時期相繼興建起大型室內體育館，如香港紅磡體育館（1983年開幕）、新加坡室內

體育館（1989年開幕），造就了這些城市體育娛樂的蓬勃發展，恰成為臺灣大型售票娛樂休閒活動走下坡，而其他亞洲城市崛起的轉捩點。

尤其臺北一年超過45%的降雨天數，造成大型活動主辦單位屢屢要拿高額的活動舉辦成本與天氣對賭的窘境。在票房壓力、演出場地欠佳與天候風險的多重困境下，臺灣的大型活動市場逐漸沒落。依據東森巨蛋公司的統計，2004年「全臺灣」超過10,000人的大型售票活動只剩下不到20場，但同時期的香港紅磡體育館卻常常有藝人能一次連開十數場演唱會，且一票難求。

直到2005年12月，可以容納15,000人的臺北小巨蛋正式開幕營運（2005年9月試營運），臺灣的體育、演藝、娛樂市場，才又重歸興盛。2005年試營運的兩個月，使用天數就有51天；開幕第一個年度（2006）全年使用天數達到232天，共計舉辦127場各式大型活動（東森巨蛋公司，2007）；此後逐年穩定成長，到2013年，全年使用天數更一舉突破340天。

另一方面，自從臺北小巨蛋開幕後，不但附屬一個全天候的滑冰場，主場館也具有轉化為國際標準溜冰場的結冰功能，成為臺灣第一個符合國際標準冰上運動的場地，睽違臺灣市場多年的冰上運動因此逐漸蓬勃起來，過去從未在臺灣出現過的冰球、冰壺、滑冰競速等運動，不斷地在臺北小巨蛋首度露臉舉辦；此外，因為臺北小巨蛋的開幕，美國職籃NBA幾乎每年都到臺灣做出精采的表演賽，吸引上萬觀眾參與，證明臺灣職業運動市場的確存在，只是欠缺良好的制度與經營。以上這些各式大型活動舉辦，都是因為臺北小巨蛋開幕而產生的轉變，也為臺灣的運動產業，帶來發展之契機，不能因輿論片面誤解而抹煞了臺北小巨蛋對體育市場提升的貢獻。

三、臺北小巨蛋──民營大型多功能體育館的濫觴

「臺北市15,000席多功能體育館」（即臺北小巨蛋Taipei Arena）採用政府設計興建，轉由民間經營的方式（OT）。2005年由「東森巨蛋經營管理股份有限公司」（以下簡稱東森巨蛋公司）取得九年經營權，同年12月1日，在「張學友雪狼湖音樂劇」的歌聲中拉開了正式營運的序幕，第一次，臺灣跨入了民營化大型多功能體育館的時代，也為低迷十餘年的臺灣體育與藝文娛樂市場打入了一劑強心針。臺北小巨蛋在這樣的背景下，成為臺灣民營化多功能體育館跨時代的濫觴。

臺北小巨蛋在我國的劃時代意義，乃是其為第一個委託民間經營的大型多功能體育館。早在臺北小巨蛋之前，採用薄膜式透光屋頂，同樣可以容納15,000人的桃園縣立體育館（桃園巨蛋），在1993年即已開幕，除了運動競技外，也經常舉辦商業銷售展覽，但因為地理位置欠佳、場館功能陽春且由政府公營，造成使用率較低，完工後並未在我國大型活動市場引起注意。

臺北小巨蛋的經營模式雖然參考了國外的相關管理制度，但因東森對表演娛樂市場的陌生，同時在每季須繳付市政府四千三百八十餘萬元權利金與基本營運成本的壓力下，「營運收入」成了經營管理的唯一指標，此點與過去臺灣公營運動場館的低廉收費大相逕庭，在使用者使用習慣不適應下，引發了諸多輿論撻伐的經營管理事件，最後甚至爆發了體育處官員未確實監督小巨蛋的政風弊案，以及部分設備未依約設置等問題（姜伯誠，2007），導致2007年8月14日臺北市政府宣布終止與東森巨蛋公司的委託經營管理契約，並於同年8月22日進駐強制接管臺北小巨蛋而回歸公營（錢震宇、楊惠琪、江祥綾、吳雨潔，2007）。

從東森媒體集團在投標前一年即已動員集團專案編組超過50名人力的積極準備，並在一年內頻向美國、日本、新加坡等國觀摩研習的用心

第一個公辦民營多功能室內體育館，官方正式名稱為臺北小巨蛋，但東森經營時多以臺北巨蛋自許，惜於2007年8月22日收歸公營迄今（李柏熹攝，2007）

可以看出，東森有心要經營好臺北小巨蛋，初衷是讓巨蛋成為集團跨足演藝娛樂與運動競技市場的發展平臺，在求好心切下甚至不惜引進外部股東參與經營分享獲利，但卻反而因此導致日後遭市府回收經營權的潛在因素。即使經過龐大人力物力的經營準備，在考量社會觀感與經營獲利的衝突下，仍不免發生後來的社會輿論與解約事件，這個事實更突顯出，臺灣極度欠缺追求效率與獲利的民營化運動場館模式，以及尚未建立巨蛋經營管理的成功經驗。

四、多功能體育館基本用途與多功能使用趨勢

葉公鼎（2005）指出，1990年代以前，臺灣的所有運動場館都是公辦公營，其功能主要在體育活動的教育訓練、競技、訓練、測驗、觀賞

與休閒六種。但隨著時代進步，多功能體育館不再限於體育性活動的舉辦，紐約曼哈頓的麥迪遜廣場花園體育館（Madison Square Garden）、新加坡室內體育館（Singapore Indoor Stadium, SIS），甚至容納觀眾數高達55,000人的東京巨蛋，都朝向多功能使用的趨勢發展。

　　因此，規劃多功能體育館之初，首先要確定其用途與需求。什麼是主要的活動？什麼是次要的活動？什麼是輔助性的活動？哪些活動有嚴格的硬體標準？哪些活動只需要基本的硬體規劃？

　　一般來說，體育活動的硬體要求最嚴格。籃球場有籃球場的標準，棒球場有棒球場的標準，排球、羽球、網球、足球、田徑等等都有其國際一致的標準。因此，多功能體育館規劃時首先必須考慮，這個場館的主要體育用途是什麼？其次，這個運動場館舉辦的體育賽事，是屬於國際賽事？地方賽事？職業賽事？或是練習、訓練場地？社區民眾運動場地？不同規格的賽事，硬體標準也不同。以國際級賽事的硬體標準來設計練習場地或民眾運動場地，不是不好，但顯然是浪費的過度設計。同樣地，一般校園場地拿來當國際賽事或職業賽事的場地，自然也是不足。臺北天母棒球場是屬於市立體育學院管理的校園場地，但一方面被中華職棒大聯盟拿來作為職棒例行季賽的固定場地之一；另一方面，也是臺灣舉辦國際棒球賽事時經常使用的場地。因此，在2009年美國職棒大聯盟（Major League Baseball, MLB）道奇隊來臺進行表演賽時就曾說過，臺灣的球迷非常熱情，但臺灣的正規賽棒球場比美國的社區棒球場還差。

　　其次，需要考慮次要活動是什麼？超過10,000人以上的多功能體育館，除了主場職業球隊使用外，就是以演唱會為大宗，甚至演唱會的使用率可能會高於主要的體育用途。香港紅磡體育館、新加坡室內體育館與臺北小巨蛋，都是演唱會使用高於運動賽會使用率的場地。

　　但由於演唱會的硬體要求沒有體育賽事高，或者說，並沒有一致性

臺北市立體育學院所管理的天母棒球場，是中華職棒大聯盟例賽與各項
國際賽在臺北的主要場地（李柏熹攝，2007）

的「國際標準」，因此在考慮體育館硬體設計規劃時，不會列為主要需
求項目。舉辦演唱會的室內場地，建築音場是最重要的要求，聲音不要
悶、不要亂竄、不要干擾、不能抵消，至於其他的舞臺相關硬體，如舞
臺、背景板、翼幕、屋頂吊點吊具、燈光、音響等，都可以比照室外場
地另外搭建。但若能在建築設計時予以適度規劃，活動主辦單位可以降
低成本，增加場地的好用度，對於提高場館使用率有正面的效益。

多功能體育館的音場，由於室內容積非常大，再怎麼改善，也不可
能達到劇場或音樂廳的等級（劇場與音樂廳的音場要求也不盡相同），
但還是應該達到基本的演出要求。由於先天的限制，一般會在多功能體
育館中演出的音樂性活動，以流行性演唱會為主（這類演唱會的市場也
較大，需要較多的座席）。再者，音樂劇、跨界的男女高音演唱，也都
還可以在這種場地中演出。至於音樂性高的演奏會，如交響樂、某種樂

器的獨奏會等,則較不適合在此類場地中演出。

　　當確定場地將提供音樂性活動演出後,除了室內音場以及配套的硬體規劃外,應考慮熱門演唱會時的聲音溢出,干擾到運動場館外的環境,因此,室內建材除了吸音,也要隔音,尤其低頻音的溢出特別難以控制。體育性活動的瞬間最高音量大約是90分貝,熱門演唱會則會到120分貝。臺大體育館當初在設計時,僅考量到室內採光與降低成本,採用薄膜式屋頂,造成舉辦演唱會時,鄰近的住宅飽受噪音所苦,每當舉辦演唱會就會有住戶向環保局檢舉噪音問題。即使後來屋頂加裝吸音板,但由於薄膜屋頂本身幾乎毫無隔音能力,改善的效果非常有限。

　　除了運動場館內聲音溢出需要控制,同樣地,場館外噪音的滲入也需要控制,這是臺北中山足球場舉辦足球賽事或演唱會時最大的困擾。因為中山足球場位於松山機場航道下,每隔一段時間就有飛機飛過,嚴重干擾賽事,特別是演唱會的進行。

臺大體育館薄膜式屋頂,幾乎沒有隔音效果,即使後來加裝吸音板也沒有太大的改善(蕭幼麟攝,2009)

第二節　多功能體育館之選址

一、選址的考量

當確定了多功能體育館的需求後，在選址上，不論候選場地位於市區或郊區，在決定前應進一步考量都市發展、經濟發展、城鄉差距與環境衝擊等議題。簡單歸納，至少應注意以下四個因素：

(一)多功能體育館定位

首先，必須先考慮到多功能體育館的用途，如前節所述，什麼是主要的活動？什麼是次要的活動？什麼是輔助性的活動？是專為舉辦「觀賞型」的體育賽事？或是提供民眾做「參與型」的體育活動？這個運動場館舉辦的體育賽事，是屬於國際賽事？地方賽事？職業賽事？或是練習、訓練場地？社區民眾運動場地？當然，也應該考慮場館的多功能使用，包括是否會在這個場地舉辦藝文娛樂活動？集會演講？

(二)都市發展規劃

類似多功能體育館的大型公共建設區位規劃，通常在政府單位會有專責機構進行初步評量。以臺北（大）巨蛋為例，當初臺北市政府在選址時即訂定了十二項初步評估標準，包括：

1.交通運輸服務程度。
2.土地取得難易程度。
3.環境保護影響程度。
4.籌建時程配合程度。
5.周邊設施配合程度。

6.都市發展帶動程度。

7.市府財政負荷程度。

8.相關條件配合程度。

9.市民及社會團體支持程度。

10.需求及機能達成程度。

11.影響現有運動設施使用程度。

12.營運管理可行程度。

其內容涵蓋了交通問題、環境保護、都市發展、基礎建設、市民支持以及營運可行性等相關問題，可以作為未來選址評估的相關參考。

(三)營運模式

採用何種營運模式也與區位的選擇息息相關。除非完全公營，由政府編列預算興建、維運，否則，不論公辦民營或民辦民營，只要有「民營」，商業上財務平衡的營運考量絕對是第一要素。因此，不論選址在郊區或市區，都要有完整的配套措施才具有可行性。

由於社會上對「圖利」兩個字的敏感，當政府採用BOT或OT方式，交由民間辦理此類多功能體育館開發案時，不論審查委員、議員或一般民眾，往往以高倍的放大鏡檢視，忽略BOT或OT背後「財務可行性」的精神。如果要將商業利益的配套降到極低甚至是零，就不可能BOT或OT出去，僅剩政府公辦公營一途。但編列大量預算興建，再每年編列大量預算去維運，在稅收使用上是否公平？則需要深思。

(四)環境衝擊

由於多功能體育館的量體大，舉辦活動時帶來的人潮車潮眾多，對環境會產生一定的衝擊。為了降低衝擊，也需要相關的配套措施，如果配套規劃仍無法有效降低衝擊，自然也必須重新考量。這些相關的考

量，依我國法規，會有由政府各局處以及民間相關的專家學者組成「都市設計審議委員會」、「環境影響評估審查委員會」來做把關審查。其審查細節頗多，僅舉其審查時的重點項目說明如下：

◆ **交通影響**

多功能體育館帶來的人潮動輒上萬，活動時大量人潮的瞬間聚集與瞬間離散，一定對交通有所影響，因此，需針對人潮、車潮的聚散做好各項軟硬體的規劃。影響一定避免不了，但怎樣降低影響性到可容許範圍才是課題。在考量交通影響時，有三個因素必須納入仔細評估：強度、頻率與時間。亦即發生影響最壞狀況有多大？發生影響的頻率有多高？發生影響的時間有多長？

◆ **生活品質影響**

一個如此大型的建築興建，對周遭環境與居民或多或少會帶來影響，包括施工期間以及日後營運，因此，事前應仔細評估其可能帶來的影響性，亦要評估是否皆在法定規範值之內，如噪音、汙染、甚至治安等問題。此外，建築物本身是否會對周圍環境造成影響？若外牆採用金屬、玻璃等材質，是否會產生眩光？

◆ **都市風貌影響**

建築物與周圍環境的融入、高度是否會超過航高限制、燈光音響以及廣告物是否會對整個區域產生不均衡或產生危險。甚至建築高度符合法規要求，但對都市天際線的整體平衡感是否會遭到破壞也應在考慮之列。

二、選址的趨勢

(一)郊區或市區的兩難

經過長期的研究歸納，一般認為運動設施的分布，必須考慮到城市原有紋理、組織、人口分布、交通系統、公共設施及設備，而且興建後要能發揮當地的特性並且帶動附近城市的發展。雖然在近期，大型運動賽會的舉辦以及相關運動場館的興建，被視為城市（甚至國家）再發展的重要策略（如2008年的北京奧運），也是吸引觀光客的重要大型公共建築，但事實上，愈來愈多的案例證明，賽會不保證可以促進城市觀光發展，特別是短期、大型賽會，更可能成為主辦城市財務上的長期負擔（雖然城市宣傳與國際地位提升則是無形且無價的），因此，必須重視整體發展機會，包括相關的交通與周邊建築物，並配合旅館的興建或改善，運動設施本身才能持續的被利用。

而多功能體育館究竟應該蓋在郊區或市區，各有優缺點與整體配套規劃重點，並沒有絕對孰優孰劣。即使是屬於職業球隊的主場場地，在不同的城市發展背景下，也有不同的分布紋理。

有些專家主張多功能體育館應該興建在郊區，大多是著眼在賽事期間的大量人、車可以利用郊區廣大的土地進行疏散，也降低對周遭環境的衝擊。透過場館的設置，讓郊區或較衰敗地區，得以因為建設與活動的舉辦而重生，讓場館扮演城市再造多元策略的催化劑。另外，郊區的土地取得也較為容易、成本較低。但也因為位處郊區，交通不便，造成觀眾自行開車的比例提高而使得交通癱瘓。更因為可及性不佳，造成非賽會時期的場館閒置，形成經營上的困境與衍生治安上的問題。

另外有些專家主張多功能體育館應該興建在市區，則著眼在長期永續的經營，讓場館可及性變高，使用率相對也較有機會提高。且可以直接利用城市現有公共設施，並與市區環境用途發揮整合效果，創造市中

心成為旅遊、觀光的城市價值，若再結合會議（Meeting）、獎勵旅遊（Incentive tour）、研討會（Conventions）、展覽（Exhibitions）等（即所謂MICE產業），促進經濟發展。然而，對周遭環境的衝擊則可能較大，若該區大眾運輸系統不發達，對交通影響將更大。

這兩種選址想法各有利弊，無論採取哪一種方式都要面對不同的問題，重點是能完善且經濟地思考與處理相關的問題。

(二)美國大型運動場館的選址歷程

美國運動產業是一個相當成熟的市場，在大型運動場館的選址上，也有一百多年的歷程。因此，美國大型運動場館選址歷程也可以作為重要的參考學習案例。

從美國第一個職業球隊成立（約為1869年）到1950年代以前，正值美國都市經濟發展與中心化的過程，球隊擁有者興建球場時將門票收益考量列為區位選擇的重點。由於當時的交通並不便捷，球場不能離城市太遠，必須具有相當可及性才有觀眾，因此，規劃設計與一般建築同時錯落在市中心區域，讓球場成為居民休閒的一部分。

1960年代以後，都市快速發展，汽車也愈來愈普及，部分市民開始搬離擁擠的市區移向郊區。而屬於觀賞性的職業體育競技以及其他大型娛樂活動也逐漸興起，運動場館不再只是市民休閒運動的場所，運動場館所扮演的娛樂功能愈來愈大，運動場館的附屬設施也不斷增加。因為運動場館的可及性不再受到交通問題的限制，大型運動場館也有向市郊興建的趨勢，透過市郊較便宜的土地成本與較大的整體開發面積，興建新型的大型運動場館及其附屬設施。

1990年代以後，有鑑於現代化的大型運動場館走向豪華化，使得興建成本愈來愈高昂，例如21世紀啟用的幾座棒球場，造價往往高達數百億臺幣（2008年啟用的國民隊球場造價約200億，2009年啟用的洋基

洋基球場一樓環繞著球場外的Great Hall有三萬坪，充滿各式零售商店，帶來龐大商機（李柏熹攝，2009）

東京巨蛋在球賽期間，球場外的紀念品商店也必須排隊進行人流管制（李柏熹攝，2013）

球場造價約500億）。而多元化場地使用也成為趨勢，甚至許多場館之表演、廣告、附屬事業的收入已經超過運動賽事本身的收入，如洋基球場，球場內一樓的Great Hall商業面積就超過三萬坪，比臺灣大多數的百貨都大（臺北101大樓購物中心約25,000坪）。因此大型運動場館朝娛樂中心的方向演進已經成為趨勢，成為觀光、休閒、娛樂等多元性的休閒園區。因此，部分大型場館又回到市中心興建，不但可以成為市民隨時可以使用的休閒娛樂中心，也可以藉此活絡市區的商業生機。

由**表2-1**可以看出，美國職棒大聯盟30座棒球場中，興建年代較新的，靠近市區的比例也較高。

第三節　多功能體育館之基本設計原則

完成了初步的運動場館用途與需求的確認，並決定了興建的地點，接下來，就是由專業建築師進行運動場館的規劃設計。而選擇建築師時，過去是否有設計類似多功能體育館的經驗是十分重要的遴選因素。

一、建築師事務所的選擇

多功能體育館若是由政府出資興建，政府會先聘請專業顧問針對該案進行初步的評估規劃，設定基本規格，進行公開招標。雖然會有資格限制（如相關經驗或顧問團隊），但大多還是採用價格標，此部分程序受政府相關採購作業規範。

本節以一般民間企業在規劃興建多功能體育館時，選擇規劃設計建築師的注意要點，簡要說明於下：

表2-1 美國職棒大聯盟球場資料表

Team 球隊	City 城市	League 聯盟	Ballpark 棒球場			General location 地點		
			Name 球場名稱	Opening date 第一場比賽日	Seating capacity 座席數	CBD 市中心區	Mid 近郊區	Sub 郊區
Arizona Diamondbacks	Phoenix, AZ	NL	Chase Field	1998	49,033	X		
Atlanta Braves	Atlanta, GA	NL	Turner Field	1997	50,091		X	
Baltimore Orioles	Baltimore, MD	AL	Oriole Park at Camden Yards	1992	48,290	X		
Boston Red Sox	Boston, MA	AL	Fenway Park	1912	36,108		X	
Chicago Cubs	Chicago, IL	NL	Wrigley Field	1914	41,118		X	
Chicago White Sox	Chicago, IL	AL	U.S. Cellular Field	1991	40,615		X	
Cincinnati Reds	Cincinnati, OH	NL	Great American Ballpark	2003	42,271	X		
Cleveland Indians	Cleveland, OH	AL	Jacobs Field	1994	43,415	X		
Colorado Rockies	Denver, CO	NL	Coors Field	1995	50,449	X		
Detroit Tigers	Detroit, MI	AL	Comerica Park	2000	40,120	X		
Florida Marlins	Miami, FL	NL	Dolphin Stadium	1993	36,331			X
Houston Astros	Houston, TX	NL	Minute Maid Park	2000	40,976	X		
Kansas City Royals	Kansas City, MO	AL	Kauffman Stadium	1973	40,785			X
Los Angeles Angels	Anaheim, CA	AL	Angel Stadium of Anaheim	1966	48,290			X
Los Angeles Dodgers	Los Angeles, CA	NL	Dodger Stadium	1962	56,000		X	
Milwaukee Brewers	Milwaukee, WI	NL	Miller Park	2001	41,900		X	
Minnesota Twins	Minneapolis, MN	AL	Hubert H. Humphrey Metrodome	1982	46,564	X		
New York Mets	New York, NY	NL	Shea Stadium	1964	57,369		X	
New York Yankees	New York, NY	AL	Yankee Stadium	1923	57,478		X	
Oakland Athletics	Oakland, CA	AL	McAfee Coliseum	1968	34,007		X	
Philadelphia Phillies	Philadelphia, PA	NL	Citizens Bank Park	2004	43,630		X	
Pittsburgh Pirates	Pittsburgh, PA	NL	PNC Park	2001	38,496	X		
St. Louis Cardinals	St. Louis, MO	NL	Busch Stadium (III)	2006	46,861	X		
San Diego Padres	San Diego, CA	NL	Petco Park	2004	42,445	X		
San Francisco Giants	San Francisco, CA	NL	AT&T Park	2000	41,606	X		
Seattle Mariners	Seattle, WA	AL	Safeco Field	1999	47,447	X		
Tampa Bay Devil Rays	St. Petersburg, FL	AL	Tropicana Field	1998	41,315		X	
Texas Rangers	Arlington, TX	AL	Rangers Ballpark in Arlington	1994	48,911			X
Toronto Blue Jays	Toronto, Ontario	AL	Rogers Centre	1989	50,598	X		
Washington Nationals	Washington, DC	NL	Robert F. Kennedy Stadium	1962	45,250		X	

資料來源：Institute of Transportation Engineers, Public Transit Access to Major League Ballparks, An ITE Informational Report, 2008

(一)設計經驗

該建築師事務所的專長業務為何？建築師也跟醫師或律師一樣，不同的建築師事務所有不同的專長建築領域，有些擅長住宅，有些擅長廠房，有些擅長醫院，有些擅長運動場館。因此，必須先從有相關規劃設計經驗的建築師事務所中去搜尋。而田徑場、棒球場、籃球場等的需求又各不相同。有涉足國際級賽事或職業運動場地經驗的建築師，會比僅設計過社區型運動場館建築師為優。在場館多元化使用的趨勢下，除了運動場館的設計經驗，最好也有相關多元用途場地的設計經驗或整合經驗，才能深入且專業的考慮到不同活動的不同需求，以及快速便捷的場地轉換設計。

建築師除了要負責運動場館的設計整合，也要負責相關建築審查的處理，如前述的都審、環評，此外還有如風洞實驗、防災審查、結構審查、無障礙設施審查，甚至綠建築審查。因此，建築師事務所除了設計能力，還要注意該所的報告整合能力、溝通協調能力以及專案管理能力。

近年國內環保意識、住民意識，甚至更極端的民粹主義抬頭，此類大型開發案都會遭遇附近居民、民意代表、環保團體等或大或小的「關注」，甚至「抗爭」，出現許多外力干預，進而影響各項審查委員（如都審、環評）的專業判斷。國內主辦建築師是否有能力處理各項審查會中所需要的資料、完整的呈現，也是重要的關鍵能力。

(二)設計成品口碑

作品多表示經驗多，但卻未必代表是好作品。因此，必須進一步瞭解，該建築師事務所所設計出來的運動場館，營運者的口碑如何？包括建築特色、建築美感、空間使用、動線規劃、建材使用等。在決定該建築師之前，實際到其設計過的場館問問經營者的意見，是必要的程序。

(三)配合度與整合能力

建築設計是一門介於藝術與商業的科學，有些建築師往往會有個人專業上的堅持，甚至固執；但也有些建築師會拋棄專業一味討好業主、迎合業主。因此，建築師是否能與業主做良好的協調溝通，瞭解業主的需求，或能清楚的說明建築的內涵，也是建築設計專案能否成功的關鍵之一。此外，多功能體育館，特別是巨蛋，其建築設計難度遠高於一般建築，需要整合不同領域多方面的專家，建築師是否具有專案整合與協調的能力也非常重要。

(四)建築設計專案的資歷

建築師事務所的資歷與名氣往往是經過許多成功個案的累積，雖然在設計圖的完成前也會經過內部層層審核修訂，但實際負責業主個案的專責建築師，未必是最有經驗的那位。因此，在確認了事務所之後，也應注意該事務所指派的專責建築師，在相關經驗上、溝通協調上與專業能力上，是否能滿足業主的要求。

常常發生的狀況是，事務所本身是好的、經驗豐富的，卻往往因為指派的專責建築師個人缺陷，而影響了整個事務所的口碑。

二、設計規劃團隊的組成與合作方式

(一)設計規劃團隊

在大型室內體育館的設計規劃上，本身已經牽涉到諸多設計規劃團隊的整合，除了建築設計團隊外，舉其大者，至少還包括結構工程、機電工程、空調工程、消防逃生、交通設計、人流管理、園藝景觀、燈光等。此外，如果這個體育館規劃為多功能使用，還要再邀集不同專長的

建築師共同參與，如對音樂表演場所、展覽場等設計有經驗的建築師。而若是一個類似東京巨蛋的綜合園區開發，還要納入飯店設計、遊樂場設計、商場設計等不同專業領域的建築師。

通常，由於國內建築師對於設計大型運動場館的經驗或有不足，會找國外建築師共同設計規劃，一般的分工是，國外建築師提供概念設計（Concept Design, CD），但從方案設計（Scheme Design, SD），到最後細部設計（Detail Design, DD），則需經過國內建築師的法規檢討與整合。

(二)合作方式

由於多功能體育館的建築設計團隊龐大，甚至牽涉到跨國團隊的合作，因此，業主與建築師間至少會有以下三種的合作方式：

◆委託國內主辦建築師完全設計

對沒有建築設計背景的業主而言，找到一個經驗豐富的國內主辦建築師，全權委由其設計，業主僅站在監督審核的角度監理其複委託的其他設計團隊，是比較單純的方式。業主只要管理好主辦的建築師，剩下的工作交由該建築師進行管理。但其弊病在於，該建築師若是不夠專業，整合能力欠佳，完成之成品品質堪慮，而且費用也會比較高。

◆不同專長間的建築師個別委託

若業主有建築設計背景（如建設公司），自己有能力可以整合管理不同的國內外建築團隊，則可以個別與不同的設計團隊簽約，再指定一個最後整合的建築師。優點是成本可能會較低，而且不同的建築師間會有制衡的力量，能提供業者較多的選擇。但若權責切割不清，也較容易互相推諉。

◆第三方專案營建管理顧問

　　另一個折衷的方案，仍交由國內主辦建築師完全設計，但再另找一個專案營建管理顧問公司（Project Construction Management, PCM），進行第三方的監督與協調，代替業者監管整個專案的執行。營建管理的範圍可大可小，只要獲得授權，設計、施工、監督、管控、驗收等，營建管理單位都可以代表業主去做。通常，國內的政府標案都採用此法，在得標廠商取得工程案件後，再另外委託專業的營建管理公司進行監理。

　　以上三種方式並不存在優劣問題，關鍵在於開發商自己的專案管理能力，即使是建設公司也未必有能力管理這種大型開發案。但委託專業的專案管理顧問公司來監督，是比較安全的方式。

(三)未來營運者的參與

　　White和Karabetsos（1993）指出，早期運動場館的規劃作業往往是獨立運作，規劃人員憑有限的資訊下進行評估，依據個人直覺規劃，使得設計出來的場館偏離目標。即使近幾年開始進行意見調查，但調查的對象又往往不是未來的經營者，造成少數「專家」意見指導場館的設計，使得未來使用者或經營者不得不接受的狀況。

　　因此，由未來營運者參與設計，通常是國內多功能體育館在規劃設計時所忽略的項目，一方面，國內運動場館過去都是公營，沒有商業營運上的壓力，只要場地各項硬體符合國際體育賽事標準規範就可以了。而不同的運動場館，各個不同的單項國際運動協會都有詳細的硬體標準，自然沒有「營運者意見」的問題。另一方面，國內的運動場館過去都是以單一用途為設計考量，即使聽取未來使用者意見，也是各個單項運動協會針對場地的硬體提供意見，這些意見事實上與書面的場地硬體規範相去不遠。

　　臺北小巨蛋當初在規劃時，已考量到場館的多元使用，因此，在設

計之初,曾針對未來的潛在使用者,包括各單項體育協會、演唱會主辦單位、展覽主辦單位等潛在「使用者」進行座談。但僅止於潛在使用者提出一些概要性的場地硬體需求,並非場館「經營者」,接受訪談的使用者在設計過程中也無法深入參與巨蛋的規劃。

由於臺北小巨蛋採用政府規劃興建再委由民間經營管理,因此整個開發程序區分為兩大標案:規劃設計與興建工程是第一標;委託經營是第二標。而委託經營標案是在臺北小巨蛋接近完工時才招標,也就是未來的經營者對於設計興建完全沒有參與的空間,造成臺北市政府工程驗收後,經營管理的得標廠商東森巨蛋公司又再耗費新臺幣二億元左右進行硬體改善,包括了各項指標規劃、停車場營運管理設備、部分空間重新規劃、表演舞臺專用的配電盤體工程以及視訊轉播盤體工程等(尚不包括招標公告所規定的主館大型LED顯示看板設備工程、副館LED顯示看板設備工程、戶外大型LED顯示看板設備工程、戶外小型LED顯示看板設備工程、分隔幕設備工程等)。若委託營運標能在設計之初就招標,三方共同合作規劃,臺北小巨蛋的營造成本可以降低,場館的好用度也會提高。

建議的合理方案,應該是設計工程標與委託經營標在相近的時間招標,讓未來的經營單位能於設計初期就參與並提供意見,這樣不但能確保興建之多功能體育館合乎營運者需求,在建造費用上也能做最合理的分配。

(四)規劃設計概要

運動場館各項基本設計要點、空間尺度、材質規範等,請有興趣的讀者自行搜尋參考資料,本書不多贅述。本單元針對營運者在參與設計時,必須注意到的程序與細節進行摘要提點,提供整合性的觀念,以更貼近「實務上」的「經營管理」觀念。

◆ **法令規範檢討**

任何開發案，特別是這種大型開發案，一定受到政府各項法規的限制，在規劃設計時，必須優先考慮這些法令。但由於國內對多功能體育館的建築規範法令並不周延，許多狀況需要特別的審查會議確認。法令規範與契約，是規劃設計與各項審查時的依據。但當某些規範過於僵固或有解釋空間，且政府或審查委員有權同意更動時，通常會增加國外案例作為輔助說明。

有些設計必須突破法令，相對地，有些設計必須優於法令。在考慮各個設計項目之前，業主必須仔細考慮，在這個場館中，要提供到什麼程度的服務水準？這是一個關鍵性的問題。如果在乎在這個場地競賽的運動員、演出的藝人、工作的人員，就應該盡可能提供符合國際水準的後場空間與設備；如果在乎觀眾在這個場地的觀賞品質，就應該提供更舒適的座椅、更多的廁所、更清潔的環境、更完整的服務，甚至更好停的停車場。此時，法令只是最低的規範標準。

如廁所數量，我國針對運動場館、展覽館、集會堂（如音樂廳）等皆有不同的數量要求，但大型多功能體育館，應該採用哪一種類別作為標準？以運動場館的標準，可能過少；以集會堂的標準，可能又過多。

◆ **使用者區隔與動線規劃**

會在多功能體育館中出現的「人」，有四大類：營運管理單位、活動主辦單位、媒體記者、觀眾。不同的「人」，有不同的活動空間與出入動線。茲就此四大類分別加以說明：

1. 營運管理單位：營運管理單位主要負責場館的營運管理與業務推展，辦公室一般設於場館內，但須有獨立的出入口，以方便平時上下班以及外部人員洽公。

2. 活動主辦單位：活動主辦單位的組成最複雜，包括了主辦單位本

身、活動賽事的球員或藝人及相關表演者（裁判、球僮、啦啦隊、樂隊、舞群、和音等）、活動工作人員（驗票、引導、保全、清潔等）、硬體搭建工程人員（舞臺、燈光、音響、球場鋪設維護等）。

3.媒體記者：這部分只要依據不同媒體屬性提供必要的空間與設備即可，但不可干擾活動進行或觀眾觀賞。同樣地，媒體採訪時也不能受到活動或觀眾的干擾。

4.觀眾：又區分為三大類：到達一般觀眾席之觀眾、到達貴賓包廂之觀眾以及特別來賓（如表演者親屬）。

以上四種「人」的空間與動線區隔開後，相關的「車」也應進行區隔：營運管理單位的車輛；主辦單位工作人員一般車輛以及載貨與工程車輛、球員車、明星車；媒體採訪車、SNG車（Satellite News Gathering）、OB車（Outside Broadcasting）；觀眾的一般汽機車。

(五)觀眾使用空間規劃

針對觀眾所必要的空間，包括觀眾席、廁所、餐飲服務空間、紀念品零售服務空間等。

◆觀眾席部分

首先應注意觀賞時的視角、視距與死角。其次在座位上，應注意牢固、易拆換、易清潔、防火，以及適度的舒適性。但座椅的尺度卻必須考量，排距適度放大，讓膝蓋前面保有其他觀眾可以穿越的空間，一般排距至少75公分以上，85公分為宜。但排距大代表愈後排觀眾的觀看視距愈遠，影響觀賞品質。在座位寬度上，則至少應有48公分，建議50公分以上較佳。美國體育場地安全指導準則Green Guide所規範之最小座席寬度為46公分，最小排距70公分，不過以現代人的體型，最好還是放大一點。

臺北小巨蛋座席排距不足,坐下後膝蓋幾乎頂到前排座椅,不但觀眾進出較困難,舒適性也較差(李柏熹攝,2011)

高雄巨蛋座席排距深度較臺北小巨蛋佳(李柏熹攝,2008)

◆廁所

　　國內建築法規，針對不同的公共空間有不同男女大小便器與洗手臺的比例規範。由於國外大型體育場館幾乎都是某種（甚至多種）職業球隊的主場，觀眾以男性為主為多，因此男女廁比例上也男多於女。但因為多功能使用趨勢的興起，愈來愈多體育競技以外的活動在體育場館舉辦，女性觀眾的比例也愈來愈高，此時就應該顧慮到女廁數量的適度增加，甚至親子廁所也應該納入設計考量。

　　依據經驗，只要在體育場館中舉辦音樂劇之類的藝文活動或男性偶像藝人的表演，中場休息時間，女廁幾乎都大排長龍。因此，為了提高服務品質，女廁的數量應該酌予增加。

　　臺北小巨蛋在舉辦上述類型的大型活動時，部分男廁會臨時貼上標籤調整為女廁；高雄巨蛋則在設計之初，就在男廁中預做分隔幕，區隔小便斗區與馬桶區，以供男女觀眾彈性使用。

高雄巨蛋男廁天花板預埋分隔幕，可降下區隔，將男廁部分轉為女廁（李柏熹攝，2010）

◆ 餐飲服務與紀念品零售

區分為對內營業（有活動驗票後才能進入）以及對外營業（任何人都可以進入）兩大類。只要地理位置合宜，或有完善的周邊配套設施，對外營業的餐飲及零售商店經營上都不會有太大的問題，店家進駐的評估標準與任何展店的評估都一樣。對內營業的餐飲零售攤位，有其設置的必要，但實際上的營業額卻難以預期。

進到多功能體育館後，在活動開始前與活動進行中，觀眾會有餐飲上的需求，因此，需設立必要的餐飲服務。依據我國的現況，提供一般輕食或速食的攤位即可。可是由於國人無法接受國外普遍的「禁帶外食」規定，造成體育場館內餐飲攤位的業績無法受到保障。尤其目前多功能體育館的藝文娛樂性活動，在場內根本是禁止飲食的，觀眾只能在迴廊區食用，也降低了這些攤位的營業額。但為了基本的服務，適度設置餐飲零售空間是必要的。

◆ 殘障動線規劃

最後，應注意專章檢討整個園區、體育場館的殘障動線，這部分我國有法令上的要求，但法令上的規範通常只在硬體設施設備上的規格，如無障礙坡道的坡度、輔助設施規定、廁所規劃等。但在動線上則需要靠建築師與營運者共同依經驗規劃。

以臺北小巨蛋為例，雖然設有48席輪椅使用者的專用觀賞席位，但卻沒有專屬的進場動線，必須從副館（冰上樂園）的電梯上到二樓，再由副館與主場館的連接通道進入主場館。由於沒有明確標示，大多要依靠現場工作人員引導，這對首次到臺北小巨蛋的特殊觀眾會形成滿場找入口的困擾。

(六)後場空間規劃

基於前述使用者的分類，後場空間也應該有以下的六種設計：

◆ 營運單位辦公空間

這是一個常設性的空間，簡單的說就是體育場館營運管理單位的辦公室，如現在經營臺北小巨蛋的捷運公司或經營高雄巨蛋的凱格公司。因為每天上下班、辦公之主要場所，同時也常有外來拜訪單位進出，所以需設有獨立出入口，也應該提供大型會議室供活動舉辦前舉行各單位協調會使用。除此之外，為了場館維護清潔，也另有保全監控室、清潔工具室以及各種不同用途的大型倉儲空間，甚至大型垃圾集中處理場也是必要的規劃。

◆ 活動主辦單位辦公空間

不論舉辦體育賽事、藝文娛樂或集會演講，都應有二到三間辦公室供活動主辦單位使用。若是體育賽事，一般提供給職業聯盟或主辦的協會使用。因為主辦單位通常會在活動舉辦前數天即駐場，也最好有獨立出入口。

◆ 運動員後場空間

至少應有兩隊的後場空間，如果有主場球隊，主場球隊的空間一般會較大也較完善，除了必要的更衣室、淋浴間外，甚至需要重量訓練空間、物理治療室及洗衣間。另外也應有球隊辦公室、教練室，以及啦啦隊與吉祥物更衣室。其中吉祥物更衣室是國內各個球場常常忽略的空間，雖然大多數的球隊吉祥物只有一個，但隨著球場娛樂化的趨勢，有些球隊的吉祥物會較多，如國內的統一獅，除了獅之外，有時關係企業的Open將系列也會一起出現在球場；美國華盛頓國民隊的吉祥物除了老鷹外，還有四任美國總統，國民隊球迷場場期待的傳統的吉祥物娛樂表

高雄巨蛋球員更衣室（李柏熹攝，2008）

統一獅除了吉祥物，還有關係企業的吉祥物會一起出場表演，加上啦啦隊，後場需有較大的專用更衣室（李柏熹攝，2011）

美國職棒華盛頓國民隊以美國總統當吉祥物（李柏熹攝，2012）

演活動，就是中場四位總統的賽跑。

　　獨立於兩個球隊後場空間外，另應有裁判室。

◆ 表演藝人後場空間

　　由於表演藝人的後場需求與運動員的後場不同，若空間足夠，則應給予有別於運動員休息室的獨立空間。臺北小巨蛋設計的構想則以運動員及表演藝人混用後場空間，因此三間最大的球員更衣室幾乎是以表演藝人的更衣室規格設計，兩排牆面都是鏡子與化妝檯，反而欠缺一般運動員更衣室所需要的大型個人衣櫃。

◆ 活動工作人員後場空間

　　在巨蛋內舉辦超過萬名觀眾的大型活動，需要的臨時工作人員，少則五、六十名，多則數百名，因此，也需要提供一個可供這些工作人員更衣、休憩的空間。

◆ 錄影轉播與媒體空間

　　通常職業球賽或大型國際賽事都有即時轉播的需求，因此電子媒體

臺北小巨蛋球員更衣室兼藝人化妝室，整體設計比較偏向藝人化妝室。
注意遠端的電視，可即時轉播舞臺或球場之狀況，為必要之設備（李柏
熹攝，2006）

需要的SNG車、OB車、主播室、球場各個角度的攝影機位置等，都要先
規劃好。國外因為有主場球隊進駐，球場幾乎都會規劃主控、副控等媒
體訊號製播室。而臺灣的球場幾乎都無此規劃，直接由OB車控制媒體訊
號即透過SNG車送出。

除了電視臺外，另外還有平面媒體、廣播媒體、甚至網路媒體，都
有不同的現場媒體席與空間設備需求。

我國的球場除了媒體席較為簡陋外，主辦單位大多也僅提供便當與
飲用水給媒體記者；而國外球場媒體席，則幾乎媲美包廂的空間裝潢，
並會在現場提供自助餐式的餐飲。

娛樂表演類的活動，除了如金馬獎、金鐘獎之類頒獎活動外，鮮少
有現場轉播的狀況，演唱會時，媒體通常僅開放前三首歌進行拍攝，因
此錄影轉播的需求又與球賽不同。但相對而言，是較簡單的。

桃園國際球場轉播中華職棒大聯盟賽事的OB車（左）與SNG車（右）
（李柏熹攝，2012）

圖2-15　桃園國際球場平面媒體席（李柏熹攝，2012）

美國華盛頓國民隊球場媒體席位，下層為平面媒體席，上層為電子媒體席（李柏熹攝，2012）

未事先規劃好點位預埋線管，會發生拉明線不美觀又危險的狀況（李柏熹攝，2012）

以上不同狀況時，提供錄影轉播的位置須事先規劃，並於該位置設置電源與訊號傳送盤體，避免臨時拉明線，不僅不好看，也危險。

◆儲藏空間

儲藏空間是多功能體育館中最難以事先估算的，依據各家經營策略不同而有不同的倉儲空間需求，日本多個巨蛋的經營者皆建議，最好是在可能的範圍內愈大愈好。很多機具的需求都是在實際營運後才會浮現，如各項設備器材的備品，各家供應商或不同巨蛋都會有一個建議的備品平均值，但實際上真正營運後，不同巨蛋因為經營走向不同，有些備品可能需要多一點，有些則需要少一點。

如美國與臺北小巨蛋類似規模的體育館，主要都是職籃NBA的場地，籃球專用地板、籃球架等，除了使用中的一套，倉庫中的維修零件外，可能隨時還要有一、兩套完整的備品，但在臺北小巨蛋，一套已足夠應付大多數的狀況。美國職籃球場可能不需要太多堆高機，但在臺北小巨蛋中，由於場地經常在轉換，有較多部堆高機可能對加速硬體進退場有相當大的幫助。

(七)電力與空調

◆電力

一般場館體育用途的電力使用，除了空調，較重要的只是照明、記分板與多媒體看板。但多功能體育館若要供藝文娛樂使用，由於此類活動的舞臺相關器材耗電量較大，應有獨立的舞臺專用配電盤體，其中，音響迴路、燈光迴路應各自獨立。尤其若場館中規劃有餐飲娛樂的營業空間，更要注意避免使用無線麥克風，否則將干擾活動的演出。

運動場館如果為了降低營運成本，而沒有申請較高的用電契約容量，以及考慮到活動電力不受突發斷電影響，可以考慮舞臺專用電力由發電機獨立供應。但就要事先規劃通風良好、消防無虞的發電機室與儲

油室，並配好線路盤體。

◆ 空調

多功能體育館室內空間大，啟用空調十分耗能。因此，基本上應注意四件事：室內的完善通風系統、夏日空調溫度、空調出風口的位置以及空調風口的音量等四項。但更進一步，最好能針對不同的活動、不同的觀眾數，以電腦模擬整個熱流與二氧化碳狀況。以確保空調設計能在場館中每一個角落都有一定水準的空調溫度、空調風速以及空氣品質，並尋求節能與舒適的最佳空調設定。

除了溫度外，設計時也要注意大空間中的溫差，不良的空調設計，可能會造成局部小空間溫度很低或很熱，造成該區域的不舒適感。

第四節　多功能體育館之附屬事業規劃

一、附屬事業的必要性

首先必須先瞭解，附屬事業與附屬商業設施是不同的。附屬事業是指主場館以外的，能獨立營運的事業體，如電影院、商場、飯店等；而附屬商業設施則是隸屬於主場館，在主場館附近或內部的小型商店，以販賣餐飲或紀念品為主。最明顯的例子，就是臺北小巨蛋與高雄巨蛋：臺北小巨蛋內所看到的各式商店，都是附屬商業設施；而高雄巨蛋旁的漢神巨蛋購物廣場屬於附屬事業，高雄巨蛋內的小型商店則屬於附屬商業設施。

歐美或日本的運動場館，幾乎都是在球團的支持下而興建，甚至大多數資金來自公眾資金與稅收，再完全交給球團經營，因為職業球團所帶來的城市觀光利益與知名度，甚至凝聚市民向心力等因素，值得政府

投資。但由於現代多功能體育館的投資興建成本愈來愈高（2009年完工啟用的紐約洋基新球場，興建費用高達16億美金），新一代的球場擁有者或管理公司漸漸發現，要廣闢財源才能維持球場的競爭優勢，因此，在活動上，積極開發球賽以外的活動，像展覽、演唱會等；在功能上，也逐漸賦予球場觀光的功能，期望能透過觀光吸引人潮創造周邊效益；在獲利能力上，除了球場外，也衍生出周邊事業的挹注作用，一方面作為觀光景點的服務設施，一方面當然也增加營收。

因此，國外許多大型體育場館，都會進行園區整體規劃，將商場、旅館、甚至遊樂場納入設計。如東京巨蛋，除了55,000席的室內棒球場，還有1,006個房間的旅館、20項大型遊樂設施的遊樂場、SPA水療館、拳擊場、音樂廳、主題餐廳等。前面提到的紐約洋基新球場，一樓對內營業的Great Hall商場面積就超過三萬坪，比臺灣很多百貨公司的營業面積都大。

東京巨蛋園區附屬事業的種類非常多元化（李柏熹攝，2011）

需不需要附屬事業，考量點主要在經營模式。若是公辦公營，一般來說是不需要的，甚至也不允許，只要在體育館內或周邊，提供一些餐飲、紀念品商店，作為觀眾服務設施即可；但若是公辦民營或民辦民營，基於財務平衡的考量，不可能沒有附屬事業。

至於應該規劃何種附屬事業來為整個運動場館園區加分，既可增加營收，又可以為運動場館加值，考驗著經營規劃者的智慧。業種業態大都圍繞著旅館、購物商場、主題餐廳、美食廣場、遊樂場等幾項在規劃，再因應不同的市場競爭、毛利率與現金流量，將量體比例加以調整。最好的附屬事業，是帶有服務性，而又具有營業利益。再進一步，考慮成為觀光地標，可以將遊客留在園區一整天，願意一再重複造訪。

二、參考案例

(一)臺北小巨蛋

臺北小巨蛋並沒有附屬事業的規劃，整個對內與對外的餐飲零售面積，合計大約二千三百坪，無法成為可以「集市」的商場。但在委託東森巨蛋公司經營的時代，仍透過主題性規劃與搭配活動的設計，開幕初期達到80%以上的進駐率，2006年附屬商業設施營業額約2.5億，但這段期間，許多維護商家權益的規定（如禁帶外食）一再被質疑，這些商店的營運動能愈來愈低。

2007年臺北市政府接管自營後，主場館部分由於大型活動市場已被帶動，活動數量並未減少，甚至因為公營場館將場租降低，刺激了更多單位使用。但附屬商業設施的進駐店家卻一再流失，欠缺品牌知名度的店家陸續撤出，雖然有少數新的店家進駐，但營業狀況也並不如預期，目前僅剩下麥當勞一家是從開幕到現在仍能維持營運的店家。

由於臺北小巨蛋本身加值性的服務設施不足，在舉辦活動時，反而

使得斜對角的環亞購物中心（2010年改為MOMO百貨，2013年9月又改為微風百貨）提升業績，依據媒體報導，2005年12月正式營運後的三個月，鄰近的環亞購物中心，營業額較前一年同期增加了15～20%。

　　除了先天上的商業規劃過少而難以「集市」，後天環境上也欠佳。在臺北小巨蛋附近的南京東路兩側是商場業者俗稱的「陰陽市」，單號那端（小巨蛋對面）有許多住宅、公司行號，一樓滿布各式的店家，有許多穿越性人潮，有人潮就有市場。而雙號臺北小巨蛋這一側，從敦化北路口到北寧路口，數百公尺，只有小巨蛋、田徑場、體育館、體育局，除非辦活動，幾乎沒有任何人潮，因此，即使是可以對外營業的商家也難以經營。先天不良加上後天失調，再因為公營場館不宜「牟利」的心態，使得臺北小巨蛋一直無法為觀眾創造出「看活動」以外的價值。因為沒有逛的價值，飲食服務也不足，臺北小巨蛋的觀眾習慣只在活動開演前一小時到場，甚至集中在最後半小時，使得入口驗票區觀眾

圖2-19　臺北小巨蛋附屬商業設施（李柏熹攝，2010）

數大增，耽誤進場時間，也影響活動開始時間，這點與國外職業賽事大多在開賽前兩小時就開放入場有所不同。

(二)高雄巨蛋

高雄巨蛋是一個BOT案，由漢威巨蛋公司開發經營。除了15,000席的多功能室內體育館外，旁邊規劃一個漢神巨蛋購物廣場。因此，該區域形成一個獨立的商圈，巨蛋與商場間也形成一個互利的關係。購物廣場因為巨蛋活動的觀眾而增加人潮、增加營業額，成為漢神巨蛋購物廣場與高雄區其他百貨商場的獨特競爭力；巨蛋也因為購物中心提供的多元化餐飲、購物及娛樂等服務，讓觀眾願意提早到場，紓解交通過於集中的問題。而最重要的，由於兩者間的加乘效果，高雄市民多了一個大型多功能室內體育館，多了許多高品質的大型活動可以觀賞，同時也讓高雄巨蛋成為一個沒有活動都值得去休閒活動的地方，不至於產生有活動

高雄巨蛋的附屬事業，漢神巨蛋購物廣場（李柏熹攝，2008）

與無活動時人潮的高落差，也讓開發的漢威巨蛋公司獲得穩定的收入。成為高雄市政府、高雄市民與漢威公司三贏的案例。

(三)龍騰館

而與高雄巨蛋同時啟用的龍騰館（世運主場館），原隸屬體委會（現為體育署）經營管理，後移交高雄市政府經營管理。由於原設定就是一個公辦公營的場館，因此與臺北小巨蛋類似，並沒有其他附屬事業規劃，僅有幾個小型商店。同樣地，這幾個小商店從2009年開幕後，仍未成功招商，進駐率相當低。政府不但每年要編列6,500萬到8,000萬元的預算維運，場館使用率還遠低於高雄巨蛋。由於位置偏僻、沒有附屬事業配套，在沒有活動的期間該區域幾乎沒有人潮。即使該建築師為知名的伊東豐雄，納入許多綠建築的概念，並於屋頂大量設置太陽能板，形成話題也塑造了良好的形象，甚至成為綠建築典範，但實際上的營運效

高雄龍騰館外小型賣店（李柏熹攝，2009）

率卻應該檢討（周昭平，2012）。2009年世運後，所舉辦的活動數量非常有限，與相同目的興建但由民間營運的高雄巨蛋，整體使用效率無法等量齊觀。

尤有甚者，為了增加場館使用率，2012年還曾提出要將整個符合國際標準的跑道剷除，改為棒球場引進美國職棒大聯盟賽事，引起體育界一片譁然。同時，高雄市政府也開始思考將龍騰館委託民間經營的可行性（呂宗芬、陳顯坤，2012）。

本章結論

多功能體育館在規劃之初，必須先確定場館的需求與用途，主要是哪一種運動競技用途使用？除了運動競技用途還能給哪些活動使用？有哪些人（活動）使用？是競賽場地？教學訓練場地？或只是一般民眾運動場地？

需求與用途確認了之後，再考慮未來的營運模式，公辦公營？公辦民營？或民辦民營？不同的營運模式需要不同的配套措施。

接下來是場館的選址與配套措施，簡單的區分就是市區與郊區，兩者間並無優劣問題，應考慮的是場館的定位與營運模式。公辦公營的場地、提供教學訓練的場地，或只為特定賽事（如奧運）而舉辦的場地，以郊區為宜。因土地成本較低、對周邊既有環境衝擊較小，且可藉此帶動區域發展，但政府須編列預算進行水電、汙水管線、交通等基本建設。而若民營，或以舉辦多元活動為主的場地，或為了帶動城市觀光與休憩功能的地標性場地，則以設於市區較佳，但須注意環境整體改善，避免對既有環境造成衝擊。

在規劃設計時，應同時有未來營運者、潛在營運者或有相關營運經

驗的顧問參與其中，以確保所有軟硬體設計符合實際營運需求。

　　而設計規劃與興建時，除了一般大型建築所需要的各種營建專家之外，營運者應特別注意人車動線區隔，避免不同目的的人潮形成交織重疊、互相干擾；前場空間部分需滿足演出者的最佳表演品質以及觀眾的最佳觀賞環境；後場空間則要注意不同用途的運動員或藝人的需求；電力部分要注意不同活動的電量需求，且用於表演時，音響、燈光等也要各自有獨立的迴路，避免彼此干擾。

　　是否規劃附屬事業或附屬商業設施，應由場館營運定位與營運方式為考慮基礎，以為主場館使用者（觀眾、主辦單位、競賽或演出者、工作人員等）服務性設施為優先，再考慮挹注營運收入，以及提升整體園區附加價值等。

問題討論

一、輿論抨擊臺北小巨蛋及高雄巨蛋體育活動過少，你認為誰該為這個結果負責？該怎麼改善？

二、多功能體育館附屬事業的量體若大於運動場館，你認為是否合理？為什麼？

三、你認為未來多功能體育館應該以公營為主？或是民營為主？各有什麼優缺點？

四、即使是民營多功能體育館，追求利益極大化是否合宜？如何兼顧開發商利益與體育或藝文娛樂產業的發展？

五、多功能體育館的建築設計規劃程序為何？

六、多功能體育館建築設計時，如何兼顧服務品質與興建成本？

 **參考文獻**

何友鋒、王小璘（1992）。《綜合體育場建築計畫準則研究》。臺北市：內政部
　　建築研究所籌備處。

官文炎（2009）。《運動場館規劃與經營管理》。臺中市：華格那。

葉公鼎（2005）。〈臺灣運動場館營運管理之展望〉。運動設施經理人證照研習
　　會。臺北市。

東森巨蛋經營管理股份有限公司（2007年4月）。《臺北小巨蛋95年度年刊》，未
　　出版。臺北市：作者。

姜伯誠（2007）。〈設備延宕　東森巨蛋被罰二億〉。《中華日報》，2007年6月
　　21日。

錢震宇、楊惠琪、江祥綾、吳雨潔（2007）。〈終止東森合約　北市府接管小巨
　　蛋〉。《聯合報》，2007年8月15日。

呂宗芬、陳顯坤（2012）。《活化世運主場館　高市徵求民間經營》。公視新聞
　　網，2012年9月28日。

周昭平（2012）。〈世運主場館「遺像寫生」高市經營差　繪畫賽遭譏〉。《蘋果
　　日報》，2012年9月28日。

Mullin, B. J., Hardy, S., & Sutton, W. A. (2000). *Sport Marketing* (2 nd ed). Champaign,
　　IL; Human Kinetics.

White, H. R., & Karabetsos, J. D. (1993). Facility planning process: Factors to consider.
　　In Richard B. Flynn (ed.). *Facility Planning for Physical Education, Recreation, and
　　Athletics*. American Alliance for Health, Physical Education, Recreation and Dance.

CHAPTER 3

多功能體育館營運可行性評估

李柏熹

第一節　政府開發規劃的可行性分析項目

第二節　市場現況與潛力分析

第三節　競爭分析

第四節　財務可行性分析

本章結論

重點摘要

　　本章重點在民間企業經營多功能體育館的各項可行性評估項目，但由於我國多功能體育館的規劃幾乎都由政府主導，因此在進入民間評估重點前，須先瞭解政府的評估要點。

一、我國體育場館的興建規劃，不論是政府公辦公營或者是由民間規劃興建與營運的BOT案，都是政府主導前期需求、規模用途、選址與整體配套措施。因此其可行性評估，主要為符合興辦目的的市場可行性、法律可行性、工程技術可行性、財務可行性、土地取得可行性與環境影響分析。

二、由於體育場館多功能使用的趨勢，因此要評估既有市場或未來市場潛力時，必須將各種可能的活動類型都考慮進去。除了活動，衍生的周邊收入，如廣告、餐飲、包廂或會員等，也應該依相關市場狀況進行分析。

三、也因為我國大型活動市場尚在起步階段，許多市場現況也許並不能達到民間企業所預期的損益水準，連帶影響周邊收入。如職業賽事如果不能長駐成為多功能體育館的主場球隊，除了活動量可能較低，場租或票房收益也較低，衍生的廣告、包廂或會員，也將難以銷售。但現況不佳，重點就在於未來的市場潛力，如何精確預估未來的潛力，考驗分析者的判斷能力。

四、由於我國體育場館興建與否的政策完全由政府單位主導，因此相同規模相同用途的多功能體育館在同一個區域幾乎可謂是壟斷的市場。只是唯一的大型場館不代表是活動唯一的選擇，若多功能體育館的設施設備不足、服務欠佳、費用過高，主辦單位在種種衡量之下，可能選擇其他較次級或用途較不同但仍可利用的場地。

五、所有的分析結果，最終要回歸到財務可行性的評估。就民營企業的觀點，經營獲利是基本核心目標，因此透過財務模型檢核出前面各項業務發展的結果，並透過參數的設定，找出較能獲利的模式，強化多功能體育館永續經營的可能性。

第一節 政府開發規劃的可行性分析項目

　　美、日的職業運動競技市場已經相當成熟，大型體育場館的興建，不但都有政府或其他公眾資金的投入，而且還是由民間主導設計規劃與營運（各職業球團擁有者）。因此其興辦目的非常單純，就是作為該職業球隊的主場，進行球季時的例行賽事。以美國職棒大聯盟的發展為例，Crompton與Howard（2003）指出，1960年代以前，都是由球團自行籌措經費興建運動場館；但1960年代以後，政府開始補助場館興建，甚至由政府發行公債來興建球場，而其比例之高，有許多比例超過50%，如1982年啟用的H. H. H. Metrodome是97%，2000年啟用的Minute Maid Park是68%。

　　但我國職業運動尚未成熟，一直以來體育場館的興建都是由政府規劃出資並管理，礙於經費，場館設施設備僅稱堪用，欠缺國外商業性職業球隊主場般的豪華設計。

美國職棒明尼蘇達雙城隊舊的主場H. H. H. Metrodome，採用薄膜式屋頂，是日本東京巨蛋模仿的對象，2010年後改為美式足球場（李柏熹攝，2012）

　　即使近年我國大型公共工程以BOT方式進行開發成為趨勢（蘇彩足，1998），但前期仍由政府所主導。如最早規劃為政府投資興建再轉民間經營管理的臺北小巨蛋，或者完全委由民間開發經營的高雄巨蛋及臺北（大）巨蛋，都是政府前期完成相關評估與規劃後，再招標，並委託民間經營。但政府單位與民間的評估項目顯著不同，本書雖然以民營化的場館管理實務為旨，畢竟身處國內環境，不可不知政府的評估重點。

　　依據「促進民間參與公共建設法施行細則」第三十九條規定，政府必須先辦理可行性評估及先期規劃，包括：(1)市場可行性分析；(2)法律可行性分析；(3)工程技術可行性分析；(4)財務可行性分析；(5)土地取得可行性與環境影響分析。因此本節摘要說明政府進行此類多功能體育館時的可行性評估項目。

一、興辦目的

　　政府施政時須考慮政策之「正當性」，避免圖利，並盡力謀求全民最大利益。在規劃運動場館時，也必須力求公平，因此，籌備興辦場館時，開宗明義第一條，就是「興辦目的」，而目的內容，必須具有高度中立性與公義性，如提升城市競爭力、帶動體育產業發展等。

　　但這樣的興辦目的，加上近年民粹主義的興起，往往使多功能體育館營運後招致非議。因為「體育場館」的主管機關是「體育局」或「體育處」或「體育場」，就會給某些體育本位的民粹主義者找出應該以體育活動為主的正當性，而以「體育活動使用少」、「體育館卻專辦演唱會」等議題來質疑營運單位。

二、市場可行性評估

目的確定後,舊的程序,即會針對工程技術與預定興建地點進行評估。可是由於過去興建太多「蚊子館」遭輿論詬病,政府日漸重視營運面的可行性,注重營運首先要評估市場,因此接下來就是針對主要市場進行市場潛力分析(**圖3-1**)。主要分析項目有二:確認未來市場潛力,以及確認使用者需求。一方面是確定多功能體育館營運後,相關的大型活動主辦單位將進場使用;另一方面也瞭解這些未來使用者對多功能體育館有什麼軟硬體上的需求,事先納入規劃設計中,以提高場館使用的便利性。最後,也必須調查民間企業的投資意願,以及吸引其投資的條件。

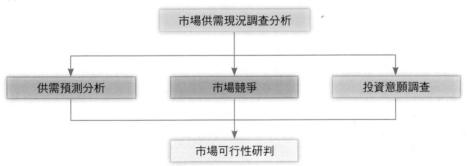

圖3-1 市場可行性分析程序

資料來源:徐肇章、莊志慧(2001)。

三、法律可行性評估

依據初步招商構想研擬法律面的可行性以及日後招商的法律依據,同時轉換為招標條件與契約(**圖3-2**)。以高雄巨蛋或臺北(大)巨蛋這兩個BOT案而言,基本上就是依據「促進民間參與公共建設法」及「政

府採購法」，而臺北小巨蛋2005年委託經營標案，則依據「臺北市市有財產委託經營管理辦法」辦理。不同法律條文的引用，與招標案是否能成功息息相關，因為不同的法律依據所得到的委託年限、租稅優惠等差異相當大。如臺北小巨蛋採用「臺北市市有財產委託經營管理辦法」，因此委託年限只有九年，以如此大金額（東森得標權利金為15.8億），又要面對新興多功能體育館的未知市場而言，委託經營年限的確是過短。而這樣的條件，也排除了財力較薄弱但可能具有經營能力或創意的中小型企業投標。

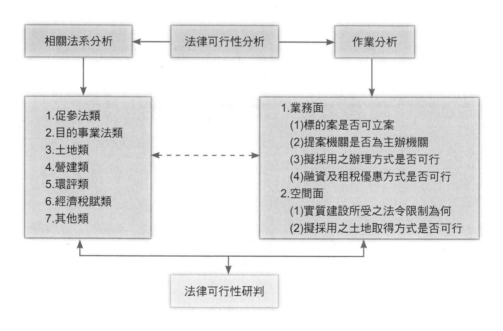

圖3-2　法律可行性分析程序

資料來源：徐肇章、莊志慧（2001）。

四、工程技術可行性評估

　　不論大巨蛋或小巨蛋這類多功能體育館的工程技術需求較高，國內營造廠承辦經驗少，因此必須針對工程技術進行可行性分析（**圖3-3**），甚至針對可行的工法提出建議。例如：若要工程進行快、造價低，可能需採用薄膜式屋頂，但薄膜式屋頂隔音效果差，對周邊環境的噪音影響較大，且屋頂無法承重；若考慮到隔音，又需要利用屋頂作為吊掛舞臺設備之用，則金屬薄殼屋頂則是可行的方向，但大跨距無樑柱鋼結構建築工法技術較難、成本較高、工期也較長。此外，還需注意一般工程開發中必要的地質鑽探、地質改良等程序。

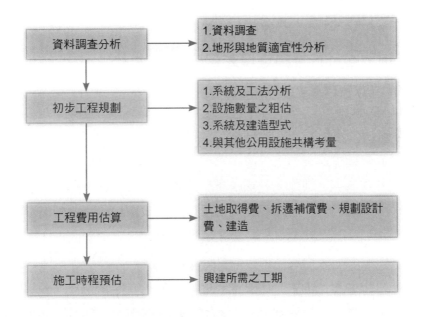

圖3-3　工程技術可行性分析程序

資料來源：徐肇章、莊志慧（2001）。

五、財務可行性評估

　　確定了市場潛力、建築工法及其興建成本後，配合預定所在區位，需進行初步財務可行性分析（**圖3-4**）。這部分的分析結果，也將影響日後OT或BOT招商的條件。興建成本高、市場潛力低，就必須搭配相關適法的優惠條件（如權利金減免、稅賦優惠）或增加附屬事業，以提高招商誘因。

　　但這部分的評估結果往往最具爭議性，因為在臺灣，體育場館的自償性是很低的，勢必搭配稅賦優惠與增加附屬事業，以提高招商誘因。但這種配套規劃結果，可能引發日後反對者或好事者提出「圖利廠商」的質疑。因此，評估單位的中立性與公正性，以及主事者的判斷力就非常重要。

六、土地取得可行性與環境影響分析評估

　　同時，針對可能的開發地點須進行土地取得的可行性分析（**圖3-5**）。一般來說，既有的舊體育場館改建開發困難度較低，如果涉及土地變更，公有地也較容易，但若預定地有一般民宅需遷移，往往會付出相當大的社會成本。因此，我國在多功能體育館用地的選擇，多以公有地為主。另一方面，多功能體育館選於市區或郊區，未來的招商配套與誘因也不相同。第二章提過，位於市區或郊區並沒有絕對的優劣，端看開發目的與整體配套措施為何，而且必須考慮到我國職業運動市場狀況遠不如國外的事實，單靠球團無法維持體育場館的財務平衡。

　　一個或多個位址初步確定後，除了工程上所需要的地質評估外，尚需進行該區位的環境影響評估以及交通影響評估等（**圖3-6**）。都具有可行性後，才能最後決定開發的區位。

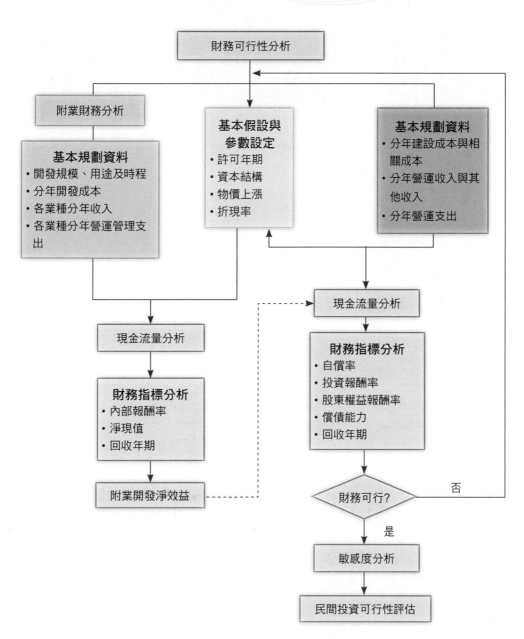

圖3-4　財務可行性分析程序

資料來源：徐肇章、莊志慧（2001）。

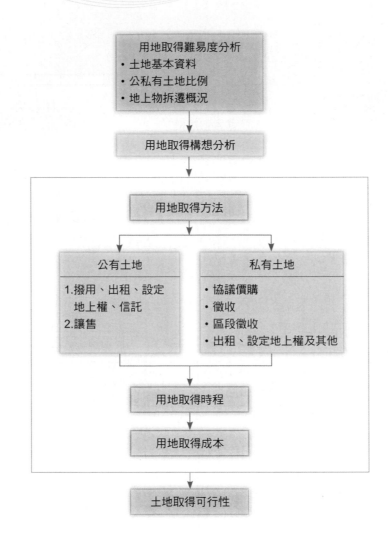

圖3-5　土地取得可行性分析程序

資料來源：徐肇章、莊志慧（2001）。

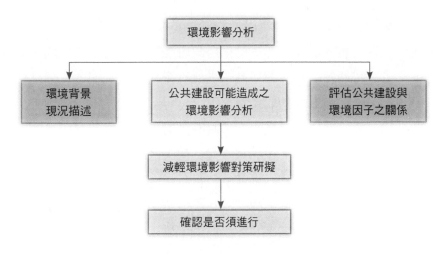

圖3-6　環境影響分析程序

資料來源：徐肇章、莊志慧（2001）。

第二節　市場現況與潛力分析

　　政府完成前期多功能體育館開發規劃後，若決定委由民間企業經營，不論是政府興建完成後委託民間經營的OT，或者由興建規劃到營運都委由民間經營的BOT，民間企業都將對該案進行企業內部的可行性評估，具有可行性，更白話的說，具有商業利益，企業才有可能進行投標取得開發或經營權。

　　事實上，由於民營化的多功能體育館在我國是一個剛起步的產業，不論政府或民間企業所委託專業顧問做的「營運」可行性分析，幾乎都沒有實際上的參考價值，寫的人胡說八道，看的人難辨真偽。花費數百萬元甚至上千萬元委託所做出來的評估與建議，只是一份找人背書後就沒有任何參考價值的報告書。

　　舉例來說，以在巨蛋內舉辦展覽活動的這項可行性評估中，筆者看到兩個不同巨蛋的評估案，一份來自政府委託，一份來自民間企業委託，但都以「每個攤位每天的租金」推估巨蛋的潛在營運收入。這個顯然的錯誤，由世貿展覽館的收費標準就可以得到驗證，但不論兩家受託的顧問公司、政府單位或民間企業，沒有人發現問題在哪裡。足證受託人不用心，委託人不專業。以「每個攤位每天的租金」做估算，是策展公司的計算方式；策展公司向世貿或巨蛋租用時，是以「一個場地每天的租金」來收費。其他尚多誤謬的還有場館冠名權、包廂、廣告、餐飲等，幾乎都是拿國外案例硬套，欠缺對本土市場的瞭解。不論臺北小巨蛋或高雄巨蛋的政府前期評估報告，皆述及場館冠名權對場館收入的重要性，但是不論臺北市政府或高雄市政府還是緊抓著冠名權，並以地方之名命名。雖然2013年經營臺北小巨蛋的臺北捷運公司請臺北市政府法務局、研考會、主計處等，共同評估釋出臺北小巨蛋冠名權的可行性，並將報請臺北市長專案核准（陳雅芃，2013）。但依筆者的瞭解，此案的可能性幾乎是零。

　　所謂可行性評估，就企業經營而言，最終都會回歸到財務面，而要知道財務是否可行，需求與供給是兩大面向，此外還有更複雜的政治風險、法規風險、經濟風險或原物料供應風險等。接下來的兩節，分別說明屬於需求面的市場現況與潛力，以及屬於供給面的競爭分析。除了透過國外案例的瞭解，也加入本地市場的說明。

一、評估可能的活動類型

　　多功能體育館所能舉辦的活動，大致區分為以下四大類：

(一)體育競技類

　　多功能體育館在設計之初，都會有主要用途的體育項目，棒球、足

球、籃球、排球、田徑,甚至國外較風行的曲棍球、橄欖球等,主要的
體育活動類型決定運動場館的規模。雖然許多場地號稱可以提供多種體
育競技使用,但須注意其間的規模差異。

例如美國,一個20,000席左右的多功能體育館(即小巨蛋),除了
職業籃球聯盟(National Basketball Association, NBA),有的也會同時有
女子職業籃球聯盟(Women's National Basketball Association, WNBA)、
冰球聯盟(National Hockey League, NHL)等不同球季的球隊共用一個主
場。在中間空檔,也提供網球、拳擊等賽事進行。

如美國亞特蘭大Philips Arena,就有兩個主場球隊使用這個多功能體
育館,包括NBA的Atlanta Hawks,以及WNBA的Atlanta Dream。另外如
興建於美國曼哈頓賓州車站正上方的Madison Square Garden,不但擁有超
過百年的歷史(現在的建築則約四十年),被譽為美國最有名的運動場
館,同時有三個職業球隊進駐成為主場,包括NBA的New York Knicks、

美國亞特蘭大的Philips Arena擁有兩個職業球隊進駐成為主場(李柏熹
攝,2004)

美國紐約的Madison Square Garden，2012年因為林書豪而廣為國人所知，擁有三個職業球隊進駐成為主場（李柏熹攝，2012）

WNBA的New York Liberty，以及NHL的New York Rangers。

　　但同樣屬於美國廣受歡迎的職棒大聯盟賽事（MLB）或美式足球聯盟（National Football League, NFL），則甚少共用一個主場球場，主要原因就是二者的場地設計大不相同。棒球場是一個鑽石形的場地，觀眾席因而形成一個內野窄、外野寬的扇形設計；而足球場是一個矩形，觀眾席形成一個橢圓形設計。因此即使一般足球場能放進棒球場中，由於觀眾視角問題，也幾乎不會有兩者混用的狀況發生。日本札幌巨蛋為了解決這個問題，不但發展出一套「氣壓浮起式足球場」，讓棒球與足球各自有專業使用的場地（棒球採用人工草皮，足球使用天然草皮），而且座椅可以整區轉動成為適合足球賽事的橢圓形觀眾席，因此同時是北海道日本火腿鬥士棒球隊及札幌岡薩多足球隊的主場。

　　綜上所述，於推估可能在多功能體育館中舉辦的體育活動類型時，應合理思考場地轉換的可能性，再進一步推估其市場。

日本札幌巨蛋平常是使用人工草皮的棒球場，注意一、三壘側的弧形座位區，是可以轉動成為足球場座位模式（李柏熹攝，2011）

日本札幌巨蛋在舉辦足球賽時，可以將養護在戶外的足球草皮氣壓浮起推進巨蛋中，轉換為專業的足球場（李柏熹攝，2011）

(二)藝文娛樂類

◆藝文性表演

　　會在多功能體育館演出的藝文性表演，是以較通俗、娛樂性較高的音樂劇、舞臺劇、傳統戲曲或跨界男女高音等為主。對於音場、建築聲學要求較高的藝文性演出，如交響樂表演、獨奏會等則較不適合，但並非沒機會。

◆娛樂性表演

　　最大宗的娛樂性表演就是國內外藝人的演唱會，此外還有馬戲表演、魔術表演、幼兒親子表演、冰上表演等。

(三)展覽類

　　以籃球、排球類等小型體育競技活動為主要體育項目的多功能體育館，約可容納200～300個3公尺×3公尺標準展覽攤位（採用伸縮座椅能增加平面層可用面積），略小於臺北世貿展覽館一館一個區的大小（臺北世貿展覽館一館有四個區，可容納1,304個標準攤位）。以展覽公司的標準而言，規模略小，因此舉辦的展覽類型以民生消費類為主，如家具展、婚紗展、電玩展等。

(四)集會演講或尾牙類

　　除了上述三類活動，大型演講、宗教集會或者企業尾牙表演等，也都可以在大型室內體育場館中舉辦。但必須注意的是，承辦這類活動的公司，大多是小型的公關活動公司，在大型場地舉辦大型活動的經驗較不足，場館方所需提供的協助較多。

高雄巨蛋伸縮座椅收起後，可加大球場平面層面積供展覽使用（李柏熹攝，2008）

在臺北小巨蛋所舉辦的安藤忠雄建築師演講
（李柏熹攝，2007）

二、各種活動類型市場現況

瞭解多功能體育館所能舉辦的活動類型後，接下來就必須瞭解各種活動的市場現況。各種可能活動類型的市場現況表示了多功能體育館的業務潛力，即使場館尚未營運，也能透過市場的瞭解知道未來可能的機會。

尤其臺灣的多功能體育館並不普遍，興建開幕後幾乎可以壟斷當地適合的大型活動市場。以一萬多席的小巨蛋而言，較現代化且多功能的場地，僅有臺北、高雄兩個直轄市各一座。這兩個大型室內場地，也成為北部地區與南部地區大型活動最優先且唯一的選擇。

在臺北小巨蛋開幕前，不論國際性籃球賽或演唱會，大多以林口體育館、臺大體育館兩個場地為主，最大容量大約皆是5,000～6,000人左右。自從臺北小巨蛋開幕後，大型活動幾乎全部轉移到小巨蛋，成為大型活動唯一的選擇。擠不進小巨蛋檔期的，或預期觀眾數達不到那麼多的，才會轉到臺大體育館或南港展覽館。而林口體育館因位置偏遠、交通不便，幾乎已經沒有大型活動在該場地舉辦了。

(一)體育競技類

以小巨蛋的規模而言，籃球是最可能使用的體育項目。因此必須瞭解在該地區的既有籃球組織，如準職業聯盟的超級籃球聯賽（SBL）或高中籃球聯賽（HBL）。

SBL屬於售票的準職業賽事，必須瞭解其球季時間、賽事分配、在該區域的季賽場次、平均觀眾數、平均票價等。也必須知道，目前主要使用場地為何？如何收費？有哪些優缺點？

HBL則非售票，但因為高中生較為熱情，也許參與觀賽的人次會較多，有機會帶動周邊商業設施的消費（單價低但數量大）。場館經營者

或許可以考慮以優惠方式提供場地供冠亞軍賽使用，雖然場地使用收入低，但藉由周邊收入彌補，也是一種既可滿足高中選手與球迷在國際級場地出賽的夢想，又能獲得損益兩平機會的公益回饋經營方式。

(二)藝文娛樂類

不論是藝文性表演或娛樂性表演，都先蒐集現有活動主辦單位名單，並分析其主辦活動的規模、屬性。再細分每年舉辦的活動量、每場的售票率、平均票價等。同樣地，也必須瞭解其目前主要使用場地為何？收費標準？及該場地的優缺點？

以大臺北地區而言，在臺北小巨蛋開幕前，此類大型藝文娛樂活動大多使用臺大體育館或林口體育館，僅可容納約5,000名觀眾，但一樣有連續演出兩場甚至三場的活動，這些活動在臺北小巨蛋只需演出一場。或者即使只在既有場地演出一場，但向隅者眾，也表示該活動是臺北小巨蛋的潛在使用者。

(三)展覽類

一萬多席的多功能體育館球場層面積較小，僅能規劃200～300個3公尺×3公尺標準展覽攤位，因此在展覽類活動方面，應以世貿展覽館一館一個區（較少），以及二館、三館之活動為主要調查重點，但也不能忽略在百貨公司文化中心所舉辦的活動，如主題性的玩具展、移民留學展等。

除了蒐集活動主辦單位，也應調查整理展覽票價、參觀人次以及相關場地的收費標準等。尤其展覽類是從早到晚都可吸納觀眾的活動，不像演唱會或體育競技，活動時間集中在二到三個小時。因此總觀眾流量會較多，帶來的周邊效益也較高。若能針對這些觀眾提供適當的周邊服務，一樣可以增加場館的收入。

(四)集會演講或尾牙類

宗教集會在活動市場上一直有一定的分量,而少數組織更具有非常專業的分工,能在多功能體育館舉辦大規模的宗教集會。這是一個不容忽視的市場,在市場調查時要注意,哪些宗教組織具有租用且舉辦大型集會能力?對場地的要求與禁忌為何?

企業尾牙也是一個成長中的市場,因為愈來愈多的大型企業願意在尾牙砸大錢,不僅是單純的吃吃喝喝與抽獎,往往會搭起專業的舞臺,聘請專業主持人與藝人進行表演娛樂員工,許多尾牙的規模已經不輸一場售票演唱會了。只是舉辦尾牙時,免不了有吃的問題,而這些食物能在哪些區域處理?是否有適當的排油排煙與消防設備?這些都需要妥善規劃。因為有飲食、會喝酒,加上尾牙時高昂的情緒,對場地的破壞性也可能比較高,事後的清理費用可能會增加。且協助企業舉辦此類尾牙的公司,在規劃與管理大型表演活動的經驗較少,也可能會有較多的狀況發生。此類調查的對象,除了尾牙企業,也包括會承辦此類活動的公關活動公司。因為舉辦尾牙的企業對場地資訊的瞭解比較少,卻有決定權;而代辦執行的公關活動公司較瞭解場地優勢,能對企業提出建議。

另一個有週期性且具有市場潛力的是選舉造勢活動。我國幾乎每一年都有選舉,從里長、縣市議員、縣市長,到立法委員、總統等,候選人為了當選造勢,會有龐大的造勢活動支出,能容納上萬人的多功能體育館就是候選人心目中最佳的造勢場所。只是一旦牽涉到政治,事情往往會複雜化,因為每個候選人心目中的熱門時段幾乎是相同的,特別是最重要的選前之夜,不論是採用先來後到排隊方式,或是選定時間內共同抽籤來決定優先使用者,即使場館經營管理單位自認公正,仍會有無法預期的後遺症,可能引來不必要的麻煩,因此這是一個場館經營者必須小心處理的活動項目。

三、其他營運收入評估

　　商業化的多功能體育館,除了一般的場地出租外,還有其他周邊可能收入,包括附屬事業或附屬商業設施、包廂出租、廣告版位出租、場館導覽、會員收入,甚至冠名權。由於國外多功能體育館的經營已經行之有年且市場成熟,可以借鏡國外,評估規劃未來可能的營收項目。

(一)附屬事業或附屬商業設施

　　這通常是場租收入外最重要的一項收入,甚至在BOT案中,也是設計用來作為彌補場館虧損的重要營業項目。若是附屬事業,如商場、飯店,就要以獨立的事業進行相關的市場調查分析,找出區域中的競爭優勢。既然是作為彌補場館虧損的重要工具,總不能自己也淪為虧損的單位,因此這部分的評估與詳細的營運計畫非常重要。而且,如何與多功

高雄巨蛋附屬事業——漢神巨蛋購物廣場（李柏熹攝,2009）

能體育館整合，又如何利用多功能體育館的優勢以與其他競爭者區隔，都是附屬事業與附屬商業設施營運時特別重要的項目。

(二)包廂出租

包廂收入在國外場館中是一項極大的營收，許多大型企業也都以在該區域的運動場館中擁有包廂作為重要的公關手段，招待重要貴賓、重要客戶或績優員工等。但在臺灣，不論臺北小巨蛋或高雄巨蛋都不成功，既沒有穩定的年租客戶，即使單場租用也非常有限。

其因素主要來自國內職業球賽並不成熟，沒有完善的主場制度，沒有主場制就不可能知道一年在該球場有多少固定賽事。此外，職業賽事也不是國人主要的休閒活動，企業也沒有招待貴賓或績優員工到包廂觀賞球賽的風氣。因此包廂價值大減，無法發生如國外企業包租一整年的狀況。

日本大阪京瓷巨蛋包廂相當典雅舒適（李柏熹攝，2011）

正因為國內職業球賽的不成熟，一旦在臺北小巨蛋這類多功能體育館舉辦的賽事幾乎都是國際賽事，賣座較一般國內賽事為佳，使得包廂仍有單場銷售的市場機會。

(三)廣告版位出租

廣告版位的價值來自觀看人潮多寡，由於臺灣沒有完善的主場制度，因此無法保證每年的活動場次，更無法確定到場觀眾數，巨蛋淪為單純的場地供應者。因此，不論是SBL或演唱會，球場內廣告招商權都在主辦單位手上，場館經營單位頂多只能向主辦單位收廣告版位權利金，而無法進行廣告版位出租招商。

迴廊區廣告屬於灰色地帶，原則上場館方有招商權利，但同樣受限於年度入場觀眾人次的不確定而有推廣上的困難。經過幾年的營運，每年活動數量與進場人次有一定可信的規模後，可以用歷史數值訂定廣告

臺北小巨蛋大型LED廣告牆，是目前臺灣最大的LED廣告版面（李柏熹攝，2011）

價格進行招商。

場館外廣告版面則有賴場館所在位置，其價格與招商難易度與一般戶外廣告評估要件相同，也是依賴該路段會經過的車潮、人潮。

(四)場館導覽

大跨距無樑柱結構的巨蛋建築物，因為其工程技術上的困難度以及奇觀化的建築外觀，往往能成為當地重要的觀光地標。加上若有高知名度的球星、藝人曾在場館中締造出佳績，也會吸引相關的球迷、歌迷前來朝聖。因此，場館導覽具有一定的市場潛力，也為場館在沒有活動時期創造額外的收入。

其中，一般會區分為兩種導覽行程：單純的前場導覽，在沒有活動時，帶領遊客針對球場觀眾席、球場層等進行建築規劃、設計理念、特殊工法、特殊材質、相關活動歷史等的介紹；前場加後場導覽，除了前

福岡巨蛋專業的導覽解說（李柏熹攝，2007）

導覽是許多特殊場域的營運模式，利用該場域的獨特性吸引觀眾，增加收入。除了巨蛋體育館有導覽，連電視臺也有導覽行程，圖為美國亞特蘭大CNN電視臺總部的導覽售票口（李柏熹攝，2004）

述導覽，再帶遊客到後場介紹球員休息室、明星化妝室，甚至一些機房空間。

(五) 會員

在主場制度完善的職業賽事中，會員席、會員季票的銷售，保證了場館方與球團的基本收入。會員權益包括了球季中固定的會員席，也會提供會員俱樂部的專屬權益，如球場中的餐飲服務、周邊商品優惠、球迷見面會、球迷交誼等。

但在臺灣，仍是因為職業運動不成熟，目前很難成為場館的收入，但以長遠來看，這個項目還是具有潛力的收入來源。

(六)場館冠名權

場館冠名權在國外也是場館的重要收入，許多企業為了打響當地的知名度與指名度，也非常偏好購買場館冠名權，如美國Staples Center、Toyota Center，加拿大Rogers Centre，英國O2 Arena，日本福岡Yafuoku! Dome，中國上海的Mercedes-Benz Arena等。

但在臺灣由於運動場館幾乎都由政府投資興建，或由政府規劃委託民間興辦，場館冠名權都被政府以地方名義綁住，無法進行商業化冠名。如臺北小巨蛋，由政府興建委託東森巨蛋公司經營，開幕之初即由當時的市長馬英九命名為臺北小巨蛋；高雄巨蛋為漢威巨蛋公司得標的BOT案，同樣也由當時的高雄市長陳菊命名為高雄巨蛋。

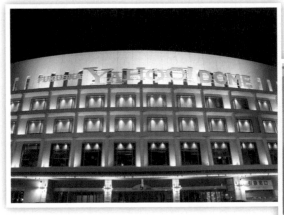

日本福岡大榮鷹隊與福岡巨蛋於2005年被軟體銀行入主後，首先將福岡巨蛋掛上關係企業YAHOO!之名，2013年改冠上另一關係企業YAFUOKU!（雅虎拍賣）之名，並以日文表現（李柏熹攝，2007、2013）

日本大阪巨蛋冠上KYOCERA之名（李柏熹攝，2007）

第三節　競爭分析

　　蒐集評估市場現況與潛力後，對市場整體規模已經有了初步的瞭解，但到這一步僅能瞭解市場這塊「餅」有多大，接下來就要知道有哪些人在吃這塊餅？新的多功能體育館能從誰手上搶到餅？未來又有誰會來搶這塊餅？也就是供給面有多大？

　　競爭分析，近年來大多採用結構學派學者麥克·波特（Michael E. Porter）所提出來的競爭優勢理論。他提出了「五力分析」作為分析產業競爭優勢的模型，所謂「五力」，就是產業現有競爭者的抗力、潛在加入的競爭者的威脅、替代產品的威脅、購買者的議價能力、供應商的議

價能力（**圖3-7**）。本節就以此為基礎，分別就多功能體育館中各種可能舉辦的活動，分析其相同規模用途的直接競爭、不同規模類似用途的替代競爭、不同規模不同用途的潛在競爭，以及未來的開發計畫。

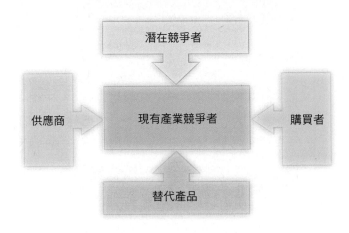

圖3-7　波特五力分析圖

資料來源：Porter, 1980.

一、相同規模用途的直接競爭

前面提到過，因為我國的狀況迥異於其他國家，超過10,000席以上的多功能體育館，不但不可能一個縣市有多座，連一個縣市有一座的機會都不大。以目前的現況，只有臺北、林口、桃園、高雄各有一座15,000席的小巨蛋，其中位於林口的國立體育學院綜合體育館（俗稱林口體育館）開幕最早（1984年），是早期許多大型活動的使用場地，但因為位置偏遠又屬學校體育館，真正的商業使用率並不高；桃園縣立體育館隨後在1993年開幕，但因為位置距離主要都會區較遠、交通較為不便，且為公營，營運效率較差，除了地方型展覽外，鮮少舉辦大型體育賽事或演唱會。因此以上兩個場館不列入本書討論範圍。

在臺北小巨蛋所在的大臺北地區，當初是第一座15,000席的多功能體育館，進行市場研究時，並沒有相同規模與用途的競爭場館可供比較。倒是2007年臺北縣（2010年升格為新北市）政府規劃在新板特區南側採BOT方式，興建一座20,000席大型室內體育館（臺北縣巨蛋體育園區），臺北小巨蛋即成為最重要的競爭分析對象。

2008年1月筆者受邀參與本案專家學者座談時，即曾表示幾點意見供臺北縣政府參考，主要即是著眼在與臺北小巨蛋的競爭考量：

1. 從臺北小巨蛋的經驗來看，一萬人以上的大型活動市場是存在的，而且正蓬勃發展，因此大臺北地區第二個小巨蛋的市場是有機會的。事實也證明，臺北小巨蛋2006年第一年的使用天數就達到232天，此後年年成長，幾乎每個週末都排滿了活動，許多排不進臺北小巨蛋檔期的只好轉到南港展覽館。

2. 臺北縣巨蛋除了小巨蛋外，尚有附屬事業，除了增加收入，彌補巨蛋本身高昂的造價與維護成本外，也可以提供更完善的運動員、藝人以及觀眾的服務，這點是臺北小巨蛋所沒有的優勢。不像現在於臺北小巨蛋演出的運動員、藝人或外地觀眾，須住在較遠的其他飯店。

3. 臺北縣巨蛋的觀眾達到二萬人，在規模上比臺北小巨蛋占優勢，但須注意會否因為觀眾席增加，造成觀眾視距變遠，影響觀賽品質。

4. 臺北小巨蛋距離最近的捷運站步行約8分鐘，臺北縣巨蛋則約需15分鐘，但參與體育賽事或演唱會的觀眾年齡層皆較低，影響較小。巨蛋園區與周邊的停車數量、車道服務水準就會是另一項競爭挑戰。臺北小巨蛋位處市中心，南京東路、敦化北路道路寬敞，往來方便。而臺北縣巨蛋所在位置的道路較狹小，恐是未來營運的不利因素。

5.最後是市民的支持度與政府貫徹的決心。尤其BOT案，政府必須確認本案在民意上、政策可行性上是沒問題的才能招標，一旦招標，即使面對壓力也必須貫徹到底，否則政府政策的搖擺，得標廠商將成為最直接的受害者。

結果，臺北縣巨蛋案於2009年辦理說明會時，附近居民以周邊道路狹小與壓縮現有活動空間兩大理由強力反對，隨後縣政府重新評估，本案取消，另覓地點規劃興建。

二、不同規模類似用途的替代競爭

不論臺北小巨蛋或高雄巨蛋，興建前全無同規模競爭對手可做比較，但是大型活動的市場仍然存在，因此必須研究分析既有的大型活動市場是在哪些場地舉辦的。

以臺北小巨蛋為例，潛在的活動包括籃球、演唱會與展覽三大類。臺北尚無一個可以舉辦多種不同活動的多元場地可與之競爭，必須針對不同用途的不同場地，分析個別的競爭力。

在籃球類運動競技的現有場地，包括了臺北體院體育館（俗稱白館，臺北市SBL多在此進行賽事，現已拆除）、臺北市立體育館（俗稱紅館，HBL多在此進行賽事）、臺大體育館、林口體育館等。針對其座位數、地理位置、場租、周邊服務、年度活動場次等，必須有深入詳細的瞭解。

而在演唱會舉辦的場地，包括了戶外的中山足球場（現已無法舉辦演唱會）、臺北體育場（現已禁止舉辦演唱會），室內的臺大體育館、林口體育館，這些都是過去舉辦演唱會的重要場地。其中不乏連續舉辦兩場以上的活動，那些就是未來可以在小巨蛋舉辦一場的當然使用者。除了針對其座位數、地理位置、場租、周邊服務、年度活動場次等的調

因為臺北小巨蛋球場平面面積舉辦展覽時較為不足，音響展是少數
曾在臺北小巨蛋舉辦的展覽，高雄巨蛋平面層較大，較常舉辦各式
商業展覽（李柏熹攝，2010）

查瞭解，也必須調查這些使用者的活動舉辦成本。如前所述，在這些場
地連續舉辦三場的費用跟在臺北小巨蛋舉辦一場的費用一定互有增減。
臺北小巨蛋的場租可能比較貴，但卻只有一場的硬體費用、演出費用、
活動管理人員費用等，場租提高了，整體費用卻可能降低。

　　在展覽方面，則是以臺北世貿展覽館、南港展覽館等小型展覽為競
爭分析對象。同樣也必須針對這兩個場地類似規模的展覽進行分析，並
找出差異化的競爭優勢。

三、不同規模不同用途的潛在競爭

　　由於國內觀賞性體育競技市場欠佳，現有的賽事場地大多是利用校
園場地舉辦，其規格已經不是很高，較難有其他潛在競爭者的出現。

　　而演唱會部分，臺北地區則有國際會議中心大會堂、國父紀念館大會堂等2,500～3,000席左右的場地。這兩個場地的原始用途都是召開大型會議或演講，但因為地理位置優越、場地租金相對便宜、且場地硬體設備合宜，許多演唱會或音樂劇在這兩個地點演出。雖然會議與演唱會場地明顯不同，3,000～15,000席差距過大，可是仍有許多連續演出三場以上的音樂劇或演唱會在此舉辦。而且因為這兩個地點既有的舞臺演出設備完整，舞臺小使得附加的特效設備有限，整體演出成本低，演出三、四場的整體費用可能還是比臺北小巨蛋一場的成本低，仍具有相當的競爭優勢。在分析競爭優劣時，不能忽略此類場地。

　　另外，在南港展覽館開幕後，也有多場演唱會在該場地舉辦。但南港展覽館畢竟是個展覽場地，與其他場地比較起來有三大最嚴重的缺點：欠缺座位席，只能舉辦不設座席的搖滾熱門演唱會，或者舉辦座席

南港展覽館四樓經常舉辦國內外演唱會，但卻有地板震動與音場欠佳等問題（李柏熹攝，2007）

南港展覽館四樓2012年舉辦LADY GAGA大型售票演唱會，最高票價達12,800元，卻因為場地不夠專業而受輿論抨擊（李柏熹攝，2012）

數較少的演唱會（但會有前排阻擋後排視線的問題）；另外就是建築音場非常差，聆聽環境欠佳；最後是建築結構問題，南港展覽館適合辦演唱會的展廳位於四樓，下層支撐柱距達18公尺，因此舉辦熱門演唱會時，當全場觀眾跟著節奏一起跳，會造成地面晃動，一方面讓觀眾對安全產生疑慮，另一方面也使得場地攝影機與大螢幕晃動影響觀賞品質。可是因為其有相對較大的室內演出環境，為了避免天氣干擾以及容納較多的觀眾數，是臺北小巨蛋外另一個大型室內表演場地不得已的選擇。

　　一般來說，小巨蛋200～300個攤位的規模，已經是展覽最低的損益平衡攤位數了。但除了專業的展覽館展覽，把在許多百貨公司文化中心、博物館特展廳等展出的特殊主題展（如玩具展、電影相關文物展、移民留學展等）納入，一樣可以為場館帶來多元性活動的場地收入。

四、未來的開發計畫

　　評估大型室內運動場館的市場競爭性時，除了蒐集分析既有的各項競爭對手資訊，也必須注意未來可能出現的競爭對手。如2004年，臺北小巨蛋在OT招標時，投標廠商除了分析前述各項既有市場的相關數據外，對於後來的臺北縣巨蛋也應予以觀察。

　　在初步比較上，臺北縣巨蛋的地理位置與交通運輸較臺北小巨蛋為差，可是在座席數、周邊服務上，臺北縣巨蛋卻又略勝一籌，加上屬於BOT案，BOT期限至少有四十年以上，經營單位的籌碼較多，場租上可能會有優勢。不過，由於臺北小巨蛋當初委託經營期限是九年，而臺北縣巨蛋又屬於規劃中的計畫，到能招標、簽約、動工、乃至於營運，可能第一個委託經營期已經過了。

　　另外，就是位於松山菸廠的臺北（大）巨蛋案。臺北（大）巨蛋屬於40,000席的室內棒球場，體育競技市場的衝突性不大。但當轉換為演唱會時，更大的場地，就如同臺北小巨蛋能夠吸引在臺大體育館連續舉辦兩場以上的活動一般，能在臺北小巨蛋連辦三場以上的活動，也是臺北（大）巨蛋將競爭的市場。因此，如何維繫這些演出場次高的活動繼續留在臺北小巨蛋，是競爭分析時必須依據己身優劣條件提出對策的。

　　以上主要以場館出租項目為競爭分析項目，但實際上，第二節中所提到的各種可能收入來源，皆須有完整的競爭分析內容，如戶外廣告，巨蛋的戶外廣告跟一般大樓的戶外廣告並無不同，其價值與市場偏好度，皆來自往來人車的視線觸達率。附屬事業或附屬商業設施也一樣，例如在巨蛋園區內開一家便利商店，有活動時的人潮與生意固然優於其他商業區或住宅區的便利商店，但沒有活動時的人潮與生意可能一落千丈。哪些業態業種適合在巨蛋園區中？哪些業態業種可以與巨蛋瞬間大量的人來人往結合成獨特的競爭優勢？這些都是需要思考的。

第四節　財務可行性分析

　　瞭解了各種收入來源的市場現況與潛力，瞭解相關的競爭對手，接下來必須對自己的營業收入進行預估。

一、場地收費標準

(一)主場地場租

　　首先針對各種收入來源進行定價，定價的依據來自前面各個市場的競爭分析。在行銷學中，定價策略基本上包括了吸脂定價、滲透定價、組合定價三大類。但由於前幾個章節所提到的因素，多功能體育館在我國事實上是一個獨占的市場，一個縣市，甚至一個大區域，頂多只有一個多功能體育館，由於其獨占性，場租定價標準，事實上有相當程度的自由度。

　　雖然有其自由度，但就是因為過去沒有多功能體育館時都能辦理大型活動，若價格過高，對主辦單位將產生抗性，仍將繼續租用舊的場地。較值得思考的定價策略為組合定價，將場租、水電、清潔、錄影轉播、臨時人力、售票、廣告宣傳等，分別定價卻又組合在一起。在競爭分析中提到過，在較小場地連辦兩場或三場的活動，可以集中在多功能體育館舉辦一場，場租雖然較高，但節省下的演出費用、人力費用、硬體費用等，還是可能讓總體活動成本降低。

　　第一個委託民間經營的臺北小巨蛋，在委託之初，臺北市政府即已參考日本、香港等亞洲城市類似場館的收費標準，在委託經營管理契約中明訂臺北小巨蛋主場地租金為每場票房總售票收入的15%，下限50萬元，上限270萬元。在2007年由臺北市政府收歸公營後，主場地租金為每

場票房總售票收入的10%，下限不變，但上限金額降低為189萬元。此一收費標準成了國內類似規模收費的標準，2008年底啟用的高雄巨蛋，也是依據這個標準再依南部市場酌降收費。

因此，我國15,000席的多功能體育館，主場地場租便以門票收入的10%，每場新臺幣50萬元到189萬元為普遍認知的收費標準，日後若有其他類似規模的場館營運，也應該在這個基礎上，加入座位數、場館優劣勢與行銷等條件予以增減。

(二)其他收費標準

除了主場地場租，在多功能體育館中衍生的費用尚有水電費、清潔費、附屬場地使用費、錄影轉播權利金、廣告權利金、零售攤位租金等，以上皆會因應市場狀況訂定相關的收費標準，其中水電費是較容易產生爭議的費用。因為水電費一般採用固定收費，如臺北小巨蛋便以「每場次7萬元」為標準，可是電費一項，有開冷氣跟沒開冷氣實際電力差異相當大，有活動時固然要開冷氣，但在硬體進場組裝或撤場時，是否要開冷氣？水電費收費標準是否仍相同？這些都必須在收費標準中註明的。

其他如清潔費、保全或臨時人力等，場館方應以「服務」為前提收費供應，而不是「獲利」。上述清潔、保全或臨時工作人員，若能由場館方提供，因為對場地熟悉，服務品質應該會比主辦單位臨時找外部廠商來得好；而且長期訓練供應每一場活動使用，費用也應該較低。若收費過高，主辦單位將本求利的心態下，情願自己找外部廠商協助。

在國外，由於大型運動場館幾乎都是某一個或幾個職業運動的主場，包廂皆以「球季」為出租單位，包廂費用中已經包含了球季中主場球隊的門票。而非該主場球隊賽事的其他活動，如演唱會，即使包廂租用者也必須另外付費才能觀賞該活動。臺北小巨蛋委託民間經營之初，

包廂幾乎都為受託經營的東森自行使用,另有兩間包廂依合約保留給臺北市政府使用,使用時並未支付票價給主辦單位。臺北市政府收歸公營後,則開放包廂供主辦單位另外付費租用,市府本身則完全不使用。

二、活動場次的估計

依據第二節需求面以及第三節供給面的調查,應合理評估場館未來各種不同活動可能的場次。一般來說,至少應該有兩個版本,依據臺北市立體育場2003年委託宗邁建築師事務所所做「臺北市一萬五千席多功能體育館委託營運管理委託規劃技術服務期末報告」,區分為基本狀況(最差狀況)與良性營運狀況兩種,並增列公辦公營狀況作為比較。而東森媒體集團投標前之評估,則區分為務實版、積極版與挑戰版三種狀況。

以東森媒體集團的三個版本而言,務實版為市場現況版,也就是2005年以前大型活動市場(包括體育與演唱會)低迷的市場狀況,主要目的在瞭解最差狀況是否仍能維持場館營運,或者可否藉由場租外的其他收入來維持運作;積極版則是包括市場面的合理成長與營運策略的運用所造成的樂觀估計;挑戰版是以國外經驗評估最樂觀狀況下的營運損益。

值得注意的是,在臺北小巨蛋委託經營之前,不論學界或業界,由於對場館經營實務的陌生,往往分不清楚「場館經營者」與「活動主辦單位」的不同,不論在場租收入、場次安排或租用介面上,常常有混淆的狀況。但隨著臺北小巨蛋與高雄巨蛋的營運,此一模糊空間已經釐清。而事實上,場館營運成功與否的關鍵,就在於能否同時成功扮演好「場館經營者」與「活動主辦單位」兩個角色。筆者(2009)就曾指出自辦活動是場館經營者必要的發展方向,因為主辦單位有限的舉辦場次

中，要提升使用率唯有依賴自己主辦活動填補場次，這點在新加坡室內體育館、倫敦O2 Arena或東京巨蛋都可以得到相同的發展軌跡。只是，如何自辦活動而又不受到其他活動主辦單位反彈，則需要經營者在自辦活動項目上與介入時機詳細規劃。所以在東森投標的三個財務評估版本中，財務樂觀與否的差異不在外接活動的多寡，而是自辦活動的能力。

三、其他收入與費用

除了場租外的其他收入，也都必須依據市場現況、未來潛力與競爭狀況進行合理預估，整合進整體財務模型中。其中，餐飲收入、停車收入、廣告收入等，會與活動數量產生連動。

在成本費用的估算中，除了人事、管銷外，運動場館的電力、保全清潔是迥異於一般營業空間的大宗費用。運動場館除了主場地外，加上包廂、廁所、辦公室、球員後場空間等，大大小小超過100個以上的房間，不論在活動時期或非活動時期，在安全維護上或清潔上都需要相當大的人力。在平時的維護，可以透過保全監視系統的布設，降低人力的費用。

近年來體育館為了多元使用，設備設施上不再侷限於運動設施，另外規劃了很多娛樂表演相關設施，如基礎舞臺、布景吊點吊桿、專業音響等，以及其他各種強弱電系統，整體維護費用相當可觀。費用估算前，應先聘請相關專業人員評估，提出其例行維護保養與提列折舊年限等數據。

最後應注意的是，若為公辦民營的委託經營OT標案，額外的成本是權利金，也是採價格標的得標關鍵；若是BOT案，則除了權利金外，尚須精算折舊與利息，這也是一般外界所謂「巨蛋一定賠錢」的關鍵所在。因此若是BOT案，由於在財務設計上已經讓附屬事業「養巨蛋」，

巨蛋本身的營運績效，不應納入興建成本的折舊攤提以及銀行融資的利息，才能真正突顯經營團隊的績效。

四、財務分析

由於本書並非專業財務管理課程，因此僅概述場館專業經理人所必須瞭解的財務可行性基礎數據，因為這些都必須由場館專業經理人提供給財務人員，財務人員才能據以設計出財務模型。這個模型中，有許多變數，也將提供高階管理者各項必要的投資參考，如未計利息、稅項、折舊及攤銷前的利潤（Earnings Before Interest, Taxes, Depreciation and Amortization, EBITDA）、投資報酬率（Return On Investment, ROI）等，也會將收入與成本進行各項關鍵的敏感性分析，以瞭解對該案最關鍵的損益項目。

每一家公司評估的標準不同，投標營運運動場館的目的也不同，由財務評估中所得到的結果，也關係著該公司願意拿多少金額出來投標。舉例來說，臺北小巨蛋委託經營標案在2005年招標時，東森內部的投標金額，從最低的略高於底標，到最高以挑戰版所有獲利都投入招標權利金都有。以略高於底標的金額得標是較易理解的，但以小巨蛋九年所有潛在獲利全部投入去投標則較難想像。會評估提出這樣高額的投標金額，主要著眼點在於東森媒體集團的資源整合。因為東森本身的集團資源，涵蓋了活動宣傳時所需要的媒體（新聞與廣告），有活動所需要的軟硬體人才及設備（錄影轉播、舞臺設計），有銷售通路（東森得易購），有SBL球隊（東森羚羊隊），有表演藝人（東森幼幼臺、綜藝臺）等，有了臺北小巨蛋，等於提供集團相關資源一個發揮綜效的平臺，即使臺北小巨蛋本身的經營無法獲利，但透過集團其他事業體產生的整合行銷效果，將遠勝於單純的巨蛋經營。

 **本章結論**

我國多功能體育館的興建，完全由政府單位主導。政府在規劃設置多功能體育館時，優先考慮的是多功能體育館興建的目的，有其必要性才會進入後續的相關可行性評估，包括市場可行性、法律可行性、工程技術可行性、財務可行性，以及土地取得可行性與環境影響分析。

而民間企業在考慮參與開發或經營多功能體育館時，評估重點則在屬於需求面的市場現況與未來潛力、屬於供給面的場館競爭分析，以及最後整合起來的財務評估。

在評估市場現況與未來發展潛力時，應注意將所有可能發生在多功能體育館的活動項目納入考量，如相關的運動賽事、演唱會、展覽、集會演講等；也要把周邊衍生的可能收入做詳細的分析，如廣告、餐飲、包廂、會員等。

進行多功能體育館的競爭分析時，也要依不同的活動類型，分別與類似的場地進行供給面的分析，從地理位置、設施設備到承租費用，進行全面性的分析，務必發展出截長補短的配套措施，以吸引各活動主辦單位到此場館中舉辦活動。

若開發案中包含了附屬事業，如旅館、商場等，各附屬事業要視為獨立經營的事業進行完整的市場調查、競爭分析，再納入多功能體育館舉辦活動所帶來的綜效加以評估。

問題討論

一、「蚊子館」近年成為輿論討論的焦點,既然政府規劃各種場
館(不限於運動場館)興建前,都委託專業顧問經過詳細的
可行性評估,為什麼還是有這麼多與市場實況差距極大的蚊
子館出現?

二、多功能體育館多功能使用的趨勢,可能出現非體育活動使用
率高於體育活動使用率的狀況,你認為合理嗎?為什麼?

三、民間企業投入多功能體育館的開發營運或受託經營,有什麼
有形或無形的好處?

四、多功能體育館的BOT案或OT案,政府應如何兼顧廠商利益、
產業發展與民眾權益?

五、除了內文中所提到的各項可行性評估項目,你認為還有哪些
應該納入評估的重點?

參考文獻

李柏熹（2009）。《巨型多功能運動場館關鍵成功因素之探討——以臺北（大）巨蛋規劃為例》。世新大學觀光學系碩士論文，未出版，臺北市。

宗邁建築師事務所（2003）。《臺北市一萬五千席多功能體育館委託營運管理委託規劃技術服務期末報告》。未出版。臺北市：臺北市立體育場。

徐肇章、莊志慧（2001）。《民間參與公共建設可行性評估及先期規劃作業手冊》。臺北市：鼎漢國際工程顧問股份有限公司。

陳雅苹（2013）。〈小巨蛋企業冠名權　評估可行性〉。《聯合報》，2013年6月14日。

蘇彩足（1998）。〈以BOT模式推動公共建設之政策分析〉。《行政現代化兩岸學術研討會論文集》，頁489-515。

Crompton, J. L., & Howard, D. R. (2003). Financing major league facilities: status, evolution and conflicting corces. *Journal of Sport Management, 17*, 156-184.

Porter, M. E. (1980). *Competitive Strategy: Techniques for Analyzing Industries and Competitors*. NY, Free Press.

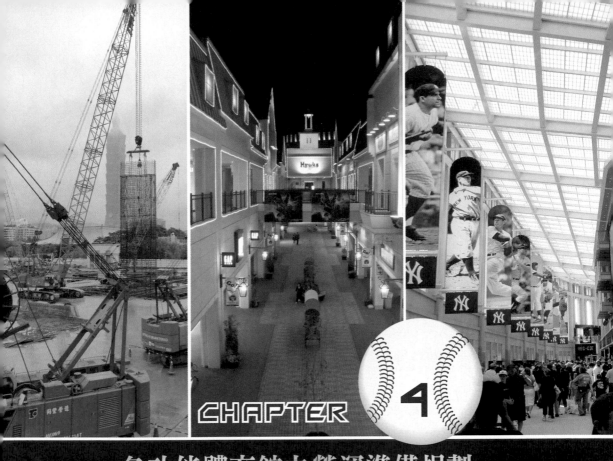

CHAPTER 4

多功能體育館之營運準備規劃

李柏熹

第一節　多功能體育館之營運組織規劃

第二節　多功能體育館之營運準備

第三節　商業設施招商與進駐開幕作業

本章結論

重點摘要

　　本章開始進入多功能體育館的經營實務，首先，從營運準備開始。在本章所謂營運準備，是指多功能體育館不論由政府興建再轉移給民間經營（如2005年臺北小巨蛋委託東森巨蛋公司經營的OT模式），或完全由民間出資興建營運（如高雄巨蛋BOT模式），在建築物興建完工正式開幕營運前的相關營運準備。

　　在開幕前，興建方與營運方還有一個「硬體接館驗收」的階段，若是臺北小巨蛋的OT模式，因為設計規劃時，營運單位沒有機會參與，營運單位基於其營運需求，甚至還有一個「硬體改善工程」階段。

　　簡述本章之重點於下：

一、舊式公營體育場館的用途單一、設施設備較簡單，因此人力組織較為精簡，主要是擔任場地例行性管理與基本維護，較少參與活動的執行。

二、新式多功能體育館朝向多元化活動使用，設計較多現代化以及多樣化的機具，同時導入民間經營管理技術與企業經營理念，人力組織較複雜，對活動執行的過程也涉入較深。

三、民營多功能體育館的組織，大致區分為三大單位：負責場地租借、包廂租借、廣告承攬，以及市場調查、行銷推廣等工作的業務行銷單位；負責場地各項專業機具管理操作、技術指導、活動執行管理、現場服務等的活動管理單位；以及附屬事業或附屬商業設施的招商管理單位。

四、人力組織確認後，應著手準備場館營運所需要的各項作業程序、表單與辦法，包括場館簡介、各項租用費用標準、租用程序、租借管理辦法、場地基本資料、場館技術手冊等。其中場館技術手冊是目前臺北小巨蛋與高雄巨蛋所欠缺的。

五、雖然場館多元活動的舉辦是趨勢，但礙於輿論並鼓勵國內優秀運
　　動員，場館首次開幕演出，建議仍應以該場館的主要運動項目為
　　優先，且應有國內運動員參與。

六、附屬事業與附屬商業設施的招商規劃應完善，除了場館方應清楚
　　理解商圈特性與商業設施的營運定位，招商對象也應該具有豐富
　　的展店經驗與經營策略能力，才能創造彼此互利的價值。

 第一節　多功能體育館之營運組織規劃

一、工作職掌與作業流程

(一)公營與民營運動場館的工作職掌差異

　　營運組織規劃的重點，基本上來自多功能體育館的工作內容以及作
業流程，另一方面也牽涉到企業策略發展與人力資源管理。

　　傳統公營運動場館與民營化的運動場館在工作職掌方面，基本上
差異並不大，主要都在大型活動的場地租用，以及相關設備與安全的維
護，這方面的作業內容與程序，幾乎與劇場、音樂廳、展覽館等相似。

　　過去，公營運動場館主要提供作為各種運動賽會或一般民眾運動使
用，管理人力極少。即使隨著民間辦理的大型活動增加（如職棒賽事、
演唱會等），大多只做場地點交與驗收的工作，不會涉入活動執行時的
各項行銷、管理或售票作業事項，也不會主動去招攬場地租用或廣告業
務。

此外，在硬體維護方面也幾乎沒有人力編制。因為早期運動場館的設計較為簡陋，設施設備必要的維護也透過「政府採購法」發包予相關廠商，場館方並不需要編制人力在設施設備的維護上。

2007年臺北市政府收回臺北小巨蛋經營權時，照理說，主管機關是體育處（2012年升格為體育局），體育處轄下又管理了臺北市多個大小運動場館，應該是人才濟濟，接管無虞。但事實上，卻是由市府各單位調派人力共同接管，如文化局與臺北市文化基金會（活動承辦）、財政局（資產管理）、新工處（一般設施設備維護）、捷運局與捷運公司（機電設備維護）等，完成接管後，交臺北市文化基金會營運管理，後又因對機電設施欠缺養護能力而轉交臺北捷運公司經營。即使是委託臺北捷運公司經營，活動申請與檔期審核最終的決定權仍在文化局手上，成為體育局監督、文化局審核、捷運公司營運的奇特關係。

高雄世運主場館（龍騰館）為人稱道的屋頂太陽能發電系統（李柏熹攝，2009）

再以最現代化的公營體育場館——國家體育場（高雄世運主場館，或稱龍騰館）為例，該體育場擁有40,000席座位，配備有包廂、大型LED記分及廣告看板，並有先進的太陽能發電屋頂，其硬體設備遠較過去體育場館先進且多樣化，但行政院體育委員會於2009年6月2日頒布的「行政院體育委員會國家體育場管理處『編制表』」（體委人字第09800126191號），其編制亦僅約40人，已是我國編制最大的體育場館營運管理組織。

此外，公營體育場館與民營體育場館間最大的差異，仍在於獲利的追求，為了獲利，同一項工作衍生出來的作業內容就會大不相同。雖然追求經營效率的提升與獲利的增加，是全球體育場館經營的趨勢。但我國礙於輿論民情，公營場館大多採取消極保守的營運方針。

最明顯的對照案例，就是臺北小巨蛋在2005年到2007年8月前委由東

臺北小巨蛋面敦化北路六間店面，民營時期全部租出去（李柏熹攝，2007）

臺北小巨蛋敦化北路側六間店面，臺北市政府接管後，僅剩最右邊的麥當勞、摩斯漢堡與最左邊的全家便利商店三家，中間店面的租用廠商都陸續退出（李柏熹攝，2012）

森巨蛋公司經營期間，與2007年8月以後由臺北市文化基金會以及隨後的臺北捷運公司經營的差異。前者是完全民營的型態，後者是半公營的型態。雖然臺北市政府接管後降低場地租借費用，但因為2008年後場地使用率不斷提升，使整體場租收入維持在與東森時期差不多的數字，但在廣告與附屬商業設施方面的收入則大幅減少。尤其是附屬商業設施，除了非活動期間也可以對外營業的場館外圈店面約有較高的進駐率，有活動時觀眾驗票進場後才能消費的場館內店面進駐率則是零。

(二)民營運動場館的工作職掌

依據運動場館的經營型態，一般區分為三大類工作：

◆ 業務行銷類

　　主要負責運動場館中所有行銷推廣與業務承攬事宜，而其業務承攬範圍，依各場館設計規劃而定，共通且最重要的是場地租借業務，其他則有包廂租借業務、廣告業務、異業合作業務等。相關作業職掌，可再細分為業務開發、行銷企劃、媒體公關等。

◆ 活動管理類

　　大型活動在運動場館中執行時，場館方相對應配合的執行單位，主要是場館方器材設施的操作管理以及活動程序上的配合作業。相關作業職掌，可再細分為場務器材、機電空調、土建消防、臨時人力、櫃檯服務等。

◆ 商業設施類

　　民營化場館多有商業設施的規劃，因此必須對此類商業設施進行招商、管理與營運。相關作業職掌，可再細分為招商、樓管、販促等。

(三) 多功能體育館活動執行作業流程

◆ 公告收費標準與場地租借辦法

　　多功能體育館的主要業務在於主場地租借，因此，首先必須針對場地租借訂定相關租借辦法並公告，包括所有的費用標準，如場租費、包廂費、水電費、清潔費、錄影轉播費、廣告權利金、周邊設備使用費、後場空間租用費等。此外，必須明訂場地租用程序與場地使用辦法。

◆ 活動檔期審查

　　當活動主辦單位依申租程序進行場地租用時，會由場館方定期審查申租的各項活動，一般來說，只要場地使用時間沒有衝突，大多可以很快審查完畢，轉交業務單位進行後續簽訂契約的訂租程序。即使是在大

　　型活動蕭條的時期，週末假日仍是最熱門的檔期，更何況自從2005年臺北小巨蛋開幕以來，臺灣的大型活動市場益發蓬勃，除了週末假日，其他週間的檔期也是見縫就鑽，因此申租檔期衝突的機率便相當高。

　　在場館營運單位，會依其營運方針訂定出活動租借先後的審查標準，如公營場館，都是體育為優先，而體育，又依其場館用途而有不同的優先類別，如公營棒球場，最優先活動即為棒球賽事，其他田徑、足球或體操等，就是次要活動；至於演唱會或展覽，更在運動賽事之後，早年部分公營場館甚至有一個月只能舉辦一次演唱會的規定。只是這部分又牽涉到主辦單位屬於哪個單位，若是政府機關主辦的，即使是演唱會或展覽，也有可能列為最優先，如臺北市2010年所舉辦的國際花卉博覽會，即長期徵用臺北市唯一的中山足球場。

2010年臺北國際花卉博覽會使用中山足球場，博覽會結束後仍繼續徵用，未回歸足球場用途（李柏熹攝，2010）

民營體育場館,則會以「獲利率」為優先考量。兩個衝突的活動,場館營運單位會考量兩個活動的場租支付能力、使用天數、觀眾數、活動規模、是否為國際性活動等。其中,有些考量因素是屬於直接效益,如場租;有些則是屬於間接效益,如觀眾數、是否為國際性活動,觀眾數愈多可以帶動的餐飲消費就愈高,而若是國際性活動則可以創造場館的國際知名度。

以「利潤」為優先考量的政策,在全民營化場館中無可厚非,這就是一個商業型行為,外人也無置喙的餘地。但若是有公營色彩的場館,包括OT或BOT的體育場館,雖然已委託民營,但前提是基於政府產業政策才有這個體育場館的興建需求,因此在場地租借優先程序訂定時,就必須納入政府當初的「產業政策」(未必僅限於體育產業)。高雄市政府要求高雄巨蛋在營運後,每年必須有兩個月以上的體育活動。雖然直接在招標文件中限定了體育活動的基本使用天數,但高雄市政府卻未有相對應的體育推廣政策,成為不顧市場現實的硬性規定,並把責任轉嫁給民間業者。

臺北小巨蛋於2005年到2007年東森巨蛋公司經營期間,2005年11月2日制訂的租用管理要點2.0版第五條第一項第七款即訂定出四項活動的優先順序:國際性正式體育賽會經該國際運動總會認可且列入行事曆者為第一優先;一般性體育賽會、藝文活動次之;非營利性集會或展覽活動再次之;最後為商品展售活動及其他活動。

2007年8月臺北市政府接手臺北小巨蛋後,歷經多次修正,2011年4月29日備查之「臺北小巨蛋場館活動檔期申請暨審查注意事項」第四條第三項則訂定出三項優先順序:國際性正式體育賽會經該國際運動總會認可,且列入行事曆者;國際性大型藝文展演活動,對提升臺北市國際地位有顯著助益者;申請者於同次檔期開放時間內,申請檔期數目或總天數較少者。

◆ 簽約與付訂

　　經過檔期申請與審查通過的程序，接下來將由業務單位與該主辦單位聯繫，進行後續場地租用細節的確認。

　　業務單位在簽約前要確認的，是主辦單位要使用場館的時間、空間與設備，包括活動正式執行的時間、硬體搭臺的時間以及硬體撤場的時間，並初步確認主辦單位會用到的場館空間與器材，而這部分是會隨著活動籌備的過程而有所變動。完成初步確認後，即可簽約，並要求主辦單位在限期內，分期支付完所有預估的費用。

◆ 活動籌備與執行

　　從本階段開始，臺灣現行的作業方式與國外的作業方式開始出現差異。

　　不論香港紅磡體育館、香港亞洲國際博覽館的AsiaWorld-Arena或新加坡室內體育館，業務單位的工作只到簽約為止，後續的活動執行則由專責的活動管理單位與主辦單位協同作業，而活動管理單位，由場館方的各項工程師、技師以及服務單位所組成。其工作內容包括場館硬體租用與操作、主辦單位硬體廠商搭臺與撤場之監督管理、活動規劃、主辦單位與演出者的場地使用規劃與動線設計、後場空間租用、觀眾動線規劃、活動當日的各項管制與支援等。

　　這項作業模式的好處是，業務單位只要持續與各主辦單位接觸開發新的場地租用機會；簽約後立刻轉給活動管理單位，複雜的活動執行技術與管理問題則由專業的人員來規劃。缺點是，主辦單位必須面對兩個窗口，且活動管理單位除了技術問題也要負責相關技術器材租用的報價與收款事宜，作業較複雜。

　　而我國的狀況，自2005年東森巨蛋公司取得臺北小巨蛋委託經營管理權後，採用所謂「單一窗口制」，承辦業務從簽約到活動執行全都一手包辦擔任協調窗口，這種模式從東森巨蛋公司沿用到現在臺北捷運

公司所管理的臺北小巨蛋。這種模式的好處是，主辦單位從頭到尾只要面對一個窗口，活動執行過程中的任何需求或問題都可以找到熟悉的窗口立即處理；且業務人員的任何承諾都要負責到底，較不會有簽約時的承諾到活動執行時卻做不到。但缺點就是業務人員會持續陷在一個活動之中，減損業務開發績效；而且當進入活動籌辦與執行的程序時，許多技術性問題也不是業務人員所能處理，只能再轉給場館方的技術人員辦理，在效率上與溝通協調能力上對業務人員也是一大考驗。

在活動籌辦與執行的過程中，場館方最主要的工作，就是確認主辦單位的「需求」。雖然主辦單位在簽約時已經初步確認了，但因為主辦單位的經驗、對場館熟悉度以及演出者的要求，所使用的空間、器材都會有所調整，場館方就是要協助主辦單位順利的執行完活動。

此外，也必須協助主辦單位召開相關的協調會議，外部單位包括地方警察局、義交、交通管理單位、環保單位，甚至公車業者、捷運公司等；合作單位包括售票單位、保全公司、清潔公司、機電廠商、保險公司等；內部單位包括場館內餐飲零售管理單位、機電消防單位、物業管理單位、附屬事業管理單位等。**表4-1**為建議的協調會議題範本。

表4-1　多功能體育館活動執行協調會議題範本

一、活動基本資料	1.活動概述
	2.活動執行日期及場次
	3.活動執行時間
	4.座位規劃
	5.售票狀況
	6.入場形式
二、進出動線、安全管制	1.入館動線規劃
	2.觀眾散場動線規劃
	3.出入口開放與觀眾入館時間
	4.入館規定及安檢措施
	5.各式活動識別證件規劃及適用範圍

三、主辦單位需求設施設備租借	1.後場休息室需求及使用時段確認
	2.使用房間號及數量
	3.各房間內部設施需求
	4.使用時間
	5.其他活動管制設施設備需求
四、卸貨規劃	1.管制起迄時間
	2.貨櫃出入時間
	3.後場大型車輛停車場使用規劃
五、對講機頻道確認	1.清潔、保全使用頻道
	2.巨蛋工務人員使用頻道
	3.巨蛋現場人員使用頻道
	4.舞臺工程硬體廠商使用頻道
	5.主辦單位使用頻道
六、臨時人力規劃配置	1.主辦單位指派或委託巨蛋公司執行
	2.集合、勤前訓練、用餐、工作定位、休息時間
	3.制服及工作證件
	4.相關配備（無線電、指揮棒、擴音機、急救設備）
七、保全、清潔規劃配置	1.保全增派人力及需求規劃
	2.清潔增派人力及需求規劃
	3.館外廣場、驗票出入口、迴廊外垃圾桶增設規劃
	4.各樓層廁所使用規劃
八、廣告媒宣、商品相關服務	1.現場轉播、錄製之需求
	2.主辦單位現場行銷活動規劃
	3.各樓層櫃位數量、位置及設備需求（電源、POS機、刷卡、網路、電話線）
	4.全館活動期間設置之各式廣告文宣物、節目單：位置、張數、內容、申請、派發及拆除方式
	5.場內媒體攝影區、媒體開放採訪拍攝時段
	6.新聞中心設置區、內部設備需求
九、資訊設備需求	1.資訊網路
	2.電話線路
	3.傳真機
	4.無線網路
十、安全維護	1.緊急醫療小組與救護車待命位置
	2.警察局、消防局、稅捐稽徵處核備
	3.警察、義交、消防等相關現場支援

十一、全館座椅巡視及維護規劃	1.座椅的穩固牢靠
	2.座椅的清潔
	3.伸縮座椅或活動座椅的安排
十二、硬體支援	1.巨蛋消防安全影片播放時段
	2.廣告贊助商廣告影片播放時段
	3.館內外播音內容與負責窗口
	4.用電計畫書
	5.場內水銀燈開關及時間規劃
十三、主辦單位之活動文件繳交情況	1.合約繳款
	2.保險單
	3.活動內容流程表
	4.進出場工作流程表
	5.花車及服務臺申請表
	6.場務通告單申請單
	7.警、消核備函文影本
十四、巨蛋現場活動窗口	1.場控負責人
	2.工務負責人
	3.機電負責人
十五、主辦單位現場活動窗口	1.現場總窗口
	2.演出藝人負責人
	3.媒體接待負責人
	4.客訴處理負責人
	5.票務處理負責人
	6.臨時人力負責人
	7.花車、服務臺負責人
	8.其他

　　尤其為了場館方的安全管理，務必確認演出相關硬體是經過技師簽認過的（結構、消防、機電），主辦單位也有幫演出者、工作人員及觀眾進行必要的保險，以及合理的交通維持計畫。活動過程中若有使用火燭或施放煙火也必須特別提出來，因為現代化多功能體育館皆配有紅外線自動偵測消防裝置，若有煙火施放將可能偵測觸動，須事先協調規劃相關作業，以維持場館消防安全。

現代化多功能體育館皆配有紅外線感應自動消防噴水砲，若活動過程有
煙火特效而未事先溝通，即可能觸發噴水砲運作而影響活動進行。圖為
日本札幌巨蛋消防噴水砲，臺北小巨蛋、高雄巨蛋、臺大體育館皆有類
似設備（李柏熹攝，2009）

南港展覽館近年也是許多演唱會主辦單位選用的演出場地，但由於欠缺
屋頂懸掛設備，舞臺相關設備一切都須由平面層往上搭設（李柏熹攝，
2008）

多功能體育館會考慮到多元使用的需求，於屋頂規劃演出舞臺使用的吊點、吊架，以及技術人員使用的貓道，舞臺搭設可以由平面層向上、屋頂懸掛向下同時施工，加快速度。圖為美國拉斯維加斯MGM Grand Garden Arena的屋頂貓道（李柏熹攝，2004）

◆活動結束與硬體撤場

　　活動順利舉辦完成後，當觀眾完全離開場館，主辦單位就會開始進行硬體撤場，並於撤場完成後與場館方進行場地點交，完成相關費用的確認。若是依售票活動票房金額收取場租的方式，則須在限期內完成票房結算。

二、營運組織規劃

　　多功能體育館的營運組織與一般營利事業並無不同，確定工作項目與經營策略後，依功能與作業流程建構出基本的營運組織。組織結構隨著經營策略而調整，組織結構調整後，人力資源需求的規劃也不同（吳

美連、林俊毅，1997）。一般公司組織中的後勤單位，如財務、人事、行政總務等，不論組織經營型態為何都是必要的單位，本章僅依據多功能體育館的作業型態所需要的組織進行探討。而根據前述運動場館的三大類工作，其組織一般也區分為三大作業單位：

(一)業務行銷單位

　　主要負責運動場館中所有行銷推廣與業務承攬相關事宜，其業務承攬範圍，重點是場地出租相關業務，以及因此而衍生的包廂租借業務、小空間租用業務（如迴廊或記者室）、主場地短期租用業務（如影片拍攝）、廣告業務等。

　　由於多功能體育館的可辦活動類型除了體育競技，尚有演藝娛樂、展覽與集會演講等，相關業務承辦人員，最好能有該領域的背景，一方面對於該領域的市場狀況能有比較精確的掌握，另一方面也較能瞭解不同活動對場地與設備的需求。

　　與業務推廣相關的行銷企劃、公共關係等，依各公司屬性，可以與業務單位合併，也可以各自獨立運作。

(二)活動管理單位

　　主要是配合活動主辦單位，執行場館方器材設施的操作管理以及活動程序上的配合作業。基本上，必要的是專業的技術人力，包括強電、弱電專業人員，協助並確認主辦單位在場館中舉辦活動時各項電力需求與配線；消防專業人員，協助主辦單位活動過程中的消防安全事項；若場館有提供錄影轉播設備與盤體，則需要相關專業人員協助操作與維護；最後需要場館各項活動設備器材的維護與管理人員，如維護座椅、球場、吊具、燈光、音響、四向伸縮帶欄柱、活動隔離柵欄、推車、堆高機等。

美國Minneapolis的H. H. H. Metrodome，
活動前由活動管理單位將倉庫中數百組活動
柵欄搬出，準備進行動線安排（李柏熹攝，
2012）

　　活動管理單位所需要的人力多寡，與涉入活動執行程度有高度的關聯。涉入活動執行程度愈高，所需編制的人力就愈多，但場館方與主辦單位的界線就愈模糊，不但有活動執行管理上的問題，對場館方也是不必要的工作。在東森巨蛋公司營運管理臺北小巨蛋時，就是採取高度涉入活動執行的經營模式，場館方與活動主辦單位間就發生一些管理上的衝突，如球員休息室及藝人化妝室在活動執行期間是高度管制區，即使活動主辦單位也不是人人可以過去，可是由於該區管制保全是由場館方提供，因此該保全不敢阻攔東森其他關係企業的主管而發生多起擅闖事件。此外，為了維護場館安全，東森甚至高薪禮聘前總統府侍衛長負責臺北小巨蛋安全管理的工作。其立意雖佳，事實上卻是一種人力浪費，活動期間的觀眾安全、演出者安全、工作人員、場地安全等，原則上都應該由活動主辦單位自行負責，由場館方提供最完善的硬體設施與必要設備。

日本北海道札幌巨蛋的後場倉庫，充滿各項活動相關的設備器材與工作車，皆須依賴活動管理單位進行維護、操作與管理（李柏熹攝，2009）

(三)商業設施相關單位

　　一般民營場館多有商業設施的規劃，而各開發業者的思維不同，配合規劃的商業設施業種也不同，該商業設施是自營或委託租用給專業的業者經營，也都會造成這個單位組織的不同。例如，若附屬事業包含商

場且自營，就會有一個完整的商場營運組織；但若委託給商場經營業者收取租金，則只要一個物業管理單位即可。

　　人力資源管理在任何組織中都是重要的策略性發展項目，在多功能體育館中也不例外。人力資源包括了組織中與工作人員相關的所有資源，如員工的能力、知識、技術、態度和激勵（何永福、楊國安，1996）。尤其多功能體育館在臺灣並不是一個普遍性的產業，目前只有臺北小巨蛋和高雄巨蛋兩個，人力資源與員工職涯規劃更形重要。而臺北小巨蛋目前委託臺北捷運公司經營，內部員工有機會轉調捷運公司其他單位，人力資源管理更迥異於一般運動場館。

第二節　多功能體育館之營運準備

一、基本文件與資訊

(一)場館基本資訊

　　簡單的說，就是該場館的簡介，這部分應該包括場館所在位置、整體園區介紹、可舉辦的活動項目與周邊支援設備設施等。最好區分為兩個版本，一個是給一般觀眾或遊客使用的版本，簡介中只要對場館各區位、空間、設施有概要的介紹，對周邊道路、公車、捷運系統以及停車設施做個說明，必要的話進一步讓讀者瞭解整個籌建的歷史或開發的背景。

　　另一個版本是給主辦單位用的，必須更詳細的說明場館提供的硬體設施與服務，隨著營運時間增加，再將於本場館舉辦過具有指標性的活動放進簡介中。

　　除了書面紙本的簡介外，也應該建構官方網站，包括上述基本資

訊，並提供各項活動的即時訊息，連結到相關的購票網站。

(二)場地租借相關資訊

多功能體育館的主要業務項目就是場地租借，因此在開幕營運前，甚至更早的業務招商前，就要準備好場地租借的相關辦法並公告。這些相關的資訊包括：

◆各項租金與租用範圍

多功能體育館的主場地租金該如何計算，牽涉到場館各項成本、獲利率、市場接受度與競品價格。但因為現代化多功能體育館的興建成本與維護成本實在太高了，不可能把各項成本都考慮進來，更遑論加上預期的獲利率。若將成本完全反映在定價，將成為天價的場地租金。

過去臺灣運動場館多是公營或屬於學校管理，一般都是採用固定收費的方式，頂多再區分為體育類或非體育類（商業演出收費較高）。臺北小巨蛋2005年委託經營招標時，臺北市政府參考了亞洲幾個類似規模的多功能體育館收費標準後，在委託經營契約書中明定了「售票活動的場地租金以售票金額的15%（目前降為10%）計算，下限50萬元，上限270萬元（目前降為189萬元）」，延續迄今，售票金額的10%成為目前民營多功能體育館的收費標準。高雄巨蛋也採用這樣的場租計算方式，只是上下限略有不同。

租用主場地時，通常會註明主辦單位可以使用的範圍與數量，如球員休息室、藝人化妝室、辦公室、工作人員更衣室，以及可使用的停車位數。超過以上包含的基本空間，額外的空間就必須另外付費租用。同樣地，球場中的相關設施設備也都必須明定免費的範圍以及額外收費的標準。

訂定收費標準時，必須考慮到不同的租用狀況：體育類的、非體育類的；售票性的、非售票性的；使用全部場地、使用局部場地；長達數

天的使用,或僅數個小時的租用;專業人士使用,或一般民眾租用。狀況不同,收費標準就不同,所提供的周邊服務也不同。

其他場館可能發生的費用尚包括:水電費、清潔費、錄影轉播費、廣告權利金等。

◆ 租用程序

當主辦單位考慮使用該多功能體育館時,必須有一套標準告訴主辦單位如何申請租用?要準備哪些資料?填寫哪些表單?尤其如前章所述,當場館營運持續成長時,各主辦單位將會「搶」熱門檔期,也必須有一個公開的審查標準讓主辦單位知道為什麼搶輸其他單位。

◆ 租借管理辦法與契約

場地租用確認進入簽約付訂的階段,必須清楚的告訴主辦單位各項場地使用的注意事項、權利義務、收費標準等。如售票活動,必須在契約中授權場館方可以向售票系統定期調閱售票狀況,也必須要求售票系統在結清帳款時,優先匯款到場館方帳戶以支付場租。如果做不到這點,該用什麼機制確保場租的收取,則必須詳加規劃。

◆ 場地基本資料

除了主場地的各項尺寸外,還需要提供各樓層標示清楚出入口、樓電梯、逃生口等資訊的平面圖,各樓層座椅編號與數量,後場平面圖與出入動線,以及所提供硬體設施設備的基本資料等。

◆ 場館技術手冊

有別於以上場館基本資料,技術手冊著重在場館硬體技術規格的說明,包括各項機電配置技術資料、燈光技術資料、音響技術資料、懸吊系統技術資料、舞臺技術資料等。這些技術資料是提供給主辦單位的硬體廠商,可以據以規劃活動的舞臺、燈光、音響等硬體。

此點資訊的揭露，以國立中正文化中心做得最好，在網站上都可以下載包括AutoCAD與PDF的相關資料。即使民營的新舞臺，在網站上也有詳細的技術資料可供下載。

但此點在臺北小巨蛋或高雄巨蛋都欠缺完整的資訊揭露。早期的臺北小巨蛋，因為商業利益的策略，利用資訊壟斷擴大商業利益，場館技術資料不公開自然是一種手段。可是即使臺北小巨蛋由臺北市政府先委託文化基金會，後委託捷運公司經營迄今，臺北小巨蛋的網站上仍沒有公開詳細的技術相關資料。

二、開幕活動與業務行銷計畫

(一)籌辦開幕活動

這裡所指的開幕活動，並不是一般餐廳、百貨或飯店開幕時所舉辦的剪綵活動或記者會，當然那也會是儀式之一，但本文主要是指「第一場」在多功能體育館中所舉辦的大型活動。

對任何場所而言，好的開幕活動象徵好彩頭，也是打響知名度、吸引顧客最重要的行銷活動。尤其多功能體育館所舉辦的活動，動輒上萬人，往往也成為各項活動的指標性場地，因此開幕第一場活動更顯得重要，不但有開幕搏好彩頭的意義，更是向所有大型活動主辦單位宣示場館好用度的重要指標。試想，多功能體育館若是能舉辦NBA賽事，則SBL或HBL就絕對能在該場館中舉辦；多功能體育館若是能舉辦Madonna、U2演唱會，則張惠妹、張學友也當然可以在其中舉辦演唱會。以上的舉例並非重洋輕土，現實狀況就是國外大型活動的製作費往往高達新臺幣數億元，對場地的要求、作業的精細度，自然也相當高，如Madonna 2006年The Confessions Tour（娜語錄）世界巡迴演唱會，四個月演出60場（有到日本，但並未到臺灣），創造1.9億美元票房，並吸引一百二十萬

臺北小巨蛋屢屢因體育活動過少而遭輿論質疑，卻未從根本的體育政策
與體育環境做澈底的檢討（李柏熹攝，2010）

人次入場，這樣的製作與規模，至少是目前亞洲藝人尚無法達到的。

　　正因為開幕活動具有相當大的指標性意義，該以什麼活動作為開幕
活動是場館經營單位必須詳加規劃的。國內好事者有「體育館」就必須
以體育為主的思維，首場開幕大型活動，應該以該場館的主要運動類型
為主較佳，如臺北小巨蛋或高雄巨蛋就以籃球賽為主，臺北（大）巨蛋
就以棒球賽為主。可是由於國內大型運動賽事並不蓬勃，觀眾參與現場
賽事的意願低，國內SBL籃球賽恐怕填不滿臺北小巨蛋或高雄巨蛋這種
15,000席觀眾數的場地，國內CPBL棒球賽也很難填滿臺北（大）巨蛋這
種40,000席的場地。開幕活動若不能「爆滿」，對場館經營單位以及行銷
效果上將有相當大的傷害。

　　臺北小巨蛋2005年12月的開幕活動，是一連七場，場場爆滿的張
學友雪狼湖音樂劇，不但成功打響臺北小巨蛋的知名度，也立刻成為華

語流行音樂市場的最高指標殿堂，時至今日，已成為每個流行音樂藝人挑戰攻頂的目標。但也正因為一開始的開幕活動與每年演唱會的比例過高，臺北小巨蛋一直飽受好事者攻擊為體育活動進不了的體育館。綜觀亞洲幾個知名多功能體育館，包括香港紅磡、新加坡室內體育館，其實都是以演唱會為主要場館活動，其帶動流行音樂市場蓬勃發展的效益功不可沒，但國內卻無法擺脫體育優先的僵固思維。

　　因此正式的體育國際賽或國際交流賽事，就成為兼顧體育與票房的良好選擇。不但國內的運動隊伍能夠參賽，也能藉由國外隊伍吸引市場人氣，衝高票房。多功能體育館的開幕正好與國際賽接軌，是可遇不可求幾乎難以發生的事，除非當初興建場館就是為了該國際賽事，如高雄巨蛋與國家體育場（又名世運主場館或龍騰館），就是為了高雄市主辦2009年世界運動會而興建的，北京知名的國家體育場（鳥巢）也是為

2005年12月臺北小巨蛋正式開幕活動：張學友創意音樂劇──《雪狼湖》（李柏熹攝，2005）

國內外藝人的大型演唱會是多功能體育館重要的活動項目（李柏熹攝，
2012）

了2008年奧運而興建，在其中舉辦的奧運開閉幕式驚艷全球。臺北市於
2011年11月30日取得2017年世界大學運動會主辦權，屆時會有超過一萬
名以上的選手與工作人員匯集臺北，也將會有六座新建場館與選手村。
較為可惜的是，作為開閉幕式主場地的臺北（大）巨蛋，預計2016年就
會開幕營運，搭不上這個國際賽事同時開幕的列車，但也因為在世大運
前已經營運一年多了，整體作業應該會較順暢。

此外，類似2009年美國職籃NBA在臺北舉辦丹佛金塊和印第安那溜
馬的賽事、2011年美國職棒大聯盟全明星賽，2011年中華職棒大聯盟所
舉辦的亞洲職棒大賽或2013年世界棒球經典賽，幾乎都是場場爆滿，甚
至一票難求。這些國際性職業體育賽事，也相當適合作為多功能體育館
的開幕首場活動。

在此提供場館經營者兩個注意事項：

1. 為了提供國內運動員一個舞臺與善意，即使是邀請國外運動隊伍來臺進行開幕賽，也必須有國內的運動隊伍參與競技。
2. 若邀請的是職業運動隊伍，場館興建工程進度與開幕賽安排的時間，必須配合國內外職業運動球季結束，或是球季剛開始的暖身賽、開幕賽。球季中，不論國內或國外的隊伍都非常難以參與。

當然，若國內職業賽事的市場大幅成長，球季中的例行賽或明星賽也可以納入規劃。

(二)業務行銷計畫

◆行銷對象

Mawson與Coan（1994）從美國職業籃球NBA的行銷發展研究中說明，「觀眾」是職業運動中的核心價值，沒有觀眾就沒有門票收入、

東森巨蛋公司配合臺北小巨蛋開幕，耗資600萬舉辦抽獎活動以蒐集名單，期望建立巨蛋的客戶資料庫（李柏熹攝，2005）

沒有廣告價值、沒有贊助商、沒有轉播權利金。McDonald與Rascher（2000）進一步說明，少了觀眾，除了減少門票收入，連帶的損失許多潛在的周邊收益，如停車費、餐飲販售、紀念品銷售等。因此，多功能體育館在直覺的觀念中，是一個匯集很多「觀眾」到現場觀賞體育競技或表演的地方，這些「觀眾」當然是場館的重要客戶。但實際上，若場館不是由職業球團所經營的話，場館的業務行為屬於B2B（Business to Business）的類型，客戶是各個大型活動的主辦單位（包括職業球團），而不是這些觀眾。這些觀眾在運動場館內的使用滿意度，會是日後主辦單位是否繼續選擇這個場館的重要參考依據，但卻不是絕對。畢竟，觀眾是跟著活動走，不是跟著球場走。

因此在業務行銷計畫上，主要的對象就是這些活動主辦單位。東森巨蛋公司在臺北小巨蛋開幕前，曾依照一般新事業展開慣例，編列一筆行銷宣傳預算，但最後這筆預算並未動支，卻在開幕首場活動《雪狼湖》演出時期，舉辦抽獎活動蒐集名單，希望作為日後會員行銷之用。雖然成功蒐集到約六萬筆的名單，事實上直到臺北市政府接管前，這筆名單都未曾發揮預期的行銷價值。

因為從試營運起就發現，宣傳多功能體育館的行銷手法並不會增加場館的營業額，場館只是提供觀眾來觀賞活動的地方，對普遍性的大眾宣傳場館是沒有意義的。不過，若體育館有較多的附屬商業設施或附屬事業，如臺北小巨蛋的滑冰場、餐廳，高雄巨蛋旁的漢神購物廣場，這些就需要行銷宣傳，只是，這不是為了體育館。

基於國際化發展的必要，東森巨蛋公司的行銷企劃單位曾規劃於國外場館專業媒體與組織進行海外宣傳。一方面因為巨蛋的主要業務是場館出租，對象是活動主辦單位，因此巨蛋規劃大眾化的行銷宣傳是沒有必要的，應該將行銷宣傳資源用在對主辦單位的認知與肯定上，國外活動主辦單位對國內巨蛋的場地瞭解也是有必要的，所以才必須編列海外

宣傳預算。另外一項支持巨蛋宣傳費用刪減的因素，是來自於東森公關公司市調中心在2006年2月針對臺北小巨蛋所做的一項滿意度調查。其中對各項活動參與度比較的調查發現，各項不同活動間的觀眾重疊度低，即使同為演唱會，也因表演藝人不同而吸引不同的族群，如圖4-1所示。就場館方而言，讓觀眾瞭解整年或各季的活動檔期是必要的，但推廣這些活動則為輔助的角色，各活動的整體宣傳策略主導權仍在各主辦單位手中。

◆ 國際交流

加入國外場館交流組織是值得考慮的，一方面可以與國外各場館交流，一方面也可以收到國外最新的場館管理觀念。例如創立於1924年的 the International Association of Venue Managers（IAVM），就是一個可以參與交流的國際性場館組織，這個組織的會員與交流範圍包括了運動場館、展覽館、音樂廳、戲劇院等。

此外，與國內外有經驗的場館交流合作也是另一個快速吸收場館管理經驗的方法。東森巨蛋公司在2005年就與1989年開幕的新加坡室內體育館簽訂顧問契約，由新加坡室內體育館提供兩項協助：一是針對臺北小巨蛋的硬體裝修提出改善建議，另一個是提供相關場館管理技術與表單，協助臺北小巨蛋開幕營運。不過由於新加坡與臺灣存在著法令上與市場上的差異，顧問的建議需經過消化檢討，融合本地特性，才能轉化為符合國內需求且有價值的建議。

◆ 附屬事業行銷配套規劃

若多功能體育館是包含附屬事業的綜合性園區開發案，則必須考慮到附屬事業與運動場館間的聯合行銷配套，而這個配套區分為兩個對象：針對活動主辦單位的配套措施，以及針對觀眾的配套措施。

以旅館為例，國際球星或巨星入住的旅館，通常能為該旅館帶來

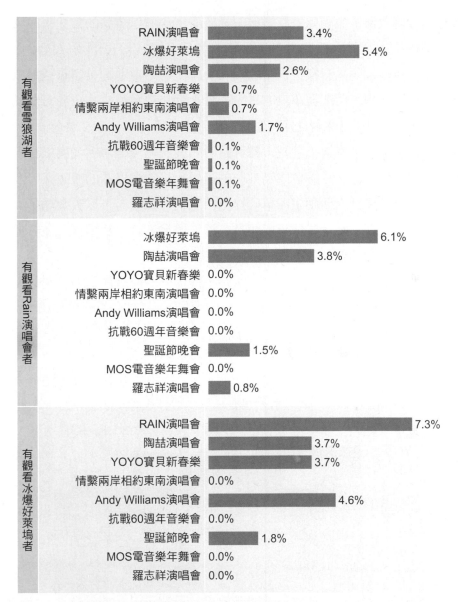

圖4-1　在臺北小巨蛋觀賞過X活動者也看過Y活動之比例（東森公關公司，2006）

額外的宣傳效果，也因此是許多旅館樂於付出代價以贊助的方式爭取入住。即使不出錢贊助活動本身，也可能會以免費或優惠的方式提供入住。除非球星或明星有特別指定的飯店品牌，否則當地的主辦單位通常有很大的建議權，而主辦單位的最大考量，就是效益與成本，若有旅館願意出錢贊助又提供免費住宿，當然會列為第一優先。

因此在體育館舉辦活動時，體育館的附屬旅館，是演出者與工作人員優先的選擇，卻不見得會成為唯一的選擇，必須與周邊的旅館業者競爭。附屬旅館要針對活動主辦單位提出相關的行銷配套，以吸引球星與明星入住，否則，當這些球星或明星在體育館演出時，卻選擇入住其他旅館，對附屬旅館是一種傷害。

此外，應該規劃搭配場館內的活動，提供外地觀眾住宿與門票的配套，這也是附屬旅館與其他附近旅館的競爭優勢。這部分有三種作法：

義大利男高音波伽利在臺中洲際棒球場舉辦演唱會，由臺中市政府主導，結合當地旅行業者、交通業者、飯店業者等，推出臺中旅遊專案行銷臺中（李柏熹攝，2008）

1. 與旅行觀光業者合作，推出搭配住宿、交通、活動門票的旅遊套裝。套裝範圍可以小到只有含食宿與門票，也可以大到包含當地觀光旅遊。同樣地，可以只包裝國內旅遊行程，也可以到海外推銷吸引國際觀光客的旅遊行程。例如2011年亞洲職棒大賽，日本、韓國許多當地球迷組成加油團來臺灣為他們的隊伍打氣，就可以及早與旅行業者推出旅遊配套。

2. 與活動主辦單位合作，提供套票行程，甚至規劃該項活動的主題房間或大廳主題布置。尤其若是該活動的球星或明星有入住，更會吸引球迷、歌迷伴隨入住。

3. 體育館附屬旅館自行規劃該活動的優惠專案，例如憑門票提供食宿折扣或加贈相關周邊紀念品等。2008年波伽利在臺中洲際棒球場的演唱會，許多臺中當地的旅館業者就自行推出住宿優惠、球場接送等行銷方案吸引外地觀眾。

義大利男高音波伽利在臺中洲際棒球場舉辦演唱會，部分售票口改為臺鐵、統聯等交通業者櫃檯，以服務外地觀眾（李柏熹攝，2008）

義大利男高音波伽利在臺中洲際棒球場舉辦演唱會，球場外也讓當地業者進駐提供餐飲服務（李柏熹攝，2008）

第三節　商業設施招商與進駐開幕作業

　　國內外多功能體育館的商業設施（包括附屬商業設施及附屬事業），多以餐飲零售為主，大型開發案則伴隨有商場、旅館等附屬事業的規劃，如**表4-2**所示。這些商業設施的營運方式，可以由場館方自營，也可以委外經營。以高雄巨蛋來說，整體BOT案是由漢威巨蛋公司開發，購物商場與停車場部分是委由漢神百貨經營，巨蛋體育館與健身中心部分則委託給凱格公司經營。

表4-2 多功能體育館座席規模與商業設施彙整表

場館名稱	運動場館規模	附屬商業設施	附屬事業
臺北小巨蛋	1.5萬席 800席滑冰場	美食廣場 主題餐廳 對外營業商店街[1] 對內營業餐飲店[2]	無
高雄巨蛋	1.5萬席	對外營業商店街 對內營業餐飲店	漢神巨蛋購物廣場 健身中心
新加坡室內體育館	1.2萬席	主題餐廳 對外營業商店街	無
麥迪遜廣場花園體育館	2萬席	對外營業商店街 對內營業餐飲店	辦公大樓 複合式書店商場 5,600席劇場
臺北（大）巨蛋	4萬席	對外營業商店街 對內營業餐飲店	棒球博物館 旅館 購物商場 影城 辦公大樓
東京巨蛋	5.5萬席	對外營業商店街 對內營業餐飲店	棒球博物館 旅館 購物商場 大型展覽場 大型SPA水療館 大型遊樂場 1,500席拳擊場 2,500席音樂廳
福岡巨蛋	3.7萬席	對外營業商店街 對內營業餐飲店	王貞治棒球博物館 旅館 購物商場 影城

1.不需購票進入運動場館中即可進入消費之餐飲零售商店，無活動時也可獨立營業。

2.須購票進入運動場館中才能消費之餐飲零售商店，通常有活動時才會營業。

臺北小巨蛋原美食廣場位置，現已改為專辦婚宴的餐廳（李柏熹攝，
2012）

高雄巨蛋附屬事業，漢神巨蛋購物廣場（李柏熹攝，2008）

東京巨蛋附屬事業種類繁多，形成東京巨蛋城（李柏熹攝，2012）

一、附屬商業設施的招商

　　大型體育園區整體開發案中的附屬事業，如商場、旅館、影城等，其招商過程與條件，牽涉到複雜的定性、定量與市場分析，甚至設計規劃之初，這些相關專業營運單位就要參與設計。但與多功能體育館營運單位息息相關的，就是場館的附屬商業設施，其中由於場內的餐飲零售店是跟隨著活動而營業，雖然在國外場館是重要的收入來源，甚至不亞於門票收入，但由於國內相關職業運動的整體休閒風氣尚未興起，因此本節不納入討論，僅就可對外營業的附屬商業設施進行探討。

　　不論該體育園區是單純的體育館，或是包含附屬事業的綜合性園區，體育館本身都是園區中最大的建築物，雖然有活動時可以吸納許多觀眾進場，但沒有活動時也會讓該園區變得相當冷清。為了使整個園區能永續經營，附屬商業設施的招商定位與策略就相當重要。

　　以臺北小巨蛋來說，南京東路商圈集中在斜對角的微風百貨（前身為環亞百貨、MOMO百貨）附近，即使人潮會向東走，也大多走小巨蛋對面（單號）的那段，因為臺北小巨蛋屬於目的性的場所，加上附屬商業設施定位與招商不成功，沒活動時「不好逛」，平時幾乎沒有人會想到臺北小巨蛋走走，沒有人潮就沒有商業價值，對僅存的少數店家更形成惡性循環。雖然2010年起，臺北小巨蛋的使用天數已經超過300天，扣除硬體進退場，實際活動天數仍不到100天，而有活動當天，人潮又集中在開演前一個小時與散場後半小時，其他時段與沒有活動時無異。那些可對外營業的商店除了儘量利用有活動的時間拉高營業額，加上商業面積小（對內對外的商業面積合計約2,300坪），在非活動時間也必須有不靠「集市」而能獨立經營的能力。

　　因此在東森投標之初，投標團隊對臺北小巨蛋對外營業商店的規

臺北小巨蛋只要有舉辦活動，對街的MOMO百貨（2013年9月變更為微風百貨）營業額都有顯著的提升（李柏熹攝，2012）

劃，是以具有獨立集客效應的特色商店為主，甚至不排除所有商業面積交給同一個業者經營旗艦大店。當時的構想，包括以運動主題為主的NIKETOWN、ESPNTOWN，或者是誠品，以及當年仍未引進臺灣的UNIQLO，或是2005年相當熱門的上閣屋餐廳等，最起碼也該有連鎖餐飲商店進駐，甚至有知名百貨業者來洽談完全承包所有商業設施的規劃經營。最後因為得標接館（2005年6月）到正式開幕（2005年12月1日）只有約六個月的時間，要東森巨蛋公司完成招商、簽約及廠商進駐裝修，時程上有其難度。所以無法按照原先的規劃好好招商，當時找進來的廠商品質參差不齊，欠缺主題性，除了至少還是找進了麥當勞、星巴克、西雅圖與7-11超商等連鎖品牌，其他完全與原始規劃不同。

正因為大多數進駐的商店本身沒有集客能力，完全依賴場館的行銷宣傳與大型活動的舉辦，商店的業績在有活動與沒活動時的差異高達數倍。在東森巨蛋公司經營時期，至少靠著集團資源（如集團關係企業在巨蛋舉辦大大小小的各種會議、員工餐券、公關交際等）勉強還能經營下去；自從臺北市政府接手後，店家逐漸退出臺北小巨蛋，即使是直接面對敦化北路、最有商業價值的六間路邊店面，也只剩下麥當勞與全家便利商店（2012年以前為7-11）。

從以上的實際案例可以瞭解，附屬商業設施在招商前，營運管理單位需要審慎的評估下列要點：

(一)場館所在商圈的特性

郊區或市區？場館周邊環境如何？到訪場館的主要交通方式是大眾運輸系統或是自行開車？是屬於平時就會有很多人潮的地方，或是只有在活動時才有人潮？

(二)商圈潛在的客層

除了有活動時的觀眾，在沒有活動時，還是能吸引什麼樣的客層前來？位在市區，是否能吸引附近上班族、家庭主婦、學生過來用餐或小逛一下？位於郊區，是否能成為觀光地標吸引觀光客？或成為休閒景點？

場館活動所帶動的人潮，應該視為競爭優勢與加分，絕不是維持基本營運的條件。

(三)建立獨特的商圈優勢

場館位於市區，由於周邊資源豐富、交通便捷，要維持附屬商業設施小店家的生存並不困難。但同樣地，也正因為位於市區，競爭激烈，要讓店家有優異的業績表現，除了有活動時人潮的加持，整體運動場館商圈特色的營造才能維持業績的成長。

萬一場館位於郊區，則必須透過主題特色的規劃創造出一個獨特商圈，吸引遊客前往觀光旅遊。就像許多郊區會開設名牌OUTLET商場或大型量販店，將這類商業設施與多功能體育館結合起來，創造獨特的郊區運動場館經驗也未嘗不可。但應注意，多功能體育館附屬商業設施應該要能提供參與場館活動觀眾加值的服務。如前所述於運動場館中設置名牌OUTLET店是可以思考的方向，但若是全部的附屬商業設施都在賣皮包、服飾，卻沒有一個可以坐下來喝水吃東西的地方就又本末倒置。

最後，所在商圈沒有優勢，就要靠獨特的主題規劃創造優勢，或透過進駐廠商的品牌拉抬優勢。

(四)進駐廠商的專業度

運動場館的商圈特性畢竟不同於一般商圈，進駐附屬商業設施的商家，最好是本身具有豐富展店經驗，並有專業人才能提出市場研究與

經營策略，才能與運動場館管理方相輔相成，經營成功的機會就會比較高。以臺北小巨蛋2005年的招商經驗來看，往往有許多小商家憑著不切實際的幻想與直覺想搶進運動場館的附屬商業設施，最後因為本身經營能力欠佳而完全依附在運動場館舉辦的活動頻率，活動辦得多就賺得多，活動辦得少就賺得少。即使臺北小巨蛋的使用天數超過300天，實際的活動天數也不到100天，對那些店家而言仍難以為繼。

二、附屬商業設施的進駐與開幕

與進駐商店洽談完所有進駐條件後，廠商就要進場裝修，依據各店的規模與要求，短則三個月，長也可能達到半年，因此招商簽約要儘速完成，儘量讓廠商有充裕的時間規劃裝潢，同時進行人員招募。

獨立店面式的商業設施，開幕營運後，大多可以依照各自營業屬性決定營業時間，不受到場館舉辦活動與否的限制，例如二十四小時的便利商店、速食店，或是夜間營業為主的啤酒屋、酒吧。但若是屬於接近商場性質的附屬商業設施，場館方就必須研擬出適合該商圈特性的營業時間，一般會比照百貨公司的營業時間，平日為11:00～21:30，例假日及前夕為11:00～22:00。以臺北小巨蛋為例，敦化北路面的六家店面，可以視為一般騎樓下的商店，營業時間可以自行決定；但南京東路面的店面，是在巨蛋一樓的迴廊內形成一個室內商場的形式，若各店營業時間不統一，將給外界管理不良的印象。

有鑑於場館活動數量規模不確定的因素，招商時不應該給店家過多的期待，以免日後商店營運欠佳時成為爭執的焦點。尤其是對內營業的餐飲零售店，在國外「禁帶外食」是觀眾普遍能接受的觀念，不論是運動場館、電影院或劇場，但國內一直都是爭議的問題，而消保官也都站在消費者的立場反對場館的禁帶外食政策。因此，場館內的店家更不能

期待付了租金進入場館中販售餐飲，就能取得專賣的權利。

場館方需要思考的是，有活動時，外部商場的營業時間要不要配合延長？直覺的思考是「要」，但建議場館經營單位應該仔細思考，商場中店家與商品的特性是什麼？有沒有必要配合延長？延長營業的效益如何？

從2006年臺北小巨蛋的經驗，商場配合活動散場延長營業時間的效益並不高。因為散場時觀眾仍沉浸在球賽或演唱會的歡愉情緒中，而時間大多是晚上十點以後，部分觀眾想儘快回家，部分觀眾想和朋友繼續找地方吃喝，幾乎沒有觀眾會想繼續留在場館中「逛」。因為這種特性，適合配合延長營業時間的業種，只有餐飲（特別是啤酒屋、酒吧之類的餐廳）、活動周邊商品或紀念品。而商場中又不可能只為了少數幾家適合的業種而全面延長營業時間，建議的規劃方式是，配合活動延長營業時間有效益的業種規劃於獨立店面，而無需配合延長營業的業種規劃於商場中。

另外還有一個案例：臺北（大）巨蛋是一個綜合開發園區，2006年10月與臺北市政府簽約時的規劃版本中，40,000席的大巨蛋，30,000席的內野部分緊鄰著三萬坪的購物商場，而且每一層（共三層）巨蛋觀眾席的迴廊都與商場相通。當初設計的原意有兩項：第一，觀眾進場與散場時都要經過商場，有經過就會產生消費衝動，可以提升商場業績；第二，巨蛋並非天天有活動，在無活動時，寬闊的巨蛋迴廊可以作為商場營業面積的延伸，增加場館使用率。

以商業導向的立場，上述思考並沒有錯，但卻忽略了巨蛋觀眾特性與商場顧客特性基本上的差異，以及巨蛋實際營運後所帶來的問題。

首先，進場時，臺灣觀眾習慣在開演前半小時才到場館，三萬人擠在商場各樓層排隊，將嚴重干擾出入口附近的櫃位，也降低原來在商場消費的環境品質，尤其，萬一又碰到百貨年度盛事「週年慶」，蜂擁的

購物人潮與活動入場排隊人潮擠在一起，場館與商場都將受害。

其次，如前所述，巨蛋活動散場時，時間多為晚上十點甚至更晚，除了少數想到酒吧、餐廳延續這份情緒的人外，大部分觀眾只想儘快回家，商場能提升的營業額有限。但因為設計上觀眾一定要經過商場才能離開，商場無論如何都得配合營業，反而可能提高營業成本。

最後，即使在巨蛋沒有活動時，大迴廊也很難配合商場成為延伸營業面積。因為迴廊雖大，僅能做臨時櫃，而如此大面積的臨時櫃，最遲一定要在兩、三個月（甚至半年）前規劃、招商與宣傳，而該特賣至少也應持續二週以上才有效益。但沒有人能保證三個月前巨蛋沒出租的時間，這三個月中會不會有主辦單位要來租，為了商場的臨時櫃，真正要使用巨蛋的活動反而不能租用，變成因小失大。

此外，內野三萬人與商場相鄰，出入口就在忠孝東路光復南路口的捷運國父紀念館站附近，活動進場與散場時，將使該出入口嚴重堵塞。

最後在筆者與建築師討論並建議下，不但封閉各迴廊與商場的連通，讓巨蛋與商場有各自獨立的出入口，不會互相干擾；而且將巨蛋的內外野轉向，讓內野30,000席觀眾遠離國父紀念館站，散場時透過約三百公尺的距離拉散人潮，甚至部分人潮可以走向另一頭的捷運市政府站，降低捷運國父紀念館站出入口的負荷。

本章結論

2005年以前，臺灣民營多功能體育館的營運準備難度相當高，一方面沒有先例，一方面沒有人才。自從臺北小巨蛋與高雄巨蛋陸續開幕營運後，這幾年下來已經累積了相當的經驗。接下來若有新的多功能體育館開幕，營運準備上大致都有依循的標準。

　　首先是訂定運動場館的各項營業項目，除了運動場館本身，是否還有附屬商業設施或附屬事業？自營或委外經營？再依據基本營運模式進行細部職掌規劃，進而招募相關專業人員。而為了因應多功能體育館活動項目的多元性，人力來源也不應該侷限在體育相關科系的人，演藝娛樂、展覽會議、廣告公關等都是可以招募的人力。另外值得注意的是，多功能體育館愈來愈像一個劇場，因此劇場相關的專業人才也是可以考慮的人力資源。

　　如果以劇場管理的思維來看，在多功能體育館中舉辦活動時「前場」與「後場」的責任分工就更明確了，劇場（體育館）與劇團（演出單位）間的分際也更清楚了。

　　組織人力到位後就要開始各項作業表單與標準作業流程的編撰，其中，在劇場或音樂廳中已很完備的「技術手冊」，不論臺北小巨蛋或高雄巨蛋目前都付之闕如，這點是未來應該要改進的地方。

　　當所有訂價、作業流程與表單都完備後，就應該積極向國內外各項活動主辦單位介紹多功能體育館的種種優勢，為未來場館持續有活動舉辦而準備。開幕第一個大型活動最好能與該場館的主要體育項目有關，為了讓該活動能順利舉辦，場館方應該不只租借場地，甚至更積極的扮演該活動投資者或贊助者的角色是必要的，而且應注意確實的開幕時間，大多數的大型活動是不太可能臨時改變舉辦時間的。

　　最後是附屬事業、附屬商業設施的招商、進駐與開幕。多功能體育館的商圈特性與一般商圈明顯不同，在招商時要與這些業者說明清楚，並訂定出合宜的管理辦法。如何在非活動時期仍能保有基本的業績，也是業者與場館經營者必須共同思考面對的問題。

　　事實上，正確的市場研究與商場定位，是附屬事業或附屬商業設施成功的保證。體育館的集客效應只能當作是與其他商圈差異化或加分的項目，若是在營運策略上變成完全仰賴大型活動的舉辦，則將是本末倒置，註定不會成功。

問題討論

一、你認為多功能體育館的場地租借與活動執行,應該從場地租借到活動執行都由單一窗口的業務來承辦?或者簽約後轉到後場技術人員來溝通?各有什麼優缺點?

二、臺北小巨蛋與高雄巨蛋這麼多年來都未提供場館硬體技術手冊,各項大型活動也持續在辦理,提供場館硬體技術手冊是否有其必要?其優點為何?

三、附屬事業與多功能體育館的經營,是同一個單位好?或是不同單位好?各有什麼優缺點?

四、多功能體育館與飯店、商場或其他附屬事業、附屬商業設施,如何聯營達到相輔相成的綜效?

五、多功能體育館的商圈特性為何?

參考文獻

何永福、楊國安（1996）。《人力資源策略管理》。臺北市：三民。

吳美連、林俊毅（1997）。《人力資源管理——理論與實務》。臺北市：智勝。

東森公關股份有限公司（2006）。《東森巨蛋場館服務滿意度調查》。未出版。

東森巨蛋經營管理股份有限公司（2006）。《臺北市立巨蛋體育館租用管理要點 2.0版》。未出版。

國立中正文化中心，http://www.ntch.edu.tw/place/showResource

新舞臺，http://www.novelhall.org.tw/about/itr_tech.asp

臺北小巨蛋，http://www.taipeiarena.com.tw/

Mawson, M. L., & Coan, E. E. (1994). Marketing techniques used by NBA franchises to promote home game attendance. *Sport Marketing Quarterly, 3*(1), 37-45.

McDonald, M., & Rascher, D. (2000). Does bat day make cents? The effect of promotions on the demand for Major League Baseball. *Journal of Sport Management, 14*(1), 8-27.

CHAPTER 5

多功能體育館的業務行銷規劃

李柏熹

第一節　多功能體育館業務行銷作業概述

第二節　多功能體育館業務發展管理概述

第三節　多功能體育館行銷企劃管理概述

第四節　多功能體育館公共關係管理概述

本章結論

重點摘要

　　本章進入實質營運管理的實務內容，首先概述營運組織分工，再依個別部門功能詳述其實務作業狀況。

一、多功能體育館整體營運工作項目，一般區分為業務行銷、活動管理、場務（含機電）管理與商業零售管理。

二、多功能體育館業務行銷管理工作區分為三大類：場館的業務發展管理、場館的行銷企劃管理、場館的公共關係管理。

三、場館的業務發展管理工作包括：場地與各項設施器材之訂價管理、場地的檔期預訂與排程管理、包廂的預訂管理、設施與器材租借管理、廣告與贊助管理、契約管理、場勘與活動體驗、公部門使用管理。

四、場館的行銷企劃管理工作包括：市場調查研究管理、媒體宣傳與行銷活動管理。

五、場館的公共關係管理工作包括：公共關係管理、公部門監督管理。其中又區分為三個階段：第一個階段，是規劃設計階段；第二個階段，是營造施工階段；第三個階段，是開幕營運階段。

第一節　多功能體育館業務行銷作業概述

本章起，將進入巨蛋營運管理實務的內容，如第四章第一節的說明，以整體營運工作項目來說，一般區分為業務行銷、活動管理、場務（含機電）管理與商業零售管理。實際運作組織依各個公司之習慣會略有不同，但就運動場館的營運內容，則不出以上四項。

2005年由臺北市政府手中簽約取得臺北小巨蛋委託經營權的東森巨蛋公司，開幕時的營運組織以業務行銷部獨大，擁有全巨蛋公司70％的人力，下轄行銷企劃、業務開發、活動管理、場務管理、附屬商業設施管理等所有場館營運項目，為了因應其母企業東森媒體集團的媒體本業型態，單獨成立公共事務部處理媒體公關相關事宜，但編制僅三人。

接下來，本書採用部門職掌來區分相關章節，本章為業務行銷相關作業，包括業務開發、行銷企劃、公共關係。

多功能體育館的主要業務項目，就是主場地的出租，並據此衍生相關的規劃管理項目，綜合國外場館經營管理公司的營運管理服務建議書、國內臺北小巨蛋與高雄巨蛋的營運實務，歸納出場館業務行銷管理工作範疇如下，共區分為三大類：

一、場館的業務發展管理

1.場地與各項設施器材之訂價管理。

2.場地的檔期預訂與排程管理。

3.包廂的預訂管理。

4.設施與器材租借管理。

5.廣告與贊助管理。

6.契約管理。

7.場勘與活動體驗。

8.公部門使用管理。

二、場館的行銷企劃管理

1.市場調查研究管理。

2.媒體宣傳與行銷活動管理。

三、場館的公共關係管理

1.公共關係管理。

2.公部門監督管理。

接下來各節，將依次探討這三大項工作內容，首先，就從業務發展管理談起。

第二節　多功能體育館業務發展管理概述

一、場地與各項設施器材之訂價管理

場地租金的訂定在臺灣是一件十分棘手的「技術」，因為長久以來體育場館公營的包袱，訂得高將招致輿論的非議，訂得低又面臨經營上的困境。全球各場館因應其市場狀況有不同的訂價技術。臺北小巨蛋或高雄巨蛋，訂價的大原則是依活動是否售票，以及該活動屬於體育活動或非體育活動，再依據上述狀況訂定場租抽成比例、收費上下限，以及額外的水電費、清潔費、錄影轉播費等。因此，不論臺北小巨蛋或高雄

巨蛋，業務單位負責全部的報價與收款作業，也從頭到尾負責一個活動的執行至結束。

香港亞洲國際博覽館，2005年12月開幕，其中可容納13,500名觀眾的AsiaWorld-Arena，其收費標準就相對複雜了。除了場租抽成費用，每多租一個吊掛點就多一筆費用，多一個使用空間多一筆費用，甚至這些現場空間設備事前申租與臨時申請的費用也不同。凡此種種規定與收費方式，一切都以「商業化」為依歸。因為有許多現場報價的行為，亞洲國際博覽館的業務單位只負責到接單簽約，後續活動執行的相關細節與費用報價都由活動管理單位負責。

其他亞洲大型運動場館的收費標準，有依售票票房比例抽成、有固定金額（不論何種活動、售票與否、觀眾數多寡，只要使用運動場館皆收一樣的費用）、有依活動使用座位數（某個座位數以下收取固定金額，該座位數以上，每個座位收取一個座位費）。由於臺北小巨蛋與高雄巨蛋的先例，國內目前大多是能接受售票活動以票房收入的10%當作場租的收費標準。採用此種場租收費模式時，需注意以下作業重點：

(一)票房銷售的監理

採用票房抽成的場租結構系統，為了確保收到實際票房銷售比例的場租，應要求主辦單位在與售票系統簽訂代銷售契約時增列場館方的監理條款，亦即除了主辦單位，場館方也有權要求售票系統出具該活動的銷售報表，以監理該活動的售票狀況，確保場館方可以收到實際銷售的票房場租。但這點，僅有東森經營臺北小巨蛋時期有執行過，臺北市政府接管後即無此條款，票房查核上較為困難。目前是採用主辦單位對國稅局娛樂稅的報稅資料作為票房10%抽成的依據，但在實務上，該資料與實際的銷售量有相當大的誤差。

新加坡室內體育館（SIS）透過兩種方式來監理票房收入：第一是透

新加坡室內體育館（SIS）是新加坡重要的多元娛樂展演中心（李柏熹攝，2005）

新加坡室內體育館與新加坡最大的SISTIC售票系統有密切的合作關係（李柏熹攝，2005）

過售票系統SISTIC查核，只要活動開賣就會定期查核售票狀況，於活動結束後再查核銷售報表；其次是現場查核，當活動開始後，即會與現場工作人員清算票根並核對售票系統的銷售報表，若有誤差即會當場查明原因。

可以想像，這種收費方式需要相當多的查核人力。

(二)售票系統優先支付場租之條款

早年國內大型活動市場不成熟，若該大型活動票房銷售不如預期，導致該活動賠錢，而主辦單位又惡意倒帳，就有可能積欠各項活動的軟硬體費用。因此長年下來，除非是長期合作且信用良好的主辦單位，否則業界的習慣大多會要求事先付清相關款項。但因為採用票房抽成，事前根本無法預估場租金額，因此在「臺北小巨蛋租用管理要點（2011）」第六條即規定了在租用日前三個月須繳清所有預估的場租總額，並「於租用期間屆滿後25日內，提供與租用人自行或委託售票服務系統陳報稅捐機關者相符之完稅證明予本公司，並於結算票款後20日內向本公司繳清演出日場地使用費。」。

(三)公關票數量之控管

既然場租收入的依據是票房銷售，過多的公關贈票就會影響場租收入，因此通常也會另外訂定公關票數量限制的條款，超過該數量，不論該票券是否屬於公關贈票，都以該張票所在區域的票價計算。如臺北小巨蛋，在其「臺北小巨蛋租用管理要點（2011）」第十七條即規定，「貴賓券或十元券之贈票上限為所售出門票的5%，但若總票房已超過抽成上限者除外。」。

尤其許多活動會尋求贊助單位，而贊助權益除了掛名、聯合行銷、聯合廣告外，伴隨的通常有一定數量的門票，而這些門票已經在贊助的

配套中了,所以票券上註明為「貴賓券」或「十元券」,而這些票券雖然沒有實質銷售行為,主辦單位卻有了相對的收入,因此對其認定與數量限制也應有明確的控管。

二、場地的檔期預訂與排程管理

多功能體育館主要銷售的就是活動檔期,就像旅館房間一樣,使用率、週轉率、客單價,是場館方業務銷售的關鍵。因此在檔期預訂與排程管理上的規劃,直接影響場館的營運收入。

不論場館使用率高低,都應該先明確規範申租程序與審查標準。即使場館使用率低,但熱門的檔期還是可能會衝突,更不用提場館使用率高的狀況。

以公營場館而言,一般會由單位內外組成「活動審查委員會」,定期審核申請的活動項目,如國立中正文化中心每年遴選出「評議委員」,決定在國家音樂廳、國家戲劇院等之演出申請。而其評選標準,依其「節目品質管理要點(2006)」,由三項評量指標決定:藝術水準、演出執行能力、場地適合度。臺北小巨蛋由文化局審查決定,高雄巨蛋則是由經營管理公司自行審查。

目前臺北捷運公司所營運的臺北小巨蛋,由文化局成立「檔期審議委員會」定期受理審查申請租用之活動,其「臺北小巨蛋場館活動檔期申請暨審查注意事項(2011)」中規定,活動租用受理之審查標準為:企劃案完整性與可行性、場地技術安全考量、專業執行力、辦理類似活動之實績、與本場館配合經驗。而若發生檔期衝突,則有三個優先條件:

1.國際性正式體育賽會經該國際運動總會認可,且列入行事曆者。
2.國際性大型藝文展演活動,對提升臺北市國際地位有顯著助益者。
3.申請者於同次檔期開放時間內,申請檔期數目或總天次較少者。

圖5-1、圖5-2分別是臺北小巨蛋一般檔期租借與公益檔期租借之流程。一般檔期，分別於3月、9月開放次年度上半年度與下半年度之檔期

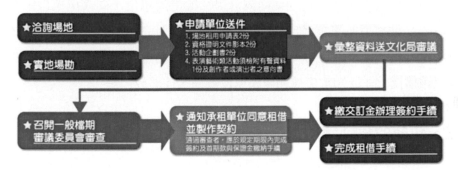

★一般檔期租借流程

1. 一般檔期之年度申請：
   每年3月開放次年1月至6月檔期、每年9月開放次年7月至12月檔期
2. 空餘檔期臨時申請：
   審查結束公布檔期後，所餘檔期如無候補單位則由經營管理單位公告，受理空餘檔期臨時申請。
   惟主辦單位需於進場裝台首日45天前提出申請案。

圖5-1　臺北小巨蛋一般檔期租借流程（臺北小巨蛋官網，2012）

★一般檔期租借流程

1. 一般檔期之年度申請：
   每年3月開放次年1月至6月檔期、每年9月開放次年7月至12月檔期
2. 空餘檔期臨時申請：
   審查結束公布檔期後，所餘檔期如無候補單位則由經營管理單位公告，受理空餘檔期臨時申請。
   惟主辦單位需於進場裝台首日45天前提出申請案。

圖5-2　臺北小巨蛋公益檔期租借流程（臺北小巨蛋官網，2012）

申請；公益檔期（政府可免場租使用之檔期），則於3月份開放次年度全年之檔期申請。

　　活動主辦單位在申請場地時，除了制式申請書，另外需檢附活動企劃書、演出者意向書以及主辦單位的相關資格文件。

　　通過檔期審查後，場館方會正式發函給主辦單位，限期繳交訂金。若出於表演單位的要求，場館方可以在主辦單位通過檔期審查確定初步取得該檔期後，出具「場地使用同意書」給主辦單位，向演出單位證明已取得場地檔期並簽署演出契約，與表演單位簽完約後再與場館方正式簽訂租用契約。而若主辦單位無法在期限內與演出單位簽約，場館方將取消該檔期，並通知次優檔期申請單位遞補，或開放申請。

三、包廂的預訂管理

　　在職業球賽盛行的市場，包廂是運動場館的重要收入，因此在日本、美國的大型運動場館，特別是職業運動的主場球場，包廂不但一位難求，租金更是年年調漲。

　　由於包廂銷售的是職業球隊的賽事觀賞權，因此僅限於球季內使用。若於場館內舉辦非該職業運動項目之活動，則包廂之使用會受到限制。主辦單位有權向場館方要求限制包廂之使用，或者包廂觀眾需另外支付該活動之票價方能使用。

　　臺北小巨蛋內設計有48間包廂（東森巨蛋公司合併其中3間為1間豪華包廂，現為46間），東森巨蛋公司經營之初，為使該空間充分利用，曾提出以包廂作為企業商務中心之構想，結合餐飲，推廣會議市場。但執行上卻有實質上的困難：

1.一般企業大多自有會議室，小型會議沒必要浪費車程到小巨蛋召開，即使要到外面不同環境召開會議，首選也是飯店，而非巨蛋包

臺北小巨蛋的包廂，由於無企業長期租用，僅有簡單裝潢（李柏熹攝，2006）

日本大阪巨蛋的包廂裝潢相當豪華，除了觀賞賽事，也提供租用企業交誼與會議服務（李柏熹攝，2011）

廂。

2.大型會議欠缺完整配套空間，分組會議雖可使用包廂，但共同會議則缺少大型的集會場所，而且動線設計上並不順暢。

3.巨蛋有活動時期、硬體搭設或拆除時期，包廂皆不可使用。以2006年臺北小巨蛋232天的使用天數，能再讓出時段供其他用途使用的時間非常有限。

　　臺灣的巨蛋目前都沒有職業運動進駐成為主場，短期內包廂很難為巨蛋帶來可觀的收入，因此在現階段的臺灣市場，包廂仍以與主辦單位合作進行單場個別銷售為主。與主辦單位的合作方式，又區分為三種模式：主辦單位租用供貴賓使用、主辦單位租用供贊助配套使用、主辦單位租用售票使用。無論哪一種，場館方收的都是包廂租金，並視主辦單位需求，提供餐飲配套服務。若未來國內職業運動興盛，包廂將以企業為對象，進行年度租用，同時可以搭配停車、餐飲、廣告、商務服務等，成為銷售配套措施。

　　不過值得注意學習的是，中國大陸的上海演藝中心（上海世博文化中心），擁有18,000席的多功能體育館、82間豪華包廂，以及二萬平方公尺的商業零售區、滑冰場、音樂廳、電影院等。於2009年賣出冠名權予Mercedes-Benz汽車，自2011年起為期十年，冠名成為「梅賽德斯—奔馳文化中心」（Mercedes-Benz Arena）。該場館同樣沒有主場球隊進駐，並以演唱會為主要業務，但包廂年租銷售率卻相當好，表示包廂銷售仍然有機會與職業球賽脫鉤，雖然是全球少數特例，也表示包廂在沒有職業球隊進駐的多功能體育館還是有相當大的銷售潛力。

美國洛杉磯道奇球場，包廂區還設有商務中心，提供影印、傳真、列印
等商務服務（李柏熹攝，2004）

四、廣告與贊助管理

在本單元所稱的廣告，是以球場內的廣告版位為主，因為球場外的
廣告版位，不論是LED廣告牆或大型帆布廣告，皆與一般大樓外牆的戶
外廣告相同，以該版位所在區域的人流、車流為主要銷售依據，並輔以
多功能體育館的活動頻率及地標價值，在銷售上較為容易。而球場內廣
告版面，在沒有主場球隊的臺灣，則不易銷售。

在國外案例，廣告也是多功能體育館的重要收入來源，如東京巨蛋
球場內，各個牆面貼滿了各式廣告，其中大多數是長年租用，若有某一
面廣告因故停租，很快會被別的商品廣告遞補出租，業務單位的挑戰在
於如何找出更多的版位進行銷售。

日本東京巨蛋內貼滿了廣告（李柏熹攝，2011）

　　國外大型運動場館的廣告能如此熱門的原因，關鍵也在於職業運動的興盛。有職業球隊進駐，除了商品訴求能與球迷更貼近外，保證了活動數、保證了廣告觸達率（現場觀眾與轉播），當然就有了明確的廣告效果數據作為廣告銷售佐證。

　　可是在沒有主場球隊的狀況下，廣告銷售人員欠缺合理的數據向企業主說明場館內的廣告效果。以2011年的臺北小巨蛋和高雄巨蛋為例：臺北小巨蛋使用299天，活動共有56檔92天；高雄巨蛋使用323天，活動有54檔186天。以使用率來看都超過80%接近滿檔，這樣的活動率甚至比國外有職業球隊進駐的使用率還高，為什麼北高這兩個小巨蛋在廣告銷售上仍十分有限？

　　因為若是有職業球隊，該觀眾群是一致的，對觀眾背景的描述也能有具體的紋理，商品廣告的目標客層是能夠定義的。但臺北小巨蛋或高雄巨蛋即使分別有92天、186天的活動天數，卻可能是籃球、網球、老歌演唱會、搖滾演唱會、家具展、電腦展，完全是不同的客層，也因此無

臺北小巨蛋使用率雖高，場館內卻沒有任何廣告（李柏熹攝，2007）

法定義清楚的廣告行銷目標閱聽眾輪廓。

　　除了目標客層每次活動不同外，另一個原因是廣告觸達率。大多數的職業運動，不論是小巨蛋中的籃球，或大巨蛋中的棒球，整場賽事的過程是燈光全開的，不但現場觀眾隨時可以看到球場內的廣告，轉播攝影機隨著球員在球場內拍攝時，更可以接觸到電視機另一頭數十萬以上的觀眾。而演唱會時，只有觀眾進場與散場時燈光是開著，且通常主辦單位會利用舞臺兩旁的電視牆播放贊助商廣告，電子廣告當然比高掛在牆上的平面廣告吸引觀眾目光。之後演唱會開始，場燈是關暗的，只剩下閃爍的舞臺燈光，現場觀眾不會注意到球場內的廣告。大多數的演唱會也不會現場轉播，即使有轉播也以舞臺為主，昏暗的牆面廣告就算被攝影機帶到也看不清楚，大幅減少轉播所擴增的閱聽眾，降低演唱會時現場廣告的價值。

演唱會時現場只有舞臺區有燈光,即使場館內能售出牆面廣告,觀眾與攝影機也都看不到場館內的廣告(李柏熹攝,2012)

是否有電視轉播,攸關該場活動是否有現場廣告價值(李柏熹攝,2009)

在欠缺主場職業球隊進駐的前提下，臺北小巨蛋、高雄巨蛋要在球場內銷售廣告，有實質上的困難。但身為營運管理者或業務單位的主管，仍必須尋求各種可能的業務收入，因此在廣告的招商策略，只有一個關鍵，就是整體配套規劃。單賣廣告也許沒有價值，搭配包廂呢？或者搭配戶外廣告呢？或是搭配球場內店面呢？這些都是可以提高場館內廣告價值的辦法。

美國NBA華盛頓巫師隊主場Verizon Center由美國電信公司Verizon冠名，由於位處華盛頓中國城附近，甚至還有中文招牌為「Verizon體育中心」（李柏熹攝，2012）

　　至於國外最常見的場館冠名權，以我國目前的狀況，地方政府視大型體育場館為執政政績，場館冠名權幾乎掌握在政府手中，短期內應該沒有任何的機會。但事實上，冠名權卻是大型運動場館最重要的收入來源。如前所述的上海梅賽德斯—奔馳文化中心，乃是由全球知名的運動娛樂公司AEG所經營，其專長項目之一，就是幫業主銷售場館冠名權，如美國洛杉磯Staples Center（由美國文具公司Staples冠名）、英國倫敦O2 Arena（原千禧巨蛋，由英國電信公司O2冠名）、澳洲雪梨Acer Arena（由臺灣電腦公司宏碁冠名）等，都是由該公司管理並銷售出冠名權。

五、契約管理

　　契約管理在一般公司組織中，指的是契約的管理歸檔與請款作業。正本大多會集中在財務單位或採購單位保管，承辦人員以副本留存，作為請款之依據。本節主要針對「業務承辦單位」在運作過程中對契約的履行管理做一概述。

　　在大多數的狀況，場地租用契約必須明確記載以下資訊：

1.活動類型。

2.預估觀眾數。

3.硬體進場搭建時間與硬體拆除時間。

4.綵排時間。

5.觀眾進場時間。

6.活動開始時間與結束時間。

7.使用空間標示（包括後場空間、紀念品銷售空間、現場取票空間）。

8.已知的設備需求。

9.根據上述資訊所估算出來的所有費用。

要注意的是，早年公營運動場館時代，活動的租用是認「租用者」而不認「活動內容」。也就是說，某甲租場地時說要辦某A演唱會，臨時改成某B演唱會也可以，只要仍是某甲主辦即可。這樣的程序，造成當年不少場地掮客的出現，先以低價向政府租用運動場館的檔期，再轉售給需要場地的主辦單位從中牟利，賺取差價。

而場館民營化後，這種狀況原則上是不允許的。因為在場館前期的活動審查時，核准的活動必定是符合場館方的最大利益（綜合實質財務利益、無形商譽以及產業發展），主辦單位擅自更換其他活動未必符合場館方的審核條件。但臺北市政府接管臺北小巨蛋後則將條件放寬，「臺北小巨蛋場館活動檔期申請暨審查注意事項（2011）」第六條針對主辦單位變更活動內容規定須於五個月前提出，並須經檔期審議委員會重新審查通過。

此外，契約中也會載明，在主辦單位租用起始日前的某時間內，必須補充以下文件：

1. 保險單副本。
2. 結構技師針對舞臺之簽證。
3. 舞臺設施與特效之消防核可證明。
4. 票價結構規劃。
5. 所採用之售票系統。

若沒有在期限內提供，將無法同意活動硬體搭建廠商進場施作。萬一主辦單位無法改善而導致活動無法順利舉辦，並可向主辦單位求償。

因此，在業務單位的契約管理程序，是要確保主辦單位皆依契約要求提供相關文件，而不是單純的請款流程而已。因此業務單位要在每個時間點確定主辦單位是否依契約提供了必要的文件與作業，以確保大型活動可以安全順利的舉辦。

表5-1是從檔期申請到活動執行結束整個業務流程中，各階段所需
繳交的相關資料建議表，各場館可依其實際作業需求調整內容與繳交時
間。

六、場勘與活動體驗

為了讓主辦單位確實瞭解多功能體育館的場地特性，活動主辦單位
有權向場館方提出場勘要求。業務單位可以在場館沒有租借的時間或已
出借但取得租用單位同意的狀況下，帶領場勘申請單位進行場館內各空
間設施的介紹，並針對所可能舉辦活動的類型，提出場館相關使用的建
議。

有時候單純的在場館內勘查並不能完全反應出場地的優越特性，或
者主辦單位無法理解場館的最佳配置或管理方式，也可以安排主辦單位
直接觀賞某一場活動性質類似的場館內活動進行體驗。要提供這方面的
服務，場館方必須事前保留若干數量的座位，排除在主辦單位的銷售座
位外。

保留座的制度在國外行之有年，除了作為業務場勘體驗使用外，也
作為場館方必要的公關或公益使用。2005年東森巨蛋公司，即參考國外
保留座的案例，在場地租用契約中劃出了136個固定座位（二樓100席、
三樓36席）作為場館方公關、業務、公益與場地安全管理使用。但當時
的體育處不瞭解場館實際運作的需要，審查場地租借契約時，堅持排除
公關與業務之需求，僅同意因公益及場地管理需要而保留座位，造成業
務單位執行時的困擾。尤其臺北小巨蛋在當年是全新的場地，每一個主
辦單位都陌生，都不瞭解在巨蛋內的音場效果、進出動線、觀眾視角，
體育處因為怕輿論非議，排除業務與公關之需要，使得合理且必要的業
務場勘需求，轉為地下未明列於辦法中，但卻仍有此事實存在。

如新加坡室內體育館，館方保留62個座位，其中48個供貴賓使用

表5-1 多功能體育館訂租流程與廠商繳交資料建議表

租賃階段	時間	繳交文件
檔期申請	○月開放次年1～6月 ○月開放次年7～12月 公益檔期開放申請為 ○月開放次年1～12月	□場地租借申請表（正本一式兩份） □申請資格文件（影本一式兩份） □活動企劃書（一式兩份） □公益檔期另附體育局（處）同意函
簽約	檔期確認後30日內	□場地租用契約 □繳款通知書 □保證金（○萬×天數）（現金） □場地設備押金（○萬×天數）（保證票或現金） □第一期款：○%場地租用費（現金）
售票	售票前4個月	□提交使用之售票系統
	售票前14天	□票價表（數量／票價分配） □座位表（平面層座位規劃） □門票樣張
	售票日	□場館保留席○張門票
進場	檔期開始前3個月	□第二期款：○%場地租用費（現金）
	檔期開始前30天	□售票活動日總票房○%之場租上限支票（票期：檔期結束後30日內兌現） □保險單副本 □臨時性舞臺技術申請報告書 □施作公司設立證明文件 □施工能力證明文件 □用電申請表 □舞臺特效與煙火施放資料 □舞臺平面圖（尺寸標示） □舞臺立面圖（尺寸標示） □舞臺結構圖（尺寸標示） □吊點位置及荷重負載結構圖及說明（數量及位置） □燈光圖（含電腦燈、傳統燈、效果燈、追蹤燈、投影機、雷射等） □指定之結構技師簽證（舞臺與吊點） □機電技師執照影本（乙種執照） □布幕、地毯、幃幕、道具防焰證明 □消防安全防護計畫
	檔期開始前14天	□活動主管機關簽發之活動許可證
	檔期開始當日	□活動場地設備器材檢核表

（續）表5-1 多功能體育館訂租流程與廠商繳交資料建議表

租賃階段	時間	繳交文件
活動協調	檔期開始前20天	□停車位登記表 □工作證申請名冊 □舞臺技術施工說明及工作日程表 □整體活動流程表 □交通維持計畫 □保全／急救／緊急服務計畫 □警察局、消防局核備函文 □活動協調會議紀錄 □空調運轉暫停時段申請單（活動特效用） □消防系統暫時隔離申請單與切結書（活動特效用） □進入貓道申請單與切結書
結案	檔期結束7天	□損壞之設備設施修繕回復完畢
	售票結束後14天	□門票銷售紀錄及金額
	檔期結束後30天	□售票報表 □完稅證明 □結清並繳付售票活動當日場地租用費（票房○％）

（場館貴賓、活動廠商、客戶等），另外14個供員工獎勵使用。美國亞特蘭大的Philips Arena，館方保留20個座位供館務人員及場館自行所辦的公關、公益活動使用，但另保留140個座位供贊助商PHILIPS使用。美國Hartford Civic Center，館方保留200個座位供館務人員及場館自行所辦的公關、公益活動使用。

七、公部門使用管理

由於我國多功能體育館發展的歷史背景，即使民營化的場館出現，背後都有政府公營的影子，不論是早期完全委託民間經營、近年委託臺北捷運公司的臺北小巨蛋，或是BOT的高雄巨蛋與臺北（大）巨蛋，都有強烈的官方色彩在後面，因此也免不了當政府公部門使用該場館時的

2009年世運期間，政府與高雄巨蛋經營單位有許多執行上的工作磨合狀
況發生（李柏熹攝，2009）

認知差異出現。

　　例如高雄巨蛋在舉辦2009年世界運動會期間，高雄市政府希望在賽
會期間，高雄巨蛋必須儘量配合，不論是場地使用時間（可能通宵）、
空調啟閉時間（可能二十四小時），所需要的空間、門禁等，而這些要
求，由於高雄市政府與管理的漢威巨蛋公司各有立場，事前又溝通不
良，因此產生許多摩擦。

　　2005年臺北小巨蛋委託東森巨蛋公司經營時也發生類似的狀況，剛
開始時，臺北市政府與東森巨蛋公司對委託經營契約中所謂政府可免場
租使用的四十五「天」，到底是指二十四小時？或是上班時數？就沒有
共識。而許多使用政府免費天數的活動主辦單位，往往誤以為免費使用
就是當天二十四小時完全不需支付任何費用，包括水電費、清潔費等場
租外的費用。最後經過多次溝通後，雙方才取得共識與瞭解，並明定於

租借管理辦法中。

此外，委託經營契約中只述及一年有四十五天需保留給政府免場租使用（即所謂公益時段），但卻沒有規定清楚這四十五天如何分配。就像一般大型活動舉辦的時間一樣，週末假日往往是兵家必爭的熱門時段，初期的政府公益天數也幾乎都要求在假日時段。最後透過協商，決定四十五天的分配方式，依比例原則分散在週一到週日，時段的分配與申請，統一由體育處（現為體育局）辦理，再由體育處彙整後於前一年度底向東森巨蛋公司提出次一年度的公益時段申請。

2017年世界大學運動會（World University Games）即將到來，是未來幾年已知臺北最大型的國際體育賽會，屆時除了新建的場地、公營場地，也將大量的使用各級學校的運動場館、委託民間經營的臺北小巨

2017年世界大學運動會即將在臺北舉辦，有許多新建場館在趕工，也有許多既有場館的更新改建工程，屆時是臺北市重要的體育盛會（李柏熹攝，2012）

蛋，以及目前施工中的臺北（大）巨蛋。臺北小巨蛋與臺北（大）巨蛋如何在兼顧營運規範與政府公益間尋求最有利的雙贏合作方式，有賴政府與民間拿出最大的誠意與熱忱進行溝通。

依據筆者這幾年與公部門打交道的經驗，大多數的公務員有相當高的素質，也很願意站在廠商的立場解決問題，可是往往有些不知民間疾苦的主官不但有身段而且不清楚狀況，造成溝通上的阻礙。筆者2012年1月10日曾參加過一場市府高層主持的「協調」會議，會議通知是前一天才收到，且邀請官方與民間多個單位協調此一議題，以茲官民合作共同推廣。但該高層一坐下來就說，這個會議的目的是「要求」，不是「協調」，會議進行不久，該高層因為不滿其中一個與會廠商代表無法當場明確回覆主席的要求，而必須待回公司後依核決權限請示後回覆，不顧會議通知過晚發出致與會廠商沒有時間內部溝通，也不管民間機構有自有作業流程，立刻就把廠商代表「請」出去。而烏龍的是，該協調會的議題根本錯誤，與實際市府希望廠商配合的項目完全不符，事後由主管機關另外協商正確的議題，可是該廠商被當眾「請」出去得不但非常冤枉，也非常無奈。

以上幾個案例，都在說明與政府間的往來有其相當的困難度，因為政府與企業各有立場，基本思考邏輯也不相同。但只要能瞭解政府的立場，許多作業還是能溝通的。政府的立場很簡單：「合法的」讓他能「完成任務」，也就是在「依法行政」的大原則下才會出現民眾無法理解的官僚系統。

因此在與政府的配合過程，只要把握三個原則一般都可以獲得善意的回應：契約、法令與案例；契約有規定依契約，契約沒規定依法令，法令沒規定找案例。

例如「政府可以免費使用場地」，在契約中到底是指全部免費？還是場租免費？而所謂的「天」，到底是二十四小時？還是工作時？「禁

帶外食」到底合不合理？「場館保留座」應不應該設置？多少個位子才合理？以上種種，有些在契約中有規定，有些在法令中可以找到答案，有些要透過案例研究來說明，都沒有的，只能透過雙方理性溝通。

第三節　多功能體育館行銷企劃管理概述

美國行銷學會（American Marketing Association, AMA）對行銷的定義是：行銷是將商品、理念或服務以定價、促銷、分銷等規劃創造交易，來滿足個人或組織的目的的過程。科特勒（Philip Kotler）對行銷的定義則強調價值導向：市場行銷是個人和集體通過創造，提供出售，並同別人交換產品和價值，以獲得其所需所欲之物的一種社會和管理過程。或行銷是創造、傳遞、產品或服務的價值，以滿足消費者的需求或需要（方世榮譯，2003）。

與一般社會大眾認知有所差異的是，我國的多功能體育館，不論是臺北小巨蛋、高雄巨蛋或興建中的臺北（大）巨蛋，場館本身的業務屬於B2B（Business to Business）的產業，而非B2C（Business to Customer）。場館的客戶，是各個大型活動的主辦單位；而來參與活動的觀眾，則是各大型活動主辦單位的客戶。因此在多功能體育館的行銷管理，著重在「市場調查研究」以及「媒體宣傳」。

一、市場調查研究管理

由於民營化、多功能體育館在我國屬於剛萌芽的產業，如何以民營化的效率及績效來經營？如何利用大型室內場館的條件進行多功能的展演活動？更重要的是如何創造運動場館的商業利益？這些都有賴於清楚完整的國內外市場調查來決定。

市場調查區分為國內和國外。

(一)國內市場調查

國內市場調查部分，主要包括：

◆競爭調查

調查類似規模與用途的場館租借管理辦法、租借程序、租借費用等，用來檢討本場館的相關辦法是否與國內業界習慣一致。

◆市場潛力調查

包括符合本場館規模用途的各種活動的場次、參與人數、平均票價、售票票房。目的在於瞭解場館可能的業績來源，尤其若有類似規模活動而卻選擇其他場地舉辦；或者是主辦單位選擇了小場地卻多場次來舉辦，而其合計觀眾數已達本場館席次規模，更應該立即檢討分析其原因。

◆業務名單調查

舉辦上述大型活動的主辦單位名單，以利業務單位開發拜訪。

(二)國外市場調查

國外的市場調查，與國內市場調查相對應的，包括：

◆同業調查

①租借管理辦法

針對國外類似規模與用途的場館租借管理辦法、租借程序、租借費用等，用來檢討本場館的相關辦法是否與國際慣例接軌，但若有差異，仍須衡量兩地市場差異予以調整，而且應以本地習慣為優先。

如國外多功能體育館幾乎都是禁帶外食的，但這點在臺灣卻是行不

通的。

②營運模式

　　國外類似規模與用途的場館是怎麼營運的？是不是有主場球隊？與主場球隊間的關係又如何？除了場租收入，還有哪些收入來源？這些都是多功能體育館營運參考的重要依據。尤其，之前有提過，臺灣的多功能體育館與國外最大的差異就在於欠缺主場職業球隊的進駐，以及職業運動市場的低迷。因為這種狀況，國外多功能體育館因而衍生的廣告收入、冠名收入、餐飲收入等，都可能不適用於國內場館營運。但即使短期內不適合，長期來看仍是一個值得參考的營運模式。如前所述的上海梅賽德斯—奔馳文化中心，其經營模式就非常適合深入研究探討，作為國內場館經營業者借鏡。

　　依據國外經驗，一般球賽時的餐飲零售收入約等同於門票收入，因此國外球場無不想盡辦法增加觀眾的消費，除了大量擴增球場迴廊的零售店面，也會派出販售人員到球場中叫賣兜售，這種作法在國內職棒球

日本東京巨蛋於球賽期間，派出現場銷售人員兜售飲料、零食或紀念品
（李柏熹攝，2011）

日本福岡巨蛋球賽期間，
派出現場銷售人員兜售飲
料、零食或紀念品（李柏
熹攝，2013）

臺北小巨蛋場館內零售店面，即使在活動期間也沒有開店銷售，圖為
2012年12月1日西洋藝人Sting在臺北小巨蛋演出中場所拍攝，所有場館
內迴廊區店面皆未營業（李柏熹攝，2012）

賽時偶有出現，但銷售業績並不理想。

◆ 市場潛力調查

　　主要是針對類似本場館規模用途的國外活動調查，包括各種活動的場次、參與人數、平均票價、售票票房等。雖然國外市場與本地市場幾乎無法類比，但可以透過國外活動市場的調查，瞭解未來本地市場的潛力。特別是，萬一場館經營者有意跨足活動市場，成為活動主辦單位之一，更必須瞭解國外的體育、娛樂等趨勢。

◆ 業務名單調查

　　與調查國內大型活動主辦單位的目的一樣，不同的是，國內市場較小，許多國際性的大型活動引進國內時，臺灣主辦單位扮演的大多是「購買」、「售票」與「執行」的角色，少了上游的「製作」。而國外許多大型活動的舉辦，多由「製作公司」包辦所有上下游的作業，這點與國內的狀況也不同。

　　以亞洲娛樂市場最蓬勃的日本為例，國外知名的大型活動製作公司，如Live Nation、AEG，以及美國職棒大聯盟MLB等，都在日本當地設有分公司，直接執行這些大型活動亞洲巡迴的日本站相關作業。可是到了臺灣，就是由這些單位將活動賣給本地活動主辦單位，再由該主辦單位執行後續作業。因此在業務名單上，國內與國外是略有不同的。

二、媒體宣傳

　　如前所述，多功能體育館除了進行國際行銷，讓那些國外製作公司瞭解臺灣有適合其旗下活動演出的國際級場地外，在國內則不太需要編列預算進行大眾行銷宣傳。就宣傳的觀點而言，每一場在多功能體育館舉辦的活動，都會在媒體上宣傳活動舉辦的地點。亦即，任一場活動的

宣傳預算都是多功能體育館的宣傳預算，因此，針對公眾宣傳多功能體育館本身的行銷預算是不必要的。

　　一方面因為體育館的主要業務是場館出租，對象是活動主辦單位，屬於B2B的產業，僅餐飲或其他商業設施則屬於B2C，但卻是依附在場地出租業務下的服務性事業，因此體育館大眾化的行銷宣傳是沒有必要的，應該將行銷宣傳資源用在對主辦單位的認知與肯定上，國外活動主辦單位對國內巨蛋的場地瞭解也是有必要的，所以才必須編列海外宣傳預算。

　　為了讓國際性大型活動製作公司在安排全球巡迴演出時，能將臺灣納入其中的一站，不論是由場館方承接該項活動，或協助國內主辦單位爭取承接該項活動，讓這些國際性活動製作公司、演出團體，瞭解臺灣有一個適合的大型場地是必要的。因此，多功能體育館的行銷宣傳重點，應放在國外相關的媒體宣傳，如場館專業期刊雜誌，此外，加入國際性場館組織並與國際各活動製作公司、經紀公司建立關係也是必要的。

　　市場調查是行銷企劃最重要的工作之一，而其目的，除了作為行銷推廣上的依據、經營上的參考、趨勢上的判斷外，最重要的，是經過研究分析後，指出未來的方向。

第四節　多功能體育館公共關係管理概述

　　美國公共關係協會（Institute of Public Relations）將公共關係定義為——任何組織與公眾溝通所採取經過設計而且持續使用的一套計畫。而與大眾溝通，背後一定存在一個目的，不論是理念的宣達、事件的說明、形象的建立，甚至只是為了提高業績。不管哪一個目的，都必須擬

定一套持續、有效且不斷檢討修正的計畫。

在整個巨蛋開發興建到營運的過程，每個階段都有不同的公共關係溝通目的。巨蛋的公共關係區分為幾個階段：第一個階段，是規劃設計階段；第二個階段，是營造施工階段；第三個階段，是開幕營運階段。

一、規劃設計階段

依照我國目前的社會經濟狀況，所有多功能體育館的地點、規模、用途、經營型態（公營、委託民營或BOT），皆是由政府決定。因此，在規劃設計前的選址作業、可行性評估作業與招標作業（若有）等，以及選址前後如何與社會輿論、社區民眾溝通等公共關係作業，皆由政府完成。

當多功能體育館的興建定案後，進入規劃設計階段，即會進入各種「審查」的程序。一般來說，最受矚目的就是「都市設計審查」（都審）以及「環境影響評估審查」（環評）兩大項，其他尚有如結構審查、消防審查等專業審查。

由於設計規劃必須通過相關審查才能取得建造執照，因此在本階段，主要的公共關係對象是，社區居民、環保團體、媒體、民意代表、政府單位與審查委員。

其中，社區民眾、環保團體與民意代表立場通常是較為一致的。除了少數爭議性極大的開發案，大多數的個案與居民、環保團體及民意代表是可以溝通的。只是臺灣多年來養成了不合理的「回饋」潛規則，導致所謂的「溝通」或者「公共關係」，往往演變成了要「回饋」的舞臺而走調。

以我國的國情而言，體育館的開發案是在政府整體開發政策下而規劃，蓋在哪裡、怎麼蓋、怎麼經營，先由政府提出規劃後才去執行，即

使最後採取BOT或OT的方式由民間接手，基本的政策還是來自政府。亦即，在規劃設計階段，如果有「社區居民」、「環保團體」、「反對團體」出現，真正該站在第一線捍衛政策、為政策辯解說明的，應該是政府。不過萬一該案是採取BOT方式進行，通常政府會要求得標簽約業者自行與反對民眾溝通，使得業者代位幫政府進行政策辯護。因為反對聲浪導致審查進度的延宕或增加審查委員的疑慮，政府也認定是業者該自行解決的問題。但這樣的態度，往往導致業者必須承受預期外的風險，使得大型開發案的推動更困難。

但無論如何，讓居民、該區域民意代表，能深入瞭解規劃設計的內容仍然是有必要的。不瞭解就容易有誤會，資訊愈封閉也愈讓人起疑竇，既然未來是鄰居，雙方彼此互相瞭解、好好溝通才是上策。雖然，免不了還是有人會藉職務之便或是藉著輿論壓力謀求個人私利，卻是無可避免的難題。這方面我國尚無健全的機制，政府不介入，雙方怎麼談

臺北（大）巨蛋開發過程有多起反對活動，需要良好的公關溝通方式
（李柏熹攝，2012）

才能雙贏，還是有賴彼此的誠信與智慧。

　　而媒體報導的是議題，只是以開發階段而言，通常沒有新聞就是好新聞。若真的有負面新聞出現，應該爭取平衡報導的機會，即使部分有預設立場的媒體，基於其新聞專業，大多仍會願意提供一個平衡發聲的機會，但較難預料上編輯臺後會剪出什麼樣的內容。

二、營造施工階段

　　任何工程的營造施工階段，主要由建管處進行各項工程稽查，並受環境保護法規的相關限制。由於工程施工將產生噪音、空氣懸浮粒子，也伴隨著各種工程車輛的進出，因此對周邊環境的影響較大，主要的溝通對象就是周邊居民，特別是里長。

　　尤其施工期間大型車輛進出頻繁，大型工程車輛的進出，不但影響當地交通，通常也會產生較大的聲響，帶起揚塵，雖然施工時間、進出動線等一切都符合政府要求，可是每個人對環境噪音、汙染等的忍受度不同，大型工程施工時，應該特別注意附近居民的實際感受。現在政府又多設有為民服務的管道，如臺北市的1999電話或市長信箱，不滿意的民眾仍然可以透過這些管道反應，即使是合法的進行，還是會

巨蛋這種大型工程施工時有許多大型機具在工地，要非常注意工地以及附近行人的安全（李柏熹攝，2012）

受到政府因壓力而來的關切。

所謂公共關係、敦親睦鄰，不可能做到每一個人都滿意，至少一切合於法規要求是最基本的作法。一切合於規定了，對政府而言也才有立場面對少數民眾不理性的抱怨，而能對大多數人有所交代。

三、開幕營運階段

場館開幕後，事實上才是公關作業壓力的開始。畢竟在開幕前，就是蓋或不蓋的問題，在臺灣大多是屬於政府政策面的事，施工時也有相關規範，只要合於規範，公共關係也只是個不大不小的睦鄰作業。

(一)開幕時期

開幕後，首先面臨的壓力是，當初設計規劃所說的各種環境衝擊、交通衝擊，是不是都在控制的範圍內？尤其一個新的大型場館開幕，也會吸引許多媒體的報導，除了場館內的活動內容，吸引的人潮、造成的交通影響以及相關管制措施，都會是報導的焦點。

而常常被忽略的是，開幕時的環境狀況往往是特例，並不是常態。主要來自於兩個方面：一是新鮮感，所以會吸引特別多的人；另外是陌生感，所以會有比較大的混亂。

例如2008年高雄巨蛋開幕，許多媒體報導高雄巨蛋造成周邊交通癱瘓、巷道阻塞，經過半年後，這個狀況已經消失。但這半年，就是對公關單位的一大考驗。所有可能發生的狀況都必須模擬對策，萬一真的發生了，才能從容應對並提出說明與解決方案。

因此，許多大型場館在正式開幕前，往往會有試營運的時間。以臺北小巨蛋而言，正式開幕是2005年12月，但從2005年9月起就開始為期兩個月的試營運。試營運期間舉辦了多場大型活動，也透過這些活動讓

高雄巨蛋開幕初期的五月天演唱會帶來大量人潮（李柏熹攝，2008）

多功能體育館舉辦活動時一定伴隨大量人潮與車潮，事前交通的規劃，
並商請交通警察與義交協助是必要的（李柏熹攝，2012）

場館管理人員更熟悉場館內外的各項管理。在12月正式開幕活動《雪狼湖》，湧進了七萬名觀眾，從表演者、觀眾到媒體，對整個巨蛋的評價都算是正面。

而高雄巨蛋在2008年開幕初期，雖然對周邊交通有所衝擊，但一段期間後幾乎就沒有這方面的問題，近幾年使用率大增，也未再發生影響周邊環境的新聞。

這段期間要注意的是，對環境產生衝擊的因素能否排除？如果只是短暫的現象是可以接受的，但若經過幾個月後（通常是六個月內）仍無法改善，就必須更嚴肅的檢討整個設計並一定要找出改良的方案。

(二)營運時期

開幕的新鮮期過了之後，巨蛋步入常態性營運，這時候的公共關係轉變為例行性與策略性的工作。除了提出年度公共關係計畫，也必須處理突發的狀況。

公共關係的策略，首先必須思考，場館的品牌價值是什麼？該多功能體育館對主辦單位、對觀眾的觀感是什麼？以臺北小巨蛋而言，近年已經成功建立了臺灣華語藝人最高殿堂的形象。大多數的歌手，都以「攻蛋」為職業生涯的目標，攻蛋後，又以連開場次多寡為挑戰。這其實是好事，若再搭配適當的海外宣傳，包括國外藝人都會指定到臺北小巨蛋開唱。

但由於我國強烈的政治對立，「體育館不辦體育活動」的輿論攻訐常常出現，使得臺北小巨蛋也不敢過於宣傳其在演唱會市場的優勢，更遑論進行海外宣傳。因此許多國外藝人來臺，並不會特別指定場地，通常由臺灣當地的主辦單位建議，使得許多好的演出流落到次級的場地。

其次，應思考品牌形象的連結。如果臺北小巨蛋是以華語藝人最高殿堂的地位自居，在公關活動上，就該特別關注華語音樂市場的支持，

不論是校園基層音樂發展或長青藝人的照護，都是可以思考的方向。當然，如果害怕輿論的壓力，即使場館的體育活動不多，在公益上多支持籃球運動的推廣也是一個方式，至少讓輿論感受到小巨蛋不是全然不理會體育界。

只是就實務而言，保守的完全不做任何公共關係作業，似乎也不會影響場館的營運。臺北小巨蛋和高雄巨蛋幾乎沒有太多的公關行銷行為，但是兩個巨蛋的使用天數與營運績效仍有一定的成績並持續成長。然而就一個民營化企業的觀點，這樣的行為過於保守，更浪費了利用各項國際性大型活動為場館與母企業品牌加值的機會。

⚾ 本章結論

多功能體育館的業務行銷單位，和一般公司行號一樣，肩負了整體業績興衰的重責。但與其他行業最大的差別，最有挑戰同時也最有樂趣的地方在於：

多功能體育館具有寡占性，只要主辦單位想辦大型活動，選擇非常有限，目前，在臺北就是以臺北小巨蛋為首選，高雄則以高雄巨蛋為優先。

雖然臺北小巨蛋與高雄巨蛋分別成為北高兩區最重要的大型活動場地，但不代表這兩個巨蛋就毫無競爭對手。以臺北而言，近幾年許多大型活動捨棄臺北小巨蛋轉而租用南港展覽館、世貿二館等場地，其中一部分因素固然是臺北小巨蛋檔期難求，另外場租便宜了一半也對主辦單位形成極大的誘因。

另一方面，臺灣的大型活動市場不成熟，充滿了不確定性。雖然臺北小巨蛋與高雄巨蛋開幕後，明顯帶動大型活動市場的成長，但成長潛

力究竟有多少卻是難以估計。

最重要的，美國或日本等多功能體育館興建較蓬勃國家的經驗幾乎無法複製到臺灣。在美國或日本因為職業球賽興旺，多功能體育館幾乎都是某個職業球團的主場，除了票房，可以衍生出廣告、包廂、餐飲等不亞於票房的收入。但在臺灣，不論臺北小巨蛋或高雄巨蛋，都沒有任何主場球隊進駐，衍生收入有限。這種狀況和鄰近的香港紅磡或新加坡室內體育館比較類似，但也因為這樣，國內多事者每每以體育館不辦體育活動為議題炒作。

但也正因為如此，臺北小巨蛋與高雄巨蛋的業務行銷單位，可以融合國外經驗與臺灣市場特性，發展出具有本土特色的業務行銷策略。

問題討論

一、目前我國多功能體育館的場租，在售票活動方面皆以票房比例抽成，請比較依票房抽成與收固定金額，或依活動使用座位數收費，三種收費方式的優缺點。

二、愈早把場地預約出去，對場館方愈有利。為什麼多功能體育館的主場地租借，不開放主辦單位在三、四年前就可以預訂？

三、招募會員，進行客戶關係管理，以創造更高的顧客價值，在多功能體育館是否必要？怎麼做？

四、公關票，幾乎是任何一個經營多功能體育館無法逃避的議題，不只外部單位會有需求，內部單位，包括關係企業、高階主管等可能都有，但事實上票券的權利在主辦單位手上，因此場館經營單位該如何處理各種公關票的需求？

參考文獻

上海梅賽德斯—奔馳文化中心，http://www.mercedes-benzarena.com/

方世榮譯（2003）。Philip Kotler原著。《行銷學原理》。臺北市：東華。

高雄巨蛋，http://www.k-arena.com.tw/

國立中正文化中心，http://www.ntch.edu.tw/

臺北小巨蛋，http://www.taipeiarena.com.tw/

臺北市政府（2005）。《臺北市15,000席多功能體育館委託經營管理案投標須知》。未出版。臺北市：臺北市教育局。

臺北捷運公司（2011）。《臺北小巨蛋租用管理要點》。

臺北捷運公司（2011）。《臺北小巨蛋場館活動檔期申請暨審查注意事項》。

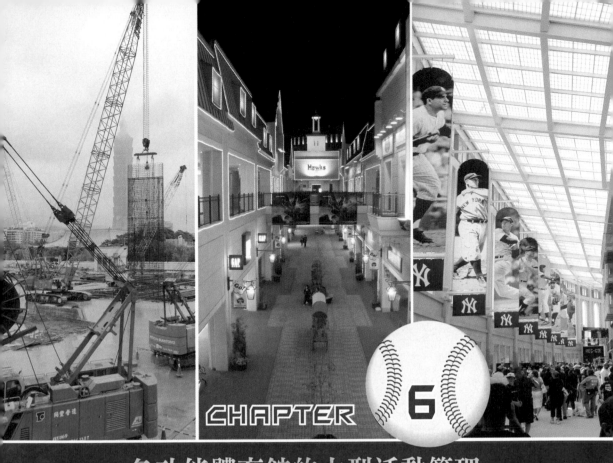

CHAPTER 6

多功能體育館的大型活動管理

李柏熹

第一節　大型活動管理概論

第二節　活動前期管理作業執行實務

第三節　活動進行期間管理作業執行實務

第四節　活動後期管理作業執行實務

本章結論

重點摘要

　　本章旨在說明大型活動舉辦時，多功能體育館工作人員所扮演的角色，以及應注意事項。整個活動的執行與控管，主要是由「主辦單位」負全責，但現代大型多功能體育館也必須站在場地管理與人員安全管理的立場，協助主辦單位順利執行。

一、活動管理區分為三個階段：(1)活動前期；(2)活動期；(3)活動後期。與坊間一般活動管理書籍或文章不同的是，本章以活動場地方的角度說明三個階段時場館方的工作與注意事項。

二、活動前期，主要在與主辦單位就場地面所能提供的空間、設施、設備進行溝通，讓主辦單位瞭解能使用場地到什麼程度、有哪些限制，俾利主辦單位設計活動內容。

三、活動期，則是協助主辦單位順利的執行活動。在觀眾進場前，將場地維護到最好的狀況；活動執行過程若有場地上的突發狀況，要儘快解決，特別是機電方面的問題。

四、活動後期，工作重點在活動結束後的清理與場地點交作業。確認主辦單位所有的人、物皆已清除，場地復原。

第一節　大型活動管理概論

　　活動管理（Event Management）是一個專業的知識與能力，在國外有許多大學、研究所開班教授活動管理相關課程，甚至有專門的活動管理學位。而國內目前則僅有少數大學設有相關課程，一方面，是大多數系所僅將「活動」（Event）視為行銷的一環，併在行銷課程中講授；另一方面，國內相關專業人才多集中在會議展覽產業MICE（Meetings, Incentives, Conventions and Exhibitions），大型運動賽會數年才有一次機會、大型娛樂表演則是近年才逐漸興起，因此有其他大型活動管理經驗的人才少之又少。

　　活動管理，事實上是一系列結合文化、藝術、娛樂與商業的組合，小到一般企業所舉辦的研討會、發表會，大到數萬人參加、數億人觀看

大型活動參與人數動輒上萬人，需要縝密的活動管理計畫才能確保活動的成功與人員的安全。圖為東京巨蛋職棒賽事（李柏熹攝，2011）

的奧林匹克運動會，以及地方政府喜歡舉辦的節慶活動，都在活動管理的範疇。整個活動管理的內涵，不只是活動本身的順利舉辦，大多也包括旅遊、餐飲，甚至購物，背後龐大的商機也是促成各城市與企業願意積極參與大型活動的因素。

任何活動都有一個主辦單位，由主辦單位總控整個活動的各個環節，相關工作歸納如下：

1. 主題選定與活動設計。
2. 契約洽談與管理。
3. 涉及的法律問題。
4. 預算編列（支出與收入）。
5. 行銷宣傳計畫。
6. 贊助、廣告與冠名。
7. 場地選擇。
8. 舞臺、燈光、音響或相關硬體設計及施工。
9. 演出者安排。
10. 人力資源管理。
11. 餐飲、住宿與交通物流作業。
12. 售票。
13. 交通計畫。
14. 安全管理。
15. 突發狀況處置。
16. 財務管理。
17. 結案報告。

由以上活動舉辦的各項作業，可以看出「場地」只是大型活動一部分的工作。但因為整個活動是透過在「場地」中的演出而呈現在世人面

前，因此，「場地」的作業項目更為細膩繁瑣，稍一不慎，將使所有努力化為烏有。

事實上，體育館之於活動又只是一個平臺，提供各式活動在場館內舉辦，場館方並不是主辦單位，不需要過度涉入活動的執行。

為了使活動能順利執行，在活動的前、中、後三個階段，場館方還是有相當多的應辦事項。本章特別就「場館方」在大型活動執行過程中所扮演的角色與應盡的責任，做實務上的重點說明。

大型活動真正呈現在觀眾面前僅有短短的數小時，但其背後動用大量的人力物力，以及許多專業人士心血的付出，是一個環環相扣不容出錯的龐大工程（李柏熹攝，2007）

第二節　活動前期管理作業執行實務

一、活動前期的技術溝通

(一)場地租用確認

　　對場館方而言，活動前期的作業，需要待兩大要件完成後才會展開：一是檔期的確認，包括主辦單位舉辦的活動內容、規模、日期，以及硬體搭建拆除的時間；二是場地租用費的收取。

(二)提供場館技術文件

　　當主辦單位完成場地檔期租借日期與費用的確認後，場館方將依主辦單位要求提供必要的技術文件，如詳細的場地尺寸規格（包括活動場地與工作人員後場）、專業設備規格、電力負載等，以供主辦單位硬體廠商規劃相關的活動硬體設計。

　　在專業的場館中，會針對硬體廠商所必須清楚知道的各項技術資料彙編成冊，成為場館方標準的技術手冊，手冊中明確的標明各項設施設備的規格、尺寸、操作方式與注意事項，另有相關申請表單，以利主辦單位填寫。

(三)檢核活動硬體安全規範

　　若是舞臺表演相關活動，活動硬體廠商進場搭建前，必須針對場館方的技術資料提供經結構技師簽證的舞臺與懸掛荷重技術文件，並由場館方審核是否符合相關的硬體規範。經合格結構技師簽證的舞臺硬體結構是相當重要的程序，國內許多硬體廠商為了節省成本，常常忽略這個步驟，導致近年幾起舞臺坍塌事件，如2009年苗栗頭份跨年活動（陳佳

現代大型活動舞臺結構日趨複雜，須有專業技師簽證並由專業硬體廠商
施工，方能確保活動進行的順暢與安全（李柏熹攝，2013）

鈴、陳政棟，2009）、2010年臺中明華園演出活動（廖文漢，2010）、
2012年電台司令多倫多演唱會（夏明珠，2012）、2013年墾丁春吶活動
（郭芷瑄，2013）。

此外，所使用的舞臺布幕、地毯與相關道具，也應該有防焰證明，
萬一發生火警，不會延燒或產生濃煙。

(四)審查活動電力需求

主辦單位所在乎，攸關活動能否順利執行的硬體設計，最重要的是
電力的規劃與供應。因此，在場館方提供給主辦單位的技術資料中，電
力系統必須有非常明確的說明，包括每一個盤體位置以及各迴路電量與
總電量。就場館方而言，必須對機電設備進行完善的保養維護，維持其
正常運作，除了機具的維護，也應注意老鼠對線路的破壞（特別是老舊
的場館）；而對主辦單位，則須限制整體用電量在安全許可範圍內，若
有超過，必須自行提出解決方案，如採用發電機，因此，場館方為了因

電力系統在現代大型活動中扮演十分關鍵的角色，不容有失。圖為臺北小巨蛋電力盤體（李柏熹攝，2006）

應這種狀況，在場館設計之初也應規劃好發電機的位置與相關消防通風等。

電力系統問題造成演出中斷，國內外也時有所聞，單2013年上半年，至少就有羅志祥新加坡演唱會因跳電中斷兩次（張雅惠，2013）、美國超級盃紐澳良超級巨蛋因跳電中斷賽事34分鐘（林俊達，2013）、中華職棒統一獅與桃猿之戰桃園球場二度跳電中斷賽事（張嘉明，2013）。

(五)其他注意事項

第五章**表5-1**多功能體育館訂租流程與廠商繳交資料建議表中，已經詳列了硬體廠商在活動前應繳交的相關文件，包括：

1.施作公司設立證明文件。

2.施工能力證明文件。

3.用電申請表。

4.舞臺特效與煙火施放資料。

5.舞臺平面圖（尺寸標示）。

6.舞臺立面圖（尺寸標示）。

7.舞臺結構圖（尺寸標示）。

8.吊點位置及荷重負載結構圖及說明（數量及位置）。

9.燈光圖（含電腦燈、傳統燈、效果燈、追蹤燈、投影機、雷射等）。

10.指定之結構技師簽證（舞臺與吊點）。

11.機電技師執照影本（乙種執照）。

12.布幕、地毯、幃幕、道具防焰證明。

13.消防安全防護計畫。

14.保險單副本。

二、活動前期的執行溝通

通常在活動舉辦前一個月，主辦單位與場館方會展開密集的「活動協調會」，針對活動日當天的執行細節進行確認。活動本身的流程是由主辦單位自行控管，但場館方必須針對流程中的細節提出注意與確認。

(一)機電、空調、消防相關細節

大型體育場館在炎夏時，特別是在白天舉辦的活動，場館內的高溫以及不流動的空氣會使入場的觀眾感到不舒服，因此為了空氣品質與觀眾舒適度，室內場館皆配備了高功率的空調系統。但大型室內空間的空調，需要一段「預冷」的時間，因此，主辦單位必須事先提出觀眾何時

開放進場，場館方依據經驗（季節、觀眾數、設定的室溫）決定空調開啟的時間。

溫度設定上，臺灣電力公司建議溫度設定在26℃～28℃。「臺北市工商業節能減碳輔導管理自治條例」也規範營業及辦公場所之室內冷氣平均溫度保持在26℃以上。因此瞭解實際觀眾數，有助於調整空調的設定。此外，由於在體育館中參與活動的觀眾，因應活動內容而可能有較激烈的反應，如觀眾會隨之唱跳，本身所散發的熱量就較靜靜坐著觀賞高，也將影響空調溫度的效果，因此場館方需依照經驗預先規範空調的出力與設定。

此外，為了配合某些特效、乾冰等，必須適時關閉空調風機，再適時啟動。

現代大型多功能體育館都配有紅外線自動消防水砲，一旦偵測到熱源，且達到啟動標準，就會自動噴灑，而現代大型活動又多會施放煙火等特效。如果主辦單位沒有提出這方面流程設計，場館方又未告知有此項設備，可想而知，煙火施放時，也將是水砲噴灑時，一個小小的細節沒溝通，立刻毀掉長期精心籌備的成果。因此在節目流程確定後，也必須告知場館方煙火施放的時間點，讓場館方在該時點前後關閉自動偵測功能改為手動，於煙火施放結束後再轉為自動。

廁所部分，除了應有的清潔外，由於活動時湧入大量的觀眾，在活動前要特別加強廁所汙水坑與抽水幫浦的巡檢，以避免大量使用時造成的汙水溢出或幫浦失效。

(二)交通與安全相關規劃

主辦單位除了必須向當地交通主管機關提出活動時期的交通維持計畫，也必須提出相關的保全、緊急疏散、急救或其他緊急狀況的處置計畫。接下來，除了本身保全人員在基地周邊的人員疏導與停車場出口車

輛指揮，必須向交通局提出加派交通警察與義交協助交通。若所在區域大眾運輸系統發達，也應向相關公車業者、捷運公司，提出加派班次的需求，或由主辦單位規劃接駁車。

　　主辦單位除了活動硬體搭建拆除時會有貨櫃車等進出，伴隨著本身工作人員也會有工作車輛進出，乃至於活動時的運動員專車、藝人專車等，都必須事先向場館方提出申請，發放相關通行證件。

　　有時一場大型活動，特別是國際巡演，舞臺道具往往超過10個以上的40呎貨櫃，大型貨櫃車進出時，為了避免影響周邊交通多會安排在晚上進場。可是若是晚上卸貨，又非室內場地，則有工程噪音可能會影響周邊環境。這些也都需要事先溝通，並取得主管機關的同意。

(三)工作證與保全等級

　　一場大型活動的進出管制主要是靠工作人員佩掛的識別證，在主辦單位就至少會將工作證等級區分為全場工作證、前場工作證、媒體採訪證。全場工作證的等級最高，顧名思義，配有該證就可以在全區前後場

除了以識別證區隔相關工作人員等級，部分特殊人員還有專屬出入口。圖為美國職棒華盛頓國民隊球場媒體記者與包廂專用出入口（李柏熹攝，2012）

走動，有時主辦單位為了加強後場球員休息室或藝人化妝室的管制，全場工作證會再區分是否可進入上述區域。

在活動執行時，最大的兩個區隔單位就是主辦單位方與場館方。一個簡單的概念，場館方是房東，主辦單位是房客。因此一旦場館方「交屋」給主辦單位後，原則上，所有的出租空間在租用期間都是主辦單位的權利範圍，即使是場館方的人員也應該尊重主辦單位的權利。

只是場館內仍有許多空間仍屬於場館方，如場館方的辦公室、儲藏室、機房等，因此在場地出租期間仍會有場館方的相關人員進出。通常為了彼此作業方便，除了活動舉辦時期，其他期間不會特別管制場館方的人。可是幾個重要的後場空間，如主辦單位的臨時辦公室、臨時庫房、球員或表演者休息室等，則一定要有主辦單位的工作證才能進入。

大型活動管理首重安全，工作人員與一般觀眾應有明顯區隔，除了識別證，工作制服也是重要的識別。圖為東京巨蛋棒球賽入場驗票與安全檢查，前端藍色制服為保全人員執行安全檢查，遠端橘色背心為驗票與引導人員（李柏熹攝，2011）

而在活動時期，即使是場館方員工，只要不是工作人員，都應該避免進入「活動場地」。

(四)活動執行細節

前述重點作業的細部溝通協調外，在活動前，也必須逐步確認活動相關的執行細節，包括：

1. 售票狀況（預期觀眾數）。
2. 硬體進場搭建與拆除時間。
3. 一般綵排與總綵排時間。
4. 藝人、球員與其他演出者到場時間。
5. 觀眾進場時間。
6. 活動開始時間與結束時間。
7. 觀眾進場動線（由何處進場？開幾扇門？驗票口？二次驗票？帶位人員配置？）。
8. 觀眾散場動線（除了原入口，是否加開其他出口？是否加開緊急逃生用出口？）。
9. 媒體採訪接待入口與動線。
10. 貴賓名單與動線。
11. 急救站與救護車位置規劃。
12. 現場取票處與票務問題處理處。
13. 驗票、帶位、保全、清潔等工作人員配置。
14. 識別證樣張、等級、場館方需求張數確認。
15. 場館方、主辦單位、保全、清潔、機電、消防、警務單位、消防單位、交通單位等主要窗口通訊錄。

(五)場地使用諮詢

　　最瞭解場地的，當然是場館管理單位，該怎麼使用場地，本來就是場館方該主動提出專業建議。事實上卻是，若主辦單位是第一次使用，通常會參考過去其他主辦單位在場館中的使用方式；若是多次使用的老客戶，該怎麼使用場館心中也有定見。但有時這些受制約的場地使用方式未必是最好的。可是若場館管理人員無法提出專業的使用建議，主辦單位就無法發揮場館的最佳優勢。

　　舉例來說，高雄巨蛋的原始設計，在考慮演唱會活動時，是日本設計團隊參考許多娛樂性表演與市場調查後，在巨蛋中規劃出最接近劇場的演出模式：將舞臺設置巨蛋的寬邊（即西側），可以讓大多數觀眾席與包廂的觀眾以「正向」的方式欣賞演出，最後一排觀眾距離舞台較近，音響效果也較佳（圖6-1）。漢威巨蛋公司在2008年曾經以江蕙演唱會為例，模擬過兩者的差異，以觀眾數而言，南側舞臺約較西側舞臺多出1,000個座位，但少了這1,000個位子，卻可以讓大多數觀眾獲得較佳的演出視聽效果。由於受到臺北小巨蛋舞台設置習慣（設於巨蛋的窄邊）制約，造成舞臺設置在南側，使得大多數觀眾與包廂必須像臺北小巨蛋

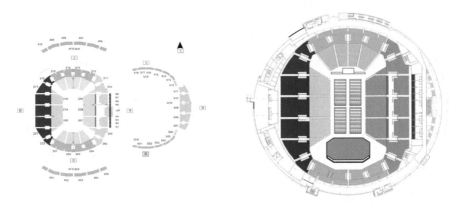

圖6-1　高雄巨蛋座位平面圖　　　　**圖6-2　高雄巨蛋舞臺位置圖**

圖片來源：高雄巨蛋網站，http://www.k-arena.com.tw/

側著頭看舞臺,最後一排觀眾距離舞台也較遠,音響效果也變得不對稱而較差。

　　臺北小巨蛋原始設計就是將舞臺設置在南側(**圖6-3**的右邊),屋頂的表演用懸掛系統以及卸貨碼頭,都是設置在南側。但也因此造成48間位於東西側的包廂,以及大多數的觀眾,必須側著頭觀賞舞臺的演出,這也是目前臺北小巨蛋最大的缺點。

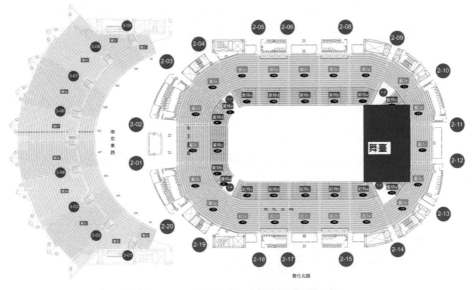

圖6-3　臺北小巨蛋舞臺位置圖

圖片來源:東森巨蛋公司

第三節　活動進行期間管理作業執行實務

　　活動進行期間,主要的執行、管理都是由主辦單位負責,包括觀眾實際進場時間、活動開始時間、活動過程內容、活動結束時間、觀眾散

場、意外處置、觀眾安全維護與引導、媒體採訪、貴賓接待、藝人或球員安排、器械操作、交通維護、環境清潔等,都是由主辦單位控管,場館方是依活動前協調會內容輔助配合。

一、活動前總巡檢

在活動當天觀眾進場前,場館方必須對所有觀眾可能會到達的區域做一次總巡檢與必要的清潔,包括觀眾席、廁所、入口大廳、迴廊、樓梯間、電梯、電扶梯等。

(一)出入口動線安排

出入口動線相關事項在事前的協調會中,應該已經有清楚明確的規劃,場館方應該在活動觀眾開始入場前完成所有準備動作。除了應將倉庫中各種柵欄、活動圍欄、桌椅等搬出來就定位,也應加強各種出入口標示的作業。

例如東京巨蛋棒球賽時的入場作業,是先檢查隨身攜帶的提袋,看是否有違反巨蛋活動政策的器具,如武器、鳴笛、餐飲等,之後才驗票入場。因此在出入口外,必須先用柵欄圍起相關動線,並放上告示、查驗用的桌子、丟棄違禁物的垃圾桶。除此之外,東京巨蛋也會在排隊動線的尾端安排工作人員舉牌,讓觀眾知道該排是排哪個入口。相較於臺灣,不管是臺北小巨蛋或高雄巨蛋,或其他任何大型活動入場,觀眾往往面對長長的人龍時,不知道究竟是排哪一排,要走到最前面才知道,然後從最前面再順著人龍走到最後面排隊,日本這方面的安排貼心很多。

此外,為了增加各出入口的辨識,除了既有的各種方向指標外,也應該在人潮動線上增設臨時指標,讓對場館陌生的觀眾能知道該往哪個

東京巨蛋棒球賽觀眾入場作業（李柏熹攝，2013）

東京巨蛋入場排隊動線的最尾端有工作人員舉牌，讓晚到的觀眾知道這
一排是哪一個入口的最後面，可以從這邊排起（李柏熹攝，2013）

方向走。下圖中即是東京巨蛋在既有的方向指標外，於球賽期間特別增設的臨時指標。

　　以上這些都是場館方於活動期間，為便於活動順利舉辦所應規劃的動線指引與相關設施設備的陳列。

(二)觀眾席

1.座椅是否都完好牢固？座號標籤是否有脫落？座椅是否乾淨清潔？

2.若有伸縮座椅，伸縮座椅是否牢靠？

3.觀眾席走道是否清潔？止滑條是否穩固？走道腳燈是否正常？

　　其中，觀眾席的清潔部分，日本與美國的作法也不相同。在日本，活動前會有工作人員將每一張椅子擦拭一遍；而美國，則由清潔人員兼帶位員，帶到座位後當場立即擦拭座位，並由觀眾給予小費。在臺灣，不論臺北小巨蛋或高雄巨蛋，座位通常是平常定期擦拭保養，但不會特

活動期間增設的臨時指標，可強化觀眾的辨識。請注意，照片右上角已有原來的指標，為了引導觀眾，又在樓梯前增設入口方向指標（李柏熹攝，2013）

美國職棒華盛頓國民隊球場，工作人員在幫觀眾帶位後，當面擦拭座椅，照片左下角入鏡的格子襯衫為等候該座位的觀眾（李柏熹攝，2012）

別在活動當天再擦拭一次。

(三)廁所

　　1.每一個小便斗、馬桶是否運作順暢？有否堵塞？

　　2.每一扇廁所門是否正常啟閉？是否可以正常上鎖？

　　3.廁所內掛鉤、置物臺是否損壞？

　　4.水龍頭是否正常運作？

　　5.給皂機、衛生紙、擦手紙是否補充足夠？

　　6.烘手機、電燈、緊急呼叫鈕是否正常運作？

　　7.地板是否乾淨且乾燥？

　　8.是否有異味？

(四)入口大廳、迴廊與樓梯間

　　1.是否乾淨、乾燥？

　　2.是否放置足夠垃圾桶？

臺北小巨蛋的廁所管理在臺灣的體育場館中,是相當值得學習的典範。
圖中所示窗簾與天花板窗簾軌道,為近年施工增設,目的為當女廁不足
時,可彈性區隔調整為女廁(李柏熹攝,2012)

3.照明是否充足?

4.各指標是否清楚?有否脫落?

5.動線上是否有任何不應有的阻礙物?如工作車、推車、垃圾、可能
　絆倒觀眾的線材?

(五)電梯、電扶梯

1.是否正常運作?

2.電梯在部分管制樓層(若有)是否上鎖?

3.電扶梯在進場時段與散場時段開啟方向的確認。

二、硬體設施設備的順利運作

活動執行期間，場館方較大的責任是在維持硬體的順利運作，如機電、空調、消防等設施。很多狀況雖然在事前的協調會議中都會討論到，但往往在現場時主辦單位或表演者會有額外的臨時要求，甚至是推翻原來協調結果。場館方基於服務，也為了讓活動能順利完成，只要沒有安全上的影響，可以儘量配合主辦單位的要求。

(一)空調設定與控制

前節曾述及空調溫度的設定，除了觀眾數與活動內容造成觀眾的反應會影響溫度的控制外，由於臺北小巨蛋這類大型體育館的室內空間相當大，除了無樑柱空間直徑超過100公尺外，天花板高度也超過30公尺，觀眾又依觀眾席分布在梯型空間，且有較高能量的發熱源（如水銀燈、電腦燈、舞臺追蹤燈等），空調的設計上，可能會產生較高風速造成的噪音以及舞臺布景的吹動，或與熱源遠近造成的溫差。因而使得活動當時，在空調控制上需要較多的操作。

(二)二氧化碳監測

除了溫度，二氧化碳濃度也是活動中需隨時監測的重點。雖然二氧化碳對人體所造成的影響不是毒性，而是單純的窒息，且濃度須超過35,000ppm（體積濃度百萬分之一）中央呼吸道才會開始感到呼吸短促，濃度持續升高會造成官能障礙，進而窒息。除非是刻意釋放二氧化碳，否則在一般環境中幾乎不可能達到此等濃度。因此國際上對公共場所二氧化碳濃度通常是不規範（如美國或聯合國世界衛生組織），或訂定較高的數值（如加拿大為3,500ppm）。以潛水艇為例，在水下密閉的環境中，艙內二氧化碳濃度高達7,000ppm，水手仍可在艙內連續工作數週以

上而無影響；再以我們較常碰到的一般小客車環境為例，當緊閉車窗、空調僅開內氣循環時，車廂內二氧化碳濃度也高達3,000ppm，許多駕駛也就這樣一路從臺北開到墾丁。可見在一般環境中，二氧化碳濃度對健康的影響幾乎可以無視。

但依據行政院環保署「室內空氣品質管理法」規定，有關室內二氧化碳濃度的標準值，一般大眾聚集的公共場所以連續八小時各測值的算術平均數或八小時連續採樣測值在1,000ppm以下。環保署或環保局都會到各公共場所實際測量，若超過標準並將開單罰款。

為了符合國內法規，活動過程需隨時監測觀眾席中的二氧化碳濃度進行自主管理，當濃度過高時，須加強該區的空調。以臺北小巨蛋的實際狀況，大型活動執行過程監測數值會超過2,000ppm，以八小時平均通常可以在1,000ppm以下。但有時某些活動是從早到晚持續舉辦，場館方事先就會針對該活動提出可能的二氧化碳濃度降低對策。

三、急救與醫護人員配置

活動過程主辦單位與場館方應力求各參與人員的安全，但萬一有意外發生，也要有相對應的緊急醫療對策。因此在大型活動舉辦時，會設置緊急醫療站，配有醫師、護士以及救護車輛。

在國外，除了醫療站的設置外，場館也會設置自動體外電擊去顫器（Automated External Defibrillator, AED），以供緊急時由專業人員使用。我國於2013年1月16日立法院通過修訂「緊急醫療救護法」，規定「中央衛生主管機關公告之公共場所，應置有自動體外心臟電擊去顫器或其他必要之緊急救護設備。」由於屬於新設法規，因此國內公共場所大多沒有此項設備。透過此項法令的修訂，2013年起也開始有保全公司在媒體上推廣AED租賃業務，逐漸喚起國人在公共場所設置AED的重視。

札幌巨蛋設置的自動體外電擊去顫器AED（李柏熹攝，2009）

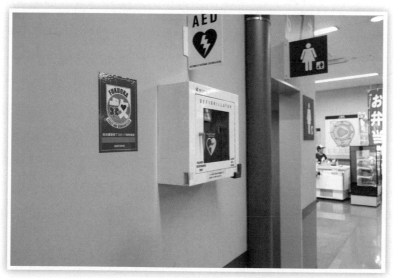

福岡巨蛋設置的自動體外電擊去顫器AED（李柏熹攝，2013）

第四節　活動後期管理作業執行實務

一、活動場地清理

硬體設備拆除與場地清潔

　　活動結束，順利送走最後一位觀眾，就是主辦單位拆除活動硬體設備的時間（事實上主辦單位為了爭取時間，大多在活動一結束觀眾開始散場時，就會從沒有觀眾的位置開始拆除硬體設備）。為了節省場租，硬體拆除和搭建時一樣，都是漏夜趕工。完成硬體拆除並將場地復原後，主辦單位就開始與場館方進行場地歸還點交作業，主要是針對特殊機具、場館設施設備、前後場空間清潔等進行點交確認。

　　主辦單位的硬體設備運出場館，較嚴謹的作法，還是要經過場館方的場務人員進行檢驗放行的作業，提供放行條讓卸貨區出口警衛人員辨認放行。畢竟一場活動下來，場館中除了主辦單位帶來的硬體，也有許多是場館方提供的，在整個拆除裝卸過程中，難免有裝錯的狀況。但實際狀況，礙於人力，大多不會如此嚴格的管理，通常是活動一結束，主辦單位開始拆活動相關硬體，場館方的場務人員則將屬於場館的硬體設備集中以區別，各自確認後就入庫儲存。

　　清潔部分，由於現代大型體育館除了場地租金外，都會另外向主辦單位收取清潔費，由場館方聘請外包清潔公司進行場館清潔作業。但清潔費所包含的清潔內容，僅是一般觀眾所造成的環境維護，不包括活動表演產生的硬體廢棄物或特效紙花等的清除。

　　為了確定所有觀眾皆已離場，同時確保場地的安全，保全人員應由上往下，逐層逐戶巡視所有空間。全館巡檢分為兩個階段，第一個階段在散場後、硬體開始拆除時，一方面是確定所有觀眾皆已離開；另一方

活動特效紙花，會增加清潔人員相當大的工作量，該由主辦單位清除或場館方清除，事先應溝通清楚（李柏熹攝，2012）

面也是檢視是否有觀眾遺落的物品，統一交至櫃檯登錄招領或轉送至警察局。第一階段巡檢時，場地還在清潔中，因此當場地清潔完畢後須進行第二次巡檢，巡檢完成後就逐一上鎖。第二次巡檢通常是由主辦單位會同場館方的場務單位進行，保全人員陪同上鎖。

二、工作人員散場

(一)活動演出人員散場

活動結束後，不論是球員或藝人，通常是最先離開場館的工作人員，因為「表演」結束後，他們的工作也結束了。如果是體育賽事，運動員在賽後記者會結束後就會回到飯店（或回家）；若是演唱會，則藝人在換裝後會趕赴慶功宴會場。

運動員或藝人在離場時，大多還是觀眾散場的時段，為了避免運動員或藝人的專車堵塞在停車場車道上，場館方會事先提供專屬進出車道（若有事先設計即利用貴賓車道，若無事先設計則使用卸貨車道）或較方便進出的停車區。

(二)臨時工作人員散場

觀眾離開後,因活動而來的臨時工作人員會在現場集合召開工作檢討會,檢討當天作業上的問題或疏失、必要的狀況回報等,記錄完成後,除了協助場地整理外,負責票務的人員會清點票根,各分組組長收回工作人員身上的裝備(如制服、對講機、急救包等),讓所有工作人員簽退以結算該場次的工資。完成最後工作後即可換裝離開場館。

(三)硬體工程人員散場

雖然場館方力求硬體廠商與主辦單位「原封不動」的將場地與設施設備交還給場館方,但大型舞臺硬體搭建過程以及活動舉辦的過程,

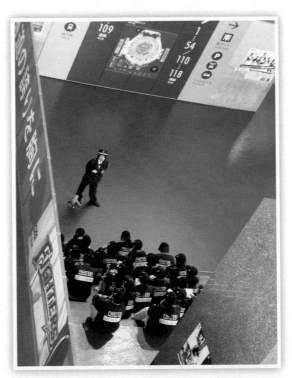

日本北海道札幌巨蛋於球賽結束後,召開臨時工作
人員檢討會(李柏熹攝,2011)

難免會有一些對場地的損傷。一般來說，只要不是對重大設施設備造成毀損（如機電設施、懸掛系統或升降舞臺等），地坪或牆面小面積的碰損，大多是不會去計較的。當然，若是大面積或太深的損傷，主辦單位還是需負擔復原的責任。

硬體廠商拆除完活動硬體後，與主辦單位及場館方人員會勘場館相關的場地、設施設備後，若有損壞則拍照記錄並簽認後，場館方發放行條，貨櫃車輛與硬體廠商工作人員即可離開場館。

(四)主辦單位人員散場

當硬體設備廠商也散場完畢，通常場館的清潔作業也告一個段落，主辦單位可以和場館方人員進行最後的點交作業。除了前述舞臺硬體搭建區的相關點交外，最後是所有前後場空間的逐一清點，完成後，雙方簽收，並寫上時間，本檔活動即正式結束。主辦單位應付的場地費用，就從場地點交給主辦單位後到主辦單位交回場地止。

(五)場館工作人員散場

當所有外部人員與器材全部離開場館後，場館方的場務人員即可通知保全人員接手，回歸到場館方日常管理的狀態，而場館方的場務、工務與業務等工作人員也可以離開場館，結束這段期間的辛苦工作。

本章結論

多功能體育館的活動管理，由於牽涉到場館方的硬體設備管理，目前多由場務及工務單位協助執行，業務單位居間擔任協調工作。

以臺北小巨蛋為例，在2005年到2007年東森巨蛋公司管理期間，採用的是高度涉入活動執行的管理，不但管場地的設施設備，也管觀眾的

行為,更管活動的起迄。甚至由於母集團的媒體資源,也希望涉入主辦單位的宣傳規劃。

　　但實際上,一場活動的成敗應完全由主辦單位自行負責,場館方僅提供一個舒適安全且便利的場地,讓活動能夠順利的進行,演出者、工作者與觀眾能愉快的參與,安全的回家。

　　因此,除了活動前後場館方應盡力讓主辦單位瞭解場館的各項硬體規格,並做好最適切的規劃外,平常針對各項設施設備也要做好維護保養工作,特別是機電設施,畢竟現代大型活動沒有「電」就幾乎無法舉辦下去,而中斷活動造成的損失是無法彌補的。

　　活動過程中,除了活動順利執行完畢,代表著眾人心血的展現,更重要的是所有參與人員的安全,包括前期舞臺硬體工作人員、演出人員、現場工作人員與觀眾等。

問題討論

一、目前臺北小巨蛋或高雄巨蛋的租用電費,皆是以定額向主辦單位收取,而非照電表實支實付(或加成收取)。收取定額電費的優缺點是什麼?

二、當有觀眾在場館中活動進行時跌倒受傷了,是主辦單位或場館方應負起相關的責任?

三、曾有新聞報導觀眾因不滿電影院中冷氣太冷而與工作人員起衝突,而大型室內體育館因為體積大,很有可能造成局部觀眾感到冷、局部觀眾卻感到熱的狀況,若該區域觀眾反應空調問題應如何處理?

參考文獻

林俊達（2013）。〈超級盃跳電慘劇前　超級巨蛋灑2千萬換電纜〉。NOWnews
　　新聞。

夏明珠（2012）。〈電台司令多倫多演唱會前　舞臺倒塌一死〉。《中國時
　　報》。

張雅惠（2013）。〈新加坡演唱會跳電　小豬搞笑化解尷尬〉。TVBS新聞。

張嘉明（2013）。〈猿獅之戰二度跳電　球迷手電筒取樂〉。《自由時報》。

郭芷瑄（2013）。〈墾丁下雨　樂迷熱情擋不住〉。中央社。

陳佳鈴、陳政棟（2009）。〈焊接偷懶　苗栗頭份跨年晚會舞臺就這麼塌了〉。
　　東森新聞。

廖文漢（2010）。〈明華園公演　棚架倒塌男子遭壓傷〉。TVBS新聞。

CHAPTER 7

多功能體育館之機電場務管理

臧國帆

第一節　場館建築設備與設施維護管理作業規劃

第二節　場館設施安全管理作業規劃與測試修正

第三節　建築機電設備與設施維護管理作業測試與缺失改善

第四節　外部協力廠商設施使用申請與維護管理作業執行實務

第五節　場館安全管理作業執行實務

本章結論

重點摘要

在現代任何一座先進的大型多功能體育場館，它的建築量體就像人體的構造一般，所有的重要運作功能，都會經由中央控制設備系統，統一指揮及調度運作，它的功能就像人體大腦與神經系統的運作功能，所以場館內及場館外本身及周邊各系統設備進行運作時，均透過自動控制電腦資訊系統與場館各機電相關設備系統來進行傳輸運轉，這些設備又像人體各個肢幹與器官，各就其位，且各有其重要功能。

例如場館建築硬體所包含的空調系統、照明系統、供水系統、排水系統、汙水系統、消防系統、弱電系統等基礎系統，均為達到整合場館日常營運，以及活動進行期間設施設備使用功能上的完美演出，均須透過中央自動控制系統的介面整合，方能完成鉅細靡遺的各項任務。

所以不論是平時亦或於大型活動舉辦期間，場館的中央控制室便扮演著演出團隊不可或缺的重要主角之一，然而就場館營運服務品質的成功關鍵來說，場館本身的後勤支援團隊專業的經驗值，以及後勤團隊在活動期間介入深度專注與否，就扮演著極為關鍵的角色，而有關這部分的關鍵角色，通常是由場館本身的工務機電及安全部門扮演此關鍵角色。

場館是否能夠順利提供各項活動的完美進行，實有賴於日常對場館硬體系統扎實的維護，以及確實的保養作業管理與執行，例如維持場館運作核心的動力系統，這部分包含了最基礎動力來源的高壓電力設備系統，以及各電力傳輸系統及供電聯結的盤體設備，又可簡稱為機電系統，是整座場館最核心的系統，以臺北小巨蛋為例，它的機電系統設計，包含由電力公司供電源頭的雙饋線高壓電供電受電系統、高壓電降壓變電系統、中央控制系統、緊急不斷電系統、柴油發電系

統、太陽能供電系統。空調系統、消防系統、供水系統、中水系統、汙水系統、弱電系統、無線通訊系統、手機訊號轉介系統、升降梯設備系統、燈光舞臺音響系統、場館照明系統、LED顯示系統及場館計分顯示系統等等，實在至為複雜。

　　場館另外一塊重要系統為土木結構系統，它包含了場館土木基礎的結構，例如構成建築量體基地筏基的連續壁系統，以及構成場館整體空間的鋼造結構系統、防治地震的制震系統、樓層及看臺地板的SC結構系統、天花板及牆壁吸音建材所建構的噪音防治系統，為音樂及舞臺劇演出功能所設計的音場定位及殘響系統、因應節能的採光及隔熱的玻璃帷幕系統，此外還有垃圾集中及回收系統、綠化造園景觀的噴灌系統，館內外導引的指標系統、活動伸縮看臺座位的機電設備系統等，這些都是構成複雜專業，且須綿密協調運作的營運後端系統，一旦有任何一個環節出狀況，將帶來營運上不可抹滅的負面結果與風險，最嚴重的後果將可導致觀眾及相關工作人員的傷亡事件，以及場館面臨暫時性或永久性營運停滯的狀態，因此場館每日檢修及例行表定的安全管理是絕對不能輕忽大意的，所有工作人員都應秉持嚴謹態度，針對每項工作耐心細心的逐一落實完成，並周而復始的持續嚴格執行，以確保場館高品質的安全管理。

第一節　場館建築設備與設施維護管理作業規劃

一、場館設備與設施維護管理作業規劃

(一)落實場館機電日保養、季保養、年保養

1.每年都應測試公共安全設施、消防、電力系統，並聘請專業廠商針對升降電梯及手扶梯之承載量進行安檢及維護更新。

2.與設備維護廠商簽訂之合約內應附維修列管表，此維修列管表內需包括每月每日定期保養項目，以及設備維護之標準作業流程。

3.燈光音響廠商應特別注意活動特效是否符合安檢，該廠商必須事先測試器材，場館本身也需擁有專業的安檢團隊。

4.進行消防演習時，邀請消防局一同配合演練，並請其提出相關改善建議。

5.管線維護方面，每日巡查，並定期實施日保養、季保養、年保養，而臺灣為地震頻繁區域，若遇地震後，應先針對特高壓系統、變電系統、重要供電區域供電盤體，優先進行檢視及保養，檢視重點為接點有無鬆脫。

　　當然在場館硬體設備使用一段年限後，理應進行設備系統更新及更換，以確保各項系統穩定性，平時若保養得當，場館的設備及系統就得以延壽，無形之中將降低了場館硬體設備與系統更換的維護成本。例如新加坡室內體育館，運用聘請專業機電及清潔管理公司，進行場館整體硬體設施系統相關維護，由於落實執行各項維護作業，場館硬體管理良好，開館歷經十二年後，才進行歷來第一次大規模的系統維護，即為明證。

(二)定期檢視建築物各樓層土木結構

1. 日常建築物結構體巡檢，由工程人員目測各樓層天花板、內牆、外牆、階梯、鋁帷幕與鋼構接合處，有無滲漏及裂縫等異狀發生，並詳實進行記錄歸檔。

2. 場館在颱風來臨前，與颱風過境中，及颱風過境後，全館須由專業工程人員進行加強巡檢。

3. 場館遇地震來襲後，須立即調派工程人員進行初級目測檢視，檢視重點為館內結構體，以及舞臺上方區捲揚器設備及館內照明燈具有無鬆脫，與吊點結構有無異常，均為巡查重點。

4. 帷幕強化斷熱玻璃結構系統，須進行每日巡檢作業，檢視有無因人為破壞，或地震災害，亦或出品品質不良引起的破裂，若發現須立即判斷有無隨時發生碎裂危險，並立即記錄回報。

(三)伸縮座椅及活動座椅定期檢視及保養

伸縮座椅為鋼製活動伸縮結構設計製作，用以因應場館不同類型活動型態配合使用，由於伸縮結構設計問題，有可能因為場館地面不夠平整，以及結構點因應力不平均，導致伸縮系統結構細微變形，可能會造成伸縮系統失靈及故障，必須仰賴定期檢視及保養，而部分座椅亦可能產生故障，不若固定座區的座椅來得穩定，所以需定期請原施作廠商進行保固維修及保養。

而活動前更需加強檢視與保養，場館某些座位區若定期執行檢視發現有故障之情事，並且於活動前確認，確實無法在活動進行中完成檢修，因而不適合提供觀賞活動使用時，應儘早檢查並清點實際可售座位數量，告知活動使用租借單位及票務單位，避免造成使用單位及館方業務管理部門之間，雙方行政作業協調與執行上困擾。另外有時會有部分座位之視線受阻，而且上方有大型空調輸送管，這些輸送管是否會發出

噪音,並影響觀眾觀看的品質,這些情況都應建議票務單位不要售出。

　　此外,若要在主館中央活動場地擺放椅子,館方可對外租借或是自行採購,但若使用次數頻繁,則建議可自行採購,以減少營運成本。另外,若要進行採購活動摺疊座椅,亦須清點所需之活動座椅尺寸、數量後,再行採購。

(四)清潔維護管理

◆垃圾處理

　　有關館內垃圾收集方式,在臺北小巨蛋公辦民營時期的東森巨蛋公司,亦採用簡易鐵架搭配透明垃圾袋,進行處理各區垃圾物清潔問題,在場館公共安全最高管理原則下,只能選擇美觀與安全管理之間折衷執行的最佳營運管理模式。又例如新加坡室內體育館基於安全考量,館方僅在商店附近擺放垃圾桶(避免恐怖份子放炸彈於垃圾桶內),並在放置處設有吸水裝置及不織布地毯。

有關館內垃圾收集方式,在臺北小巨蛋公辦民營時期的東森巨蛋公司,亦採用簡易鐵架搭配透明垃圾袋,避免恐怖份子放炸彈於垃圾桶內(臧國帆攝)

◆廚餘處理

　　平時各區餐飲單位,須每日針對廚房的截油槽隨時進行

初級攔汙作業，一方面維持廚房衛生管理環境，能在HACCP衛生安全管理規範水準內，另一方面亦避免排汙管線減少壽命，以及館方大型終極截油攔汙設備的運作壽命，最後由清潔單位在終端設備處理確認後，才能進行最後汙水排放作業至公共衛生下水道共同管線，以避免造成環境汙染，也避免公部門抽檢時因排放不合格而受罰。

◆ 樓層地板及看臺座位區清潔保養

平時每日執行地板清潔保養作業，活動時加強清潔次數，比較麻煩的是每場活動後，須及時加班完成場地及看臺區的清潔作業，以確保下一場活動進場時，場地使用的衛生清潔品質。

◆ 廁所清潔處理

平時執行每日清潔保養作業，針對人流走動區域之廁所進行清潔維護作業，活動時則針對進場前使用區域機動加強清潔作業，並適時配合場務現場管理單位，調配男女廁所比例使用，協助現場顧客使用動線引導。

◆ 場館外牆玻璃帷幕清潔作業處理

定期進行吊掛清潔作業，場館外觀是否能維持常保如新，與外牆清潔作業，以及內牆帷幕玻璃清潔作業，是否有定期進行清潔相關，臺北小巨蛋因設計上周延性不足，館內外並無天車吊掛設施設置，又無工作貓道設計，導致每次清潔作業，場館外部須動用吊車，內部清潔須搭鷹架，曠日費時又勞民傷財，影響日常營運又有礙觀瞻，例如日本東京國立新美術館建築設計，在這方面就考慮得很周延，兼具建築美學與日常保養實用性功能。

東京國立新美術館,外牆玻璃帷幕設計,兼具美學與維護的實用性,圖為帷幕內部設置工作貓道,方便清潔與維修(臧國帆攝)

第二節　場館設施安全管理作業規劃與測試修正

一、場館設備與設施維護安全管理作業規劃

(一)場地附屬設施如座椅及地板維護

1.活動座椅的檢視，每次活動演出前三天進行結構及伸縮運作檢視。

2.每張座椅逐一檢視，確保功能正常，並可正常出售票務，若無法即時維修，需即時更正售票座位系統，並尋求替代服務方案。

3.地板維護分為兩個部分，水泥地板的維護與其他活動式地板的維護。水泥地板須確認無任何人為破壞，通常因舞臺搭設鑽孔的缺失最多，因地板內層通常有埋設許多的暗管，鑽孔除了破壞水泥地板表面的平整，亦會間接破壞到結冰系統、除冰系統、供電系統、消防系統等。

4.其他活動式地板檢視及維護，可分為一次性活動地毯鋪設，以及木質地板鋪設與保存維護、橡膠地板及拉鍊式塊狀地板鋪設及保存維護，其中又以木質地板須存放在乾燥的空間，以確保地板不因潮濕而變形。

(二)消防演練及設備安檢

1.每半年配合政府消防單位進行大型消防演練。

2.每年配合政府消防單位進行全館消防系統設施設備安檢。

3.每場活動進行前，進行消防設備最後日常運作功能確認。

(三)觀眾入場安檢

1.確認有無違禁品，例如爆裂物、易燃物、槍砲彈藥管制條例限制之物品。

2.依照當天前來貴賓層級，決定安檢流程的複雜程度與設備及安檢人員的調度。

3.與前場服務人員確認活動前開放觀眾入場時間。

4.與前場服務人員確認活動前開放觀眾入場安檢口數量。

5.確認入場觀眾有無行為上的安全疑慮，例如身體不適、顯有醉意、精神狀態異常等，服務人員配合保安人員請其離開現場，同時進行退票及勸離作業，必要時將聯絡警方配合滯留，並強制帶離現場，以確保活動執行期間之安全性。

(四)燈光音響舞臺架設之安檢

1.進駐廠商需一個月前提出需求及溝通，場所僅提供場地及原有計設之設備。

2.觀眾席上方天花板舞臺燈光音響所屬周邊設備吊點位置，使用其結構承載重量，以不超過原設計50%為規劃設計使用之原則。且設計圖須由建築結構技師事務所簽證，並須於兩星期前送達場務工務單位審閱核備，當所有安裝工程完成時，須再由原簽證技師到現場檢查後，再次簽證確認無誤後（用以釐清工作權責及介面），始得進行使用。

3.進場前雙方須針對先前工作協調會議所提出需求，依使用規範及工作檢查表，經由雙方確認場地設施器材現況無誤後，由使用單位提繳保證金始得進場使用，以利館方管理維護。

(五)燈光音響舞臺用電之安檢

1.轉播與製播系統使用之位置須事先在圖面上確認，並提供Auto-CAD電子檔給需求單位規劃使用，設計規劃配置須由場務工務單位審閱核備，館方須於正式活動開始之前一天進行布線之安檢，同

時請消防防火經理人及消防管理人再次確認，以確保公眾安全疏散通行無虞。

2.音響系統與燈光系統若無濾波器不可使用同一電源，以免設備互為干擾並影響活動之執行。

3.進駐廠商須針對館內原有供應設備及自有設備器材作置入申請，電力使用之設計規劃配置，須由同等級之合格電機技師事務所簽證，送交場務工務單位審閱核備，當所有配電系統完成後，須再由原簽證技師至現場檢查，並再次簽證確認無誤後，始得送電（用以釐清工作權責及介面）。

4.發電機之使用需放置通風良好之位置，並嚴格要求加設圍籬及做好接地線，另放置滅火器於圍籬周邊。

5.演唱會進行中，外包商機電空調維護保養人員必須每半小時做設備運轉功能巡查。

新加坡室內體育館，機電安全管理方面，有關發電機放置須確保隔離，隔離網內須置放滅火器，圖為安全作業執行現況（臧國帆攝）

新加坡室內體育館，機電安全管理方面，有關發電機放置須確保隔離，電源線須配置在牆壁及天花板之管線專用線道，接線作業工程，規定臨時電源線能配置在上方，就絕不放置在地面，雖然施工作業較麻煩，但可避免讓人有接觸機會，產生任何公安的意外事件（臧國帆攝）

6.機電空調之起動與關閉，需列權責名單給養護組主管，以利配合執行及活動結束後相關費用請款之確認。場館進退場時皆不開啟空調，空調啟用須由主辦單位指定之名單人員下達指令才可開啟。

7.場館高空貓道於活動進行前中後須嚴格管制進出之人員。

(六)燈光音響舞臺特效之安檢

配合活動使用之特效技術須經有消防局認證，並交由館方審核後始同意施作，特效技術施作範圍周邊6公尺內之座椅必須管制不得出售，以確保公眾安全。活動進行時，主辦單位之彩帶不可對人發射。

(七)其他特殊安檢與相關服務規定

1.重要貴賓（例如本國元首、卸任元首及各國元首）若將前往場館參加活動，除了須事先安排各項需求配合外，相關動線之電梯設備必須事先加強保養檢查，其發生之費用由主辦單位支出。

2.活動座椅若由館方提供服務，則臨時人力產生費用由主辦單位支付。

3.活動撤場時須確認所有東西是否清除，設施是否損壞須進行確認並一一記錄，最後抄送經雙方確認無誤後，彙整相關服務項次及費用，一併向主辦單位請款。

4.各項額外服務皆須另行付費，故任何配合執行動作須經由雙方確認後才可執行，以免產生付費認知上不必要之困擾，並確保客戶服務之滿意度。

5.場館內所有場地設施器材使用與管理，以人員生命安全為最高管理指導原則。

 ## 第三節　建築機電設備與設施維護管理作業測試與缺失改善

場館用電絕對是重要經營成本的指標項目，為配合環保節能減碳政策，且不影響場館服務品質，又能節省用電成本的原則下，積極推行場館節約用電對策，促進能源合理而有效的使用，是所有場館管理者重要執行經營方針之一，本節收集相關一般性節約能源方法，以提供場館管理者作為自行改善的參考，並有效改善用電管理作業模式，降低經營成本。

一、選擇適當的電力供應契約容量

何謂「契約容量」：場館與電力公司所訂立的最高用電需量。

何謂經常「契約容量」：尖、離峰時間皆可使用之用電容量。

何謂離峰「契約容量」：僅離峰時間可使用之用電容量。

1.如何訂契約容量：依尖峰時間總用電需求量訂定經常契約容量，半尖峰時間總用電量如果大於經常契約容量，依其超出部分另訂半尖峰契約容量。離峰時間總用電量如果大於經常契約容量與半尖峰契約容量之和，則依其超出部分另訂離峰契約容量。

2.適當的契約容量，繳納最少電費。

3.契約容量過高，場館須繳較多的基本電費，電力公司須設置較大的設備，造成使用率偏低。

4.契約容量偏低，最高用電需量超過契約容量，超出契約容量10％以下部分，按二倍計收基本電費。契約容量10％以上部分，按三倍計收基本電費。

5.增加契約容量時，須繳線路補助費。

6.選擇適當契約容量的方法：場館可依台電公司提供之軟體「最適契約容量分析程式」，自行分析評估，獲得最適當契約容量。

二、定期做好機電工程系統維運與落實成本控管規劃與管理

1.每日用電量總量控管與檢視。

2.檢視場館所有設備操作程序是否正確負載。

3.每場活動進退場的行銷業務部門與機電工務部門必須有效正確溝通協調，以確保場館服務品質與成本控制。

4.每場活動與平時營運用電意外事件預防及應變。

5.場地用電的安全管理。

6.預防台電契約容量超約罰款及善用台電優惠獎勵時段及申請。

7.統計每月、季、年，製成圖表作為營運分析。

三、規劃並檢視場館空調系統維運與設備操作程序

1.設立場館空調系統檢測標準作業程序。

2.場館每空間單位BTU值計算與設定。

3.最佳化能源系統管理（M wattage for system）。

4.設定最佳室內之各區溫度，預冷至設定溫度正確時間（例如新加坡室內體育館，目前所設立標準時間為系統啟動後的一小時內，其輸送目標單位空間必須達到所設定溫度標準值內）。

5.各項空調設備系統開啟後，場館活動實際進行使用之空間，其設備系統運作所發生噪音程度，須定時由專業工程人員執行巡館任務，並同時進行噪音實際測量與監控，以確保噪音產生的程度未超出設定值內，避免發生影響活動演出整體水準，以及觀眾聆聽的音場品質。

四、活動任務執行重點

1.活動正式開始前一天，進行各項設備電力效率測試，尤其特別要將發電機進行四小時設備運轉測試，確保電力意外中斷時，能有緊急電力暫時供應安全與消防與緊急照明系統，維持場館安全系統正常運作。

2.空調測試，逐區逐層測試預冷時間，以檢定各區空調效率，確保溫度控制體感的服務品質。

3.噪音測試，針對敏感區域進行噪音測試，確保使用空間聽覺的服務品質。

五、場館維護營運重點

1. 測量上述各大項目之任務，並每年重複執行各檢測項目，並於活動前針對重點項目，加強巡查與檢視，以利每場活動場館硬體及設備，能維持穩定的運作效能，確保場館整體服務的品質，以及提升租借單位與消費者的滿意度。

2. 場館館方每年依據所設立之各項檢測標準，進行場館各項設備保養、測試校正、與校正後進行最後設備試車再確認，同時利用歲修時段，加強館方工程人員各項任務的在職教育訓練。

圖為新加坡室內體育館與東森巨蛋顧問管理交流座談，機電安全管理安全作業執行教育訓練座談現況（臧國帆攝）

第四節 外部協力廠商設施使用申請與維護管理作業執行實務

　　為確保場館於各項活動演出期間用電安全，避免發生跳電狀況，及造成電線走火等意外狀況產生，排除不安全用電因子，可制訂標準作業程序書。以臺北小巨蛋東森巨蛋公司經營管理時期為例，其標準作業程序如下：

一、外部廠商使用申請標準作業程序

1.標準作業程序執行適用範圍：業務開發部門、申請單位（各項活動主辦單位）、安全服務部（工務管理處），由權責單位業務開發部門，提供場館各項活動用電申請規章予各申請單位（各項活動主辦單位），其內容含場館活動用電申請需知、場館用電申請切結書暨保證金繳交證明單、場館活動用電需求申請單（主館專用）、場館活動用電需求申請單（外場及副館專用）、場館活動期間用電檢查暨活動結束後驗收單（主館專用）、場館活動期間用電檢查暨活動結束後驗收單（外場及副館專用）。

2.收取申請單位之保證金，並依繳款作業流程將保證金繳交予財務部門。影印申請單位填具之「場館用電申請切結書暨保證金繳交證明單」、「場館活動用電需求申請單（主館專用）」、「場館活動用電需求申請單（外場及副館專用）」、線路配置圖給安全服務部工務管理處。

3.活動結束後，會同勘查現場檢視場地及設備有無損壞，並於「場館活動期間用電檢查暨活動結束後驗收單（主館專用）」、「場館活動期間用電檢查暨活動結束後驗收單（外場及副館專用）」簽名。

會同安全服務部檢查後，執行辦理保證金退還或扣款等相關作業。

4. 安全服務部依業務開發處向申請單位取得之「用電申請切結書暨保證金繳交證明單」、「場館活動用電需求申請單（主館專用）」、「場館活動用電需求申請單（外場及副館專用）」、線路配置圖等相關資料，協助申請單位各項用電事宜。審查申請單位提出之用電申請資料。依申請單位之需求，檢查既設之用電系統供電狀況。施工期間用電施工作業督導及會同申請單位進行用電測試，並將全載用電量填入「場館活動用電需求申請單（主館專用）」、「場館活動用電需求申請單（外場及副館專用）」。活動表演期間，檢查實際用電量，並將實際用電量填入「場館活動期間用電檢查暨活動結束後驗收單（主館專用）」、「場館活動期間用電檢查暨活動結束後驗收單（外場及副館專用）」。

5. 活動結束後，會同申請單位、業務開發處進行現場會勘，檢視場地及設備有無損壞，並在「場館活動期間用電檢查暨活動結束後驗收單（主館專用）」、「場館活動期間用電檢查暨活動結束後驗收單（外場及副館專用）」簽名，如有損壞由安全服務部負責估價申請單位應賠償金額，並轉由業務開發處執行申請單位保證金扣款作業。

6. 申請單位須詳讀「場館活動用電申請需知」、填寫「用電申請切結書暨保證金繳交證明單」、「場館活動用電需求申請單（主館專用）」、「場館活動用電需求申請單（外場及副館專用）」及線路配置圖。繳交活動期間用電保證金。進場作業，並會同安全服務部進行用電全載測試作業。經安全服務部檢查核可後、執行用電。活動表演期間，會同安全服務部檢查實際用電狀況。

7. 活動結束後，會同勘查現場檢視場地及設備有無損壞，並於「場館活動期間用電檢查暨活動結束後驗收單（主館專用）」、「場館活動期間用電檢查暨活動結束後驗收單（外場及副館專用）」簽名。

二、外部廠商申請使用的作業準則

(一)申請程序

申請單位應於進場前七天填具「用電申請切結書暨保證金繳交證明單」、「場館活動用電需求申請單（主館專用）」、「場館活動用電需求申請單（外場及副館專用）」，並檢附線路配置圖，經東森巨蛋安全服務部審核後方可進場施作。如經本館場審查後，如有需修訂之必要時，申請單位需依本館場指示變更用電方式，以求整體用電安全。申請單位於進場前需繳交用電保證金新臺幣拾萬元整，待活動結束後經場館安全服務部檢查無誤後無息退還。

(二)施工及用電規定

1. 用電申請單內除有特別標示無隔離電源外，未標示之電源迴路其頭端皆設有隔離變壓器，且各用電迴路皆標示有原規劃之電力用途，申請單位應依原規劃之電力用途使用，如未依規劃之用途使用造成電力諧波等之干擾，導致整體用電品質不良或甚至跳電等之問題產生時，概由申請單位自行負責。如申請單位無法依原電力用途使用時，需於電力申請單內確實填寫，並告知本館場機電人員，經本館場機電人員同意後方可用電。

2. 每場活動之總用電量主場不得超過1,200KW、副館不得超過200KW、外場館不得超過500KW，且每迴路之用電量不得超過該供電系統之最大可用電量；如有超過，申請單位就超過之電力自備發電機處理。各相序之用電應平均，不可單相之用電過高，如因此造成開關跳脫或衍生其他異常狀況發生時，一切責任概由申請用電單位負責。

3. 每場活動前一天，申請單位需配合場館之要求作全載用電測試，測

新加坡室內體育館，機電安全管理方面，有關中央控制室能源系統管理監控作業（臧國帆攝）

試時間約一至二小時。

4.嚴禁於場地內之地板擊釘或鑽洞等破壞地面之作業產生。

5.各電線之線頭需用端子壓接後方可銜接，所使用之電線之保護層不得有破皮或割損之現象，各接線點之螺絲皆需鎖緊不得鬆動。線徑需與保護開關匹配，線徑之容許電量不得低於保護開關之跳脫容量。各項設備皆須確實接地。所有電線皆需使用電纜線或以PVC管、EMT管或金屬軟管保護。

6.電線如有穿越走道等人員經常出入之地方，需用高架或地板線溝槽配合施作，以避免人員絆倒或線路被踢到造成脫離等意外相關事件。

7.每條電線之用電量除了不得超過該電線可負載之80%電量外，亦不得超過接頭或插頭本身容許電量之80%。如申請單位需自備發電機

時，須事先告知本館場由本館場指定安裝設置位置，申請單位另需
負責將發電機排氣管延伸至館外，發電機所需添加之油料概由申請
單位負責。

8. 申請單位需於現場留設足夠之備援線路，以備緊急應變處理。

9. 活動表演前，申請單位需派駐至少一名機電技術人員，就所有電力
系統檢測乙次；表演過程中，隨時檢查實際用電狀況；表演結束，
應將所有電力關閉；活動結束撤場時，除了將自設之所有線路拆除
外，並將拆除鬆動之螺絲鎖緊，恢復原狀，並請本館場安全服務部
人員檢查。

10. 舞臺所用之裝潢材料如布幕、窗簾、地毯等，皆須為防火、防焰
等裝修材，申請單位需檢附相關證明資料予東森巨蛋安全服務部
備查，布幕、窗簾、地毯等需檢附防焰標示牌，且須符合消防等
相關法規之規定。如有違反上述規定，每違反一項規定將於保證
金內扣款新臺幣10,000元，且如因此而造成館場之各項損失概由
申請單位負責。

 第五節　場館安全管理作業執行實務

一、場館用電安全管理實務概念

　　場館館方在接受外部申請使用時，租借使用單位與場館權責區分，
實為館方管理所依據的重要介面，因為場館僅提供電源供申請單位使
用，各電源迴路之規格及可用電量皆已詳實填寫於用電申請單內，如館
場可用之電力或規格不符合申請單位之需求時，則由申請單位自行設置
變壓器、變頻器或發電機處理。申請單位至本館場所提供之電源處接電

使用，申請單位施作範圍內之電力安全概由申請單位負責，如因申請單位施作不當造成本館場之一切損失，概由申請單位負責。活動過程中如因台電停電或非人為過失造成供電問題時，申請單位不得向場館要求賠償；如因場館人為疏忽造成活動期間供電異常跳脫等現象，所造成申請單位之業務損失時，由場館負責賠償，惟賠償金額不得超過該場活動之場地租金二分之一。場館為了整體用電安全，有權要求申請單位修改不安全之電力設置，如申請單位未能確實改善，場館得禁止申請單位之用電需求，如因此造成任何損失概由申請單位負責，且不得要求退還場租。

有關場館用電安全管理實務，以東森巨蛋公司經營管理臺北小巨蛋時期的作業程序書為例，其作業說明、管控重點，說明於**表7-1**。

二、場館消防安全管理實務概念

有關臺北小巨蛋場館消防安全管理實務，以東森巨蛋公司經營管理臺北小巨蛋時期與台北市消防局作業程序為例，台北市消防檢查流程如下：

1.備齊掛件資料：
　(1)使用執照申請書（正本或蓋有正章之影本）。
　(2)建築執照影本（蓋建築師大小章）。
　(3)消防會勘申請書（五份）。
　(4)消防竣工圖。
　(5)消防副本圖。
　(6)消防設備竣工照片。
　(7)消防設備證明文件。
2.向台北市消防局收發櫃檯掛件。

表7-1　東森巨蛋公司經營管理臺北小巨蛋時期的外部廠商使用場館用電申請作業程序書

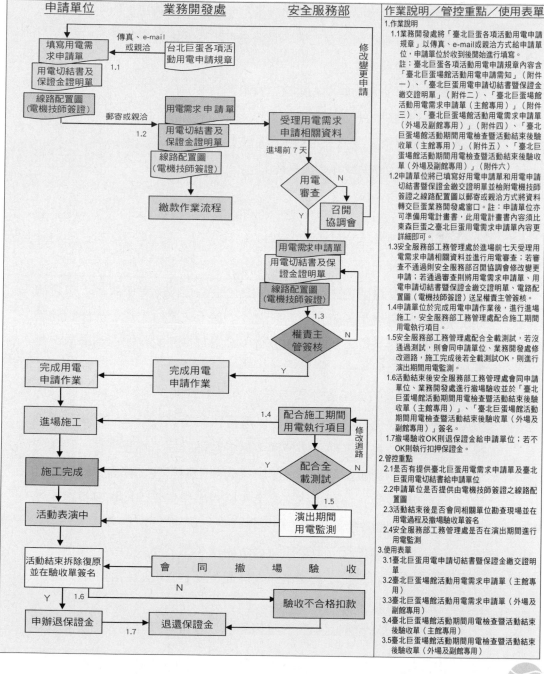

3.與台北市消防局會勘人員約定核對資料時間。

4.依台北市消防局公布之消防設備證明文件明細備齊文件。

5.依台北市消防局公布之消防設備竣工照片明細備齊照片。

6.填寫會勘表。

7.與台北市消防局會勘人員核對資料圖面。

8.約定會勘時間。

9.進行現場會勘或複查（補齊照片文件及清圖）。

10.完成現場會勘或複查（送件）。

本章結論

　　場館日常營運硬體維護規劃與作業，是為提供所有使用者（包含觀眾、租借使用單位、經紀公司、演出者、選手、工作人員）最佳的硬體設施及空間服務品質，為達到此目的，必須有良好的作業規劃與執行作業管理模式。

　　根據針對全館人員安全管理最高的規劃原則之下，從機電設備與用電安全管理、土木結構安全管理、舞臺吊掛道具及燈具作業規劃與檢視、升降設備（包含電梯、手扶梯、道具升降設備）維護管理、特效安全管理、消防防災規劃與管理、防颱作業規劃與管理，都需完整規劃與執行記錄和檢討修正流程，建立標準作業程序作業管理與檢測模式，才能確保場館的硬體效能與運轉的穩定性。

　　館方平時就須進行人員編組及消防演練，尤其有大型活動舉辦時，更需針對使用申請單位之全體服務人員進行安全管理的勤前教育，以確保場館全體人員及硬體的安全。

　　至此我們可以瞭解到場館的服務品質，若沒有建立在人員安全及場

地安全的基本目標之上，再多的行銷與附加價值也是枉然，所以場館安全管理絕對是場館營運服務品質管理的開始，而且是沒有執行終點與妥協的管理空間。

嚴格機電場務的維護管理，建築硬體設備的維護成本才可被穩定控制，館方的獲利才能被準確的被評估出來，例如何種類型活動動用的人力成本最低，電力使用成本最佳，盡可能提供資訊，隨時讓業務單位能知道場館成本之所在，使其在接洽不同類型活動，與洽談場租收入時，較能評估利潤與利益的整體差別性，清楚評估選擇接案方式，有利館方爭取營運最大利潤的合作模式。

當然以新加坡室內體育館開館十二年後進行硬體大幅度修改為例，其附屬設施用電用水及空調，全部改為單位獨立系統，每單位都有獨立電表及水表，空調改獨立分離式空調系統，而不與館方中央空調系統共用，是一個值得參考的規劃管理方式。

問題討論

一、場館活動進行期間，若發生斷電事件，你認為誰該為這個結果負責？該怎麼改善？

二、若館方業務部門接洽活動時，未察活動用電類型，導致該活動其用電量超出場館一般水電租金規定，你認為是否合理？為什麼？如何處置與協調？

三、你認為場館附屬商業設施，是否都應採獨立空調系統，與獨立電錶規劃設計使用？有何優缺點？

四、公辦民營大型運動場館，若因設計與實際營運使用狀態不符時，如何請求公部門改善？並獲得積極善意回應？

五、大型運動場館建築設計時，如何兼顧建築美學與營運維護成本以及空間使用的服務品質？

參考文獻

東森巨蛋經營管理股份有限公司（2005）。《新加坡室內體育館經營研討會議會
　　議紀錄》。未出版。

東森巨蛋經營管理股份有限公司（2005）。《臺北市15,000席多功能體育館營運計
　　畫書》。未出版。

東森巨蛋經營管理股份有限公司（2006）。《2006年年度經營檢討會議會議紀
　　錄》。未出版。

東森休閒育樂股份有限公司（2005）。《巨蛋安全服務部工務專案會會議紀
　　錄》。未出版。

東森休閒育樂股份有限公司（2005）。《巨蛋專案會會議紀錄》。未出版。

東森休閒育樂股份有限公司（2006）。《巨蛋安全服務部工務專案會會議紀
　　錄》。未出版。

康正男、臧國帆（2012）。〈運動場館服務品質管理〉。運動設施經理人證照研
　　習會。臺北市。

CHAPTER 8

多功能體育館之餐飲零售

臧國帆

第一節　場館外之餐飲零售規劃

第二節　場館內之餐飲零售規劃

第三節　場館內貴賓包廂之餐飲零售規劃

第四節　場館附屬事業規劃

本章結論

重點摘要

　　由於大型多功能體育館場館，場地功能較一般場館齊備，使得活動舉辦類型具有多變的特性，例如演唱會、歌舞劇、運動競賽、競技性與觀賞性的冰上活動、商業性展覽會、宗教及政治集會等，使得前來參加活動的人，會隨著活動類型的不同，而產生參與活動人數差異，而其人流量在不同的時段上，亦產生入場參與人數的差異，因此場館在活動與非活動時期，對於場館餐飲零售的規劃，就會有不同的規劃方式，這是在經營大型多功能體育場館餐飲與零售規劃管理，與一般商場、娛樂購物中心、音樂廳、歌劇院、電影院、飯店餐飲服務及高級商務俱樂部餐飲經營之間，所發現相異且特有的營運管理模式。

　　場館為因應活動期間大量人潮流入，此時需要臨時便利又快速的餐飲服務來滿足其需求，因此服務空間要夠大，座位數要有一定的比例及數量，並且設計可提升翻桌率的服務作業模式，這都是場館必要規劃設置，並提供基礎的餐飲服務，以滿足顧客基本餐飲需求。所以類似購物中心的美食街，以及獨立經營的主題餐廳，就會在館內，但觀眾尚未入場的空間場域應運而生，這部分我們可稱之為場館外的餐飲零售服務，通常規劃這類快速餐飲服務設施的目的，主要在於服務演唱會或歌劇等類型活動前來觀眾的餐飲需求，而在非活動期間，館外餐廳餐飲的零售服務，也可服務一般民眾的休閒娛樂飲食需求。

　　有關館內的餐飲服務零售規劃，主要是因活動期間館內臨時的餐飲需求，但礙於場館場地消防安全規定，均會實施明火管制，於是會衍生規劃臨時的輕食餐飲服務，這類服務規劃目的，主要是在服務已入場的等待活動開始前的觀眾，或是活動進行中及中場休息時間的餐飲臨時需求。

　　此外，為因應大型場館貴賓包廂貴客的服務，於是類似五星級飯

店及高級商務俱樂部的餐飲服務管理，此時就會被規劃設置在場館包廂的場域裡，以滿足VIP高級餐飲的服務需求，這類服務須具備更高度餐飲及服務的專業性，不論在硬體空間或是服務人員素質及所提供的餐品，通常這也是大型多功能體育場館經營的特色之一，也會為館方帶來不錯的收益。

　　而場館除了餐飲服務的規劃外，也會有一些附屬事業設施空間的規劃，例如商品專賣店、商店街、休閒娛樂空間、停車場等，像臺北小巨蛋副館的溜冰場，就設置冰上樂園，平時成為提供臺北市民溜冰的休閒娛樂場所，也兼具訓練臺灣溜冰人才的功能，也設置幼兒故事屋，可滿足市民親子活動的需求，另外還設置健身休閒俱樂部，提供市民運動休閒健康管理的空間。

　　其實每個場館也可為自己設立場館文物的博物館，在國外每個有經營特色的場館，會隨著場館經營的時間與活動的累積，每次都可留下紀念文物，有系統的整理與保存，並定期對外展示，或成為場館裝置藝術的一部分，同時與當地文化融入，成為城市文化與人們生命記憶的一部分，然而這些規劃經營方式，都是值得參考學習的，除了讓場館具有社會文化教育意義，最後也會讓場館彷彿賦予了特殊的生命。

第一節　場館外之餐飲零售規劃

　　場館外的餐飲零售規劃，主要服務場館活動期間及非活動期間前來的消費者，活動期間，為因應大量人潮，就必須有快速的餐飲服務，而美食廣場就是必要的設置與規劃，此外，場館當然也會有獨立的餐飲店

及主題餐廳，一同協助紓解服務活動期間的人潮需求，在非活動期間則服務前來休閒的消費者，以及周邊社區有餐飲服務需求的消費者。

一、美食廣場的餐飲零售

(一)美食廣場的前檯餐飲服務空間與零售規劃

1. 用餐區規劃須採自助式的服務，以吸納大量湧入人潮，而主場館座位數若超過10,000人以上，則美食廣場座位數，建議至少不低於500人以下，用餐空間坪數，建議不要少於1,500平方公尺或500臺坪。
2. 用餐區的桌椅選用，建議材質以容易清理、耐用、保養、搬運為主。
3. 地板以防水防滑及易清理為主，而空間照明亮度，以不低於200 lux為限度，裝修建材必須為防火建材。
4. 零售規劃包含：多元化餐飲店家招商規劃，各商家店招設計；館內指標引導；全年場館餐飲活動企劃；POS系統設備建置，而租金方式通常以拆帳為主。

(二)美食廣場的消防演練及設備安檢

1. 每半年配合政府消防單位進行人員消防演練。
2. 每年配合政府消防單位進行美食廣場消防系統設施設備安檢。
3. 每場活動進行前，進行消防設備最後日常運作功能確認。

(三)美食廣場的後檯餐飲服務空間規劃與安檢

1. 確認商家設備用電總負載，並設立獨立電錶及冷、熱水錶，以便館方進行管理水電費用紀錄，用以計算與收取相關服務費用。
2. 進行排煙設備與水洗機的設置容量確認，防止空汙排放問題產生。

3.設置自動清洗餐飲器皿設備系統，統一服務進駐美食廣場的商家。

4.設置清潔人員協助美食廣場場地清潔與器皿清洗及遞送。

5.餐飲區廚房個別設置油脂截留槽，先經截留後再接至專屬排水幹管，至餐飲處理設施，再次將廢水集中於筏基內，以幫浦打至調節池後接入下水道。

二、場館各主題餐廳的餐飲零售

(一)主題餐廳的前檯餐飲服務空間與零售規劃

1.用餐區規劃就由各進駐業者自行規劃其餐飲服務模式，並依其構想概念進行裝修。

2.協助設置POS系統設備裝置，餐廳租金收取方式，通常以固定或包底抽成為主。

3.裝修建材必須為防火建材，裝修須向館方申請核備，並接受館方督導施工與時程管制。

4.零售規劃包含：協助店招位置規劃、設計與設置；館內及館外指標引導；場館整體餐飲活動企劃。

5.各主題餐廳營業時段規劃與宣傳及營運服務。

(二)主題餐廳的消防演練及設備安檢

1.每半年配合政府消防單位進行人員消防演練。

2.每年配合政府消防單位進行美食廣場消防系統設施設備安檢。

3.每場活動進行前，進行消防設備最後日常運作功能確認。

(三)主題餐廳的後檯餐飲服務空間規劃與安檢

1.確認商家設備用電總負載，並設立獨立電錶及冷、熱水錶，以便館

方進行管理水電費用紀錄，用以計算與收取相關服務費用。

2.進行排煙設備與水洗機的設置容量確認，防止空汙排放問題產生。

3.設置自動清洗餐飲器皿設備系統，統一服務進駐主題餐廳的商家。

4.設置清潔人員協助場地清潔與器皿清洗與遞送。

5.餐飲區廚房個別設置油脂截留槽，先經截留後再接至專屬排水幹管，至餐飲處理設施，再次將廢水集中於筏基內，以幫浦打至調節池後接入下水道。

 ## 第二節　場館內之餐飲零售規劃

　　場館內的餐飲零售規劃，主要服務場館活動期間已入活動場域內的消費者，在每場活動進行期間，為因應大量人潮，在入場後，活動進行的前中後，所必須有的快速餐飲服務，由於是配合每場活動前才規劃臨時設置，並不是每場活動性質都會有館內餐飲服務需求，加上場館消防明火管制，通常僅能提供輕食服務，在非活動期間並無營業。

場館內的餐飲零售

(一)場館內餐飲零售的前檯服務空間與零售規劃

1.用餐區規劃因在館內活動場域，故無設置，餐品以易攜帶為主。

2.座椅以容易清理、耐用、保養、搬運，通常為場館設置座椅為主。

3.地板以防水防滑及易清理為主，空間照明亮度不低於200 lux，裝修建材必須為防火建材。

4.零售規劃包含：臨時餐飲店家招商規劃，但無固定店招設計，可設臨時店招；館內商店指標引導；場館活動企劃及全年時程安排與協

調；POS系統設備臨時裝置，而租金方式通常以拆帳為主。

5.某些體育活動執行，會允許場內擁有配送飲食服務，例如籃球項目，但像網球項目又不行，故還是以主辦單位需求考量並配合執行較妥適。

(二)場館內餐飲服務商店的消防演練及設備安檢

1.每年配合政府消防單位進行館內商店消防系統設施設備安檢。

2.每場活動進行前，進行消防設備最後日常運作功能確認。

(三)場館內餐飲服務商店的後檯餐飲服務空間規劃與安檢

1.告知商家每間商店場域原設備供電總負載量，設立獨立電錶及冷、熱水錶，以便館方進行管理水電費用紀錄，用以計算與收取相關服務費用。

2.進行商家餐飲服務內容及處理確認，以防止館內空汙排放及消防安全問題產生。

3.確認進駐館內餐飲服務臨時商家，均使用環保拋棄式器皿。

4.機動配置清潔人員，以協助場地清潔與垃圾清運。

5.本區為輕食餐飲服務區域，其廚房料理區，無須個別設置油脂截留槽。

第三節　場館內貴賓包廂之餐飲零售規劃

　　場館內貴賓包廂的餐飲零售規劃，主要服務場館活動期間前來使用貴賓包廂的消費者，活動期間，為因應包廂使用者特殊餐飲服務型態需求，場館就必須規劃提供包廂內高級桌邊餐飲服務，其形式類似五星

級飯店提供的房內餐飲服務，若場館本身具備高級商務俱樂部規劃與經營，就可在活動期間，直接由專業團隊服務人員進行服務，當然若無此經營規劃，也可透過場館的主題餐廳，或飯店外燴部門合作，一同協助服務活動期間包廂貴客的餐飲服務需求，但無論是直接或間接服務方式，包廂內外的餐飲基本空間設施及設備，仍必須要齊備的，否則無法提供完整的餐飲服務。

一、包廂的餐飲零售

(一)包廂餐飲的前檯餐飲服務空間與零售規劃

1. 包廂區內部規劃：基於餐飲需求，內部須規劃用餐服務的備餐檯，備餐區設置迷你吧（小冰箱），並設置簡易流理臺與水槽，提供餐飲服務人員入內做最後簡易食物備餐處理。以美國Toyota Center場館為例，房間內設施良好，備有自助餐、吧檯高腳椅、房間服務（比照飯店的菜單、服務及電話設施）、液晶電視、DVD、沙發座椅、洗手臺、冰箱等設施設備，室內連通戶外座椅區約12～15張座椅，最前面座椅欄杆以高度約80公分之透明強化玻璃（無支架設計）進行保護，遠低於目前臺北小巨蛋包廂之高度，自外面迴廊通道到內部房間規劃設施整體感覺舒適良好。其包廂銷售方式是以NBA休士頓火箭隊籃球季賽之方式進行包廂銷售，亦針對各單一活動或企業單位單獨銷售。包廂實景如下圖示。

2. 用餐桌椅材質以容易清理、耐用、保養、搬運為主。

3. 地板材質以防水、防汙、防滑及易清理為主，空間照明不低於200 lux，但須設置可進行亮度調控的控制開關及面板，包廂整體裝修建材必須為防火建材。

貴賓包廂外面通道

貴賓包廂內部設施與裝潢

貴賓包廂內液晶電視及自助用餐區

貴賓包廂服務櫃檯下之冰櫃、冰箱

貴賓包廂：飯店式之Room Services菜單

貴賓包廂外部看臺座位區之安全玻璃

（朱家賢拍攝提供）

(二)包廂區的消防演練及設備安檢

1. 每半年配合政府消防單位進行人員消防演練。
2. 每年配合政府消防單位進行美食廣場消防系統設施設備安檢。
3. 每場活動進行前，進行消防設備最後日常運作功能確認。
4. 遇國家元首及外國元首蒞臨，配合國家安全單位進行臨時性全館安檢。

(三)包廂區的後檯餐飲服務空間規劃與安檢

1. 確認每間包廂設備用電總負載，設立獨立電錶及冷、熱水錶，以便館方進行管理水電費用紀錄，用以計算與收取相關服務費用。
2. 設置食物二次加熱處理區。
3. 設置自動清洗餐飲器皿設備區，統一處理場館包廂餐飲器皿使用需求。
4. 設置清潔人員協助包廂場地清潔、垃圾清運與器皿清洗及遞送。
5. 包廂餐飲區中央廚房，須個別設置油脂截留槽，先經截留後再接至專用排水幹管，至餐飲處理設施，再次將廢水集中於筏基內，以幫浦打至調節池後接入下水道。

第四節　場館附屬事業規劃

　　場館的附屬事業規劃，主要服務場館活動期間及非活動期間前來的消費者，滿足消費者在餐飲服務需求外，提供休閒娛樂購物基本需求，基於場館肩負提供餐飲以外的其他休閒需求，通常會規劃與場館及活動相關的商品及紀念品專賣店、小型商店街、親子娛樂空間、健身休閒俱樂部、短期商品展示空間、小型會議及記者會與演講場地空間提供、場

館停車場。當然也會規劃其他特殊性設施，如溜冰場館、國際級飯店式商務俱樂部或招待所、大型的中央廚房等，也都屬場館附屬事業規劃範圍。這些規劃會為場館帶來不錯的營運收益，也讓場館不論在活動期間及非活動期間，都能為場館提供多元休閒娛樂功能，提高場館空間使用坪效的營運效率。

一、商店街及專賣店

(一)商店街及專賣店服務空間與零售規劃

1. 商店街及專賣店規劃，必須將店面集中規劃，廊道寬敞，建議寬度不少於5公尺設計，以形成一個開闊區域，在館內有如一個小街廓，同時吸納場館活動期間大量湧入人潮，予以分流導客功能，場館內總商店數規劃不要少於35間，尤其在平時對外開放區域商店數不要少於20間，每間營業面積建議不要少於50平方公尺，約15臺坪，例如運動用品專賣店、健康保健用品專賣店、活動紀念品專賣店、品牌商品專賣店等，可與美食廣場，主題餐廳連結規劃，形成餐飲休閒購物環境。

2. 專賣店空間裝修建材必須為防火建材。

3. 零售規劃包含：多元品牌店家招商規劃，店招設計；館內指標引導；商品活動企劃；POS系統設備裝置。

(二)商店街及專賣店的消防演練及設備安檢

1. 每半年配合政府消防單位進行人員消防演練。

2. 每年配合政府消防單位進行商店消防系統設施設備安檢。

(三)商店街及專賣店館方服務規劃與安檢

1.確認商家設備用電總負載，設立獨立電錶，以便館方進行管理電力費用紀錄，用以計算與收取相關服務費用。

2.設置清潔人員協助美食廣場場地清潔與器皿清洗與遞送。

二、館內活動相關商品臨時攤位零售規劃

1.依活動主辦單位申請租用。

2.明定攤位位置及範圍。

3.提供必要照明與臨時電源及桌椅。

4.租金以固定為主，但臨時用電仍須設置電錶，按次計費收取用電費用。

臺北小巨蛋舉辦2012年臺北海碩女子網球公開賽，館內活動相關商品臨時攤位零售規劃（HEAD台灣總代理瑜飛運動科技公司拍攝提供）

2012臺北海碩女子網球公開賽，館內活動相關商品臨時攤位零售規劃（國立臺北教育大學體育系100級同學拍攝提供）

三、場館停車場規劃與管理

(一)一般停車場空間規劃與管理

1. 一般停車場規劃，必須將停車動線集中規劃，包含停車格寬度、長度與高度作統一規劃，還必須考慮身心障礙者專用停車區設置與下車後進館動線的考量，車廊道必須寬敞，以利迴車，建議車格寬度不少於2公尺、長度不少於6公尺、高度不低於3公尺設計為優，以臺北小巨蛋停車場規劃為例，主場館座位數在10,000人以上，停車位最好不低於500輛以下，機車停車位不低於700輛以下，就實務上的營運需求來說，停車位再增加一倍都絕對可行，尤其市場館位於人口密度高的都會區中，不論活動期間及平時皆有停車需求，日夜間還可規劃長期出租車位，給周邊區域使用。

2. 停車空間裝修建材必須為防火建材，並設置消防自動滅火系統。

3. 營運規劃包含：委外管理招商規劃，或自行營運管理規劃，停車場店招設計、停車場內動線指標系統規劃、館內指標引導、活動協調、停車繳費系統設備裝置，活動期間場館內停車交通疏導。

(二)停車場的消防演練及設備安檢

1. 每半年配合政府消防單位進行人員消防演練。
2. 每年配合政府消防單位進行停車場消防系統設施設備安檢。

(三)停車場館方服務規劃與安檢

1. 確認設備用電總負載，設立獨立電錶，以便館方進行管理電力費用紀錄，用以計算與收取相關服務費用。
2. 設置清潔人員協助停車場地清潔維護與垃圾清運。
3. 設置安管人員於活動期間，協助場館周邊交通疏導。

四、場館健身休閒俱樂部規劃與管理

(一)健身休閒俱樂部的前檯服務空間與使用規劃

1. 健身休閒區規劃：由專業進駐業者自行規劃其服務模式，並依其構想概念進行裝修，以臺北小巨蛋為例，其內部規劃包含會員接待區、健身區、舞蹈教室、瑜伽教室、飛輪運動專用教室、壁球場、會員交誼廳、更衣區，三溫暖淋浴區、員工休息室、行政辦公室，設備機房與倉庫。而通常健身休閒俱樂部規劃也就大都雷同，設施有增有減，例如游泳池、水療池、人工攀岩場、幼兒親子遊戲空間等。

2. 招商租金收取方式，通常以固定金額為主。

3. 裝修建材必須為防火建材，裝修須向館方申請核備，並接受館方督導施工與時程管制。

4. 銷售規劃包含：協助店招位置規劃、設計與設置；館內及館外指標引導；場館整體活動行銷企劃。

5. 營業時段規劃與宣傳及公共空間營運服務。

(二)健身休閒俱樂部的消防演練及設備安檢

1. 每半年配合政府消防單位進行人員消防演練。

2. 每年配合政府消防單位進行美食廣場消防系統設施設備安檢。

(三)健身休閒俱樂部的館方服務規劃與安檢

1. 確認商家設備用電總負載，並設立獨立電錶及冷、熱水錶，以便館方進行管理水電費用紀錄，用以計算與收取相關服務費用。

2. 設置清潔人員協助場地清潔與垃圾清運。

3. 三溫暖淋浴區個別設置廢水截留槽，先經截留後再接至專屬排水幹

管，至廢水處理設施，再次將廢水集中於筏基內，以幫浦打至調節
池後接入下水道。

五、滑冰場館規劃與管理

(一)滑冰場館的前檯服務空間與零售規劃

1. 滑冰場使用服務區規劃就由各進駐業者自行規劃其服務模式，並依
   其構想概念進行裝修，通常會設置溜冰運動相關商品專賣店，顧客
   接待區、更鞋區、更衣間、淋浴間、廁所、場內休息區、行政辦公
   室、醫務室、教練休息室。
2. 協助設置POS系統設備裝置，出入口管制設備設置，租金收取方
   式，通常以固定或包底抽成為主。
3. 裝修建材必須為防火及耐潮建材，裝修須向館方申請核備，並接受
   館方督導施工與時程管制。
4. 零售規劃包含：協助店招位置規劃、設計與設置；館內及館外指標
   引導；場館整體活動企劃。
5. 營業時段規劃與宣傳及營運服務。

(二)滑冰場館的消防演練及設備安檢

1. 每半年配合政府消防單位進行人員消防演練。
2. 每年配合政府消防單位進行溜冰場館場域的消防系統設施設備安
   檢。

(三)滑冰場館的後檯空間規劃與安檢

1. 確認場域設備用電總負載，並設立獨立電錶及冷、熱水錶，以便館
   方進行管理水電費用紀錄，用以計算與收取相關服務費用。

2.除冰設備與洗冰車機的設置與停放，除冰槽容量確認，防止除冰排放問題產生。

3.設置清潔人員協助場地清潔與垃圾清運。

 **本章結論**

　　場館附屬商業設施的規劃與管理，是為提供所有使用者在餐飲、休閒、購物、娛樂、健康運動、商務等方面，提供最佳的休閒育樂設施及空間服務品質，為達到此目的，還必須有良好招商的作業規劃與執行作業管理，引進專業商家進駐服務。

　　每個大型商業運轉的運動場館，皆會規劃附屬商業設施，以滿足餐飲基本需求、商品購物、包廂、俱樂部會員、親子娛樂等，這些商業設施規劃與營運效益是否優劣，又與場館經營型態及效能息息相關，所以場館附屬事業營運收入良否，則建立在活動舉辦的密度，以及商家規劃位置，是否能於場館活動期間與非活動期間，進行館外獨立經營。

　　以新加坡室內體育館開館十二年後進行硬體大幅度修改為例，原來行政辦公室所在的位置，位於場館可對外服務的位置，這是場館原始設計，但後來全部修改成附屬商業空間，且大都進駐主題餐廳居多，也可獨立對外營業，這對館方附屬事業營運租金收益來說，可謂不無小補，使場館長期收益的財務更加健全，降低了經營風險，當然由這點也看出新加坡政府對於場館營運效益及效能的重視，其建築法規及使用管制皆可配合修改，只為了場館營運與服務品質的提升。

　　此外，新加坡室內體育館還有一個場租制度頗為合理，就是主場館售票性活動場租，租金有下限，抽成無上限，典型的包底抽成模式，又可讓館方有多餘的收益，投資硬體採購更新，進行良好的軟硬體維護，

進行人員在職教育訓練，提升場館整體服務品質，這點台北市政府就無法規劃定案。

　　美國因為四大職業運動蓬勃發展，大型體育館林立，且營運都相當成功，而日本營運方向則大不同，以橫濱體育館為例，該館使用率最高的是比率超過一半的藝文展覽活動，新加坡室內體育館及臺北小巨蛋與高雄巨蛋因屬同一使用型態，建議政府對於營運一段期間的場館，在其營運及活動類型使用型態穩定後，可進行附屬商業設施使用面積、類型檢討，與經營者討論可進行轉型模式，以利場館經營的整體服務品質，不斷地進行提升，使場館園區商業的附屬設施，成為城市的亮點地標，使民眾有高品質餐飲、娛樂、休閒、健身設施使用的去處。

問題討論

一、大型室內多功能體育場館，若無與其他購物中心連結，你認為是否應該在場館設立美食廣場，以滿足一般大眾飲食的需求？

二、大型室內多功能體育場館，你認為是否應規劃國際級飯店式高級商務俱樂部，用以服務場館包廂貴客的需求？為什麼？

三、若場館從公辦民營的角度來看，你認為附屬商業設施面積及營業項目，是否應該更加放寬限制使用規定？各有什麼優缺點？

四、若由你來進行場館招商規劃，你會如何規劃招商模式？如何收取租金與各項管理服務費？

五、若你是場館總經理，負責場館經營成敗，你認為哪些附屬商業設施你會規劃採取自營？為什麼？有什麼優缺點？

參考文獻

李柏熹（2009）。《巨型多功能運動場館關鍵成功因素之探討——以臺北大巨蛋規劃為例》。世新大學觀光學系碩士論文，未出版，臺北市。

東京都保全股份有限公司（2006）。《台北巨蛋綜合管理方案提報資料》。未出版。

東森巨蛋經營管理股份有限公司（2005）。《新加坡室內體育館經營研討會議會議紀錄》。未出版。

東森巨蛋經營管理股份有限公司（2005）。《臺北市一萬五千席多功能體育館營運計畫書》。未出版。

東森巨蛋經營管理股份有限公司（2006）。《2006年年度經營檢討會議會議紀錄》。未出版。

東森巨蛋經營管理股份有限公司（2006）。《美國2006 NBA ALL STAR & TOYOTA CENTER參訪報告》。未出版。

東森休閒育樂股份有限公司（2005）。《巨蛋專案會會議紀錄》。未出版。

新加坡室內體育館網站，http://www.sportshub.com.sg/

臺北大眾捷運股份有限公司，http://www.trtc.com.tw/MP_122031.html

臺北市政府臺北小巨蛋體育館網站，http://www.taipeiarena.com.tw/

蘇維杉（2007）。《運動產業概論》。臺北市：揚智文化。

CHAPTER 9

臺灣現有多功能體育館介紹

黃蕙娟

第一節　臺北小巨蛋之介紹

第二節　高雄巨蛋之介紹

本章結論

重點摘要

　　臺灣目前具有指標性與代表性的體育館包括有臺北小巨蛋、高雄巨蛋。本文首將介紹位於臺灣首善之都臺北市的臺北小巨蛋，接續介紹高雄巨蛋，期得以理解臺北小巨蛋與高雄巨蛋兩大多功能體育館之內涵。

一、臺北小巨蛋

　　1.臺北小巨蛋位於臺北市南京東路四段及敦化北路交叉口，前身為臺北市立棒球場，2001年11月12日開工重建，於2005年8月底完成，12月1日正式開館啟用，命名為臺北市立多功能體育館，稱為Taipei Arena，是臺灣首座多功能室內體育館。

　　2.臺北小巨蛋觀眾席位得以因應不同目的而改變座椅配置。

二、高雄巨蛋

　　1.全名為高雄現代綜合體育館，2004年以BOT方式動工興建，完工於2008年。提供民眾競技、表演、運動、會議、展覽、遊憩、教學等之用。

　　2.屋頂為大跨距鋼構外型，館內15,000個座位，並設置大型中央電子螢幕、活動天花板懸掛系統、視訊即時轉播等，是符合奧運設施標準的現代化綜合體育館。移動式自動縮放座椅與大型活動吊具等設施，使高雄巨蛋快速變更空間使用特性，可提供大型且多目標活動使用。

在本書第一章指出，臺灣目前具有指標性與代表性的體育館包括有臺北小巨蛋、高雄巨蛋以及興建中的臺北（大）巨蛋。依據容納人數、場館規模與功能，臺北小巨蛋與高雄巨蛋可歸類為大型體育館，而興建中的臺北（大）巨蛋，則可歸屬於巨蛋型體育館。然而，現存兩大體育館究竟其真實面貌為何？本章將透過介紹，帶領各位一窺臺北小巨蛋與高雄巨蛋的神祕面貌。

第一節　臺北小巨蛋之介紹

一、臺北小巨蛋成立緣由

臺北小巨蛋座落於松山區敦化北路和南京東路四段交叉口，前身為臺北市立棒球場。2000年底，臺北市政府拆除老舊棒球場，於原址興建15,000席多功能體育館。自2001年11月12日動工，於2005年8月底竣工，於2005年10月試營運，同年12月1日正式開館啟用，命名為「臺北小巨蛋」（Taipei Arena），是臺灣首座室內多功能體育館，乃是結合「藝、文、體、娛、食」的五度空間（江金山，2007）。臺北小巨蛋是臺北市運動設施整體規劃興建計畫中，重要的室內場館設施，面對南京東路的正門有巨型LED電子看板「臺北天幕」（或稱小巨蛋天幕），平時播送廣告與活動訊息，有時亦為藝文活動舞臺背景。該巨型LED廣告幕雖然話題十足，但因南京東路正對面有許多住家，造成夜間光害問題而受到申訴，使得日後類似大型戶外LED廣告幕的申請皆受到較嚴格的審核。

主場館球場面積大小為76公尺×41.5公尺，伸縮席位完全伸展時，仍達60公尺×29.5公尺，周邊賽會行政空間規劃完備，符合5人制足球賽場地需求大小以下之運動項目使用要求。主館球場中央有61公尺×30公尺

臺北小巨蛋巨型LED廣告看板（李柏熹攝，2011）

空間，亦為標準室內冰上競賽運動場館（設有全場結冰功能），可供各類體育運動及演唱會等活動之舉行。使臺北市得以爭辦國際間大部分單項運動總會一級賽事活動。

　　2005年因「臺北市15,000席多功能體育館委託營運管理」專案，故臺北小巨蛋由臺北市政府透過招標方式，將之委外營運，委外之營運管理者須承擔未來所有場館營運的財務風險及相關收益。東森媒體集團以「東森休閒育樂股份有限公司」代表籌備投標相關事宜，並配合此項專案增資至3.1億元，申請增加公司營業項目及成立「小巨蛋專案小組」。小巨蛋以市有財產於2005年5月委託經營管理採購案之合約形式交由東森媒體集團新成立的「東森巨蛋經營管理股份有限公司」（簡稱東森巨蛋）經營，以九年15.8億元權利金得標（因採用「臺北市市有財產委託經營管理辦法」，其第15條規定委託經營管理期間為九年），屬於政府投資興建，委託民間營運之OT案（李柏熹，2009）。以臺灣當時幾個室內

體育館的營運現況（包括臺大室內體育館、林口體育館、桃園室內體育館、苗栗室內體育館等），臺灣的運動風氣，以及藝文娛樂市場等種種因素來看，平均每年的營業淨利須超過1.76億才能達成支付市政府權利金的最低門檻，營運的壓力與風險都相當高！但2006年首年的租借天數即達232天，共計116場次之演出，顯示營運績效甚高。

而委託經營契約中亦規定了回饋方案，包括：臺北市政府所屬各機關舉辦活動需要，有權優先免費使用場館與其設備，但主館主場地每年不超過四十五天次；副館滑冰場及壁球室各不超過三十天次。在這些回饋活動天數時，臺北市政府有權免費使用汽車停車位50個，此為政府規定之回饋要求。除了對觀賞性競技運動活動提供最佳化的設計外，臺北小巨蛋擁有多用途設計，能提供表演藝術、演唱會等其他活動之使用，包括：

1. 非對稱式屋頂天花板，降低大空間室內場地聲音繞射狀況，可改善空間殘響問題，提高播音品質。
2. 環場配置高空貓道、中央舞臺及遠端舞臺位置上方配置大型吊架，降低表演活動燈光布置成本。
3. 提供極大的表演設施設備擴充性介面，供活動單位自行增設相關設備，以達到完美的燈光音響效果。
4. 觀眾動線與演出者（或參賽者）、工作單位人員之動線可完全獨立分離，並配置有大小不同容量之化妝室和練習室。
5. 大型裝卸貨車、工具車和吊車得直接駛入主場館球場內之設計，縮短了場地布置及還原的作業時間。

然而，可惜的是，受限於政府興建預算，原委託經營契約中規定受託單位應設置的球場中央大型四面式記分板，但是2005年得標的東森巨蛋公司當時未設置，即使臺北市政府2007年接管後迄今，也未能完成設

臺北小巨蛋非對稱式天花板，附有藝文娛樂舞臺
演出用吊點與吊桿（李柏熹攝，2007）

置，此為筆者認為臺北小巨蛋整體規劃中最大不足處。

　　臺北小巨蛋為一座地下兩層、地上五層之HRC建築物，總樓層地板
面積約88,000平方公尺，觀眾席位區可配合不同的使用目的，改變座椅
之配置，變動式樣有（以上均包括包廂區席位695席）：(1)中央舞臺式演
唱會、籃球賽，可容納15,350席位；(2)遠端舞臺式演唱會、大型集會，
可容納13,500席位；(3)近端舞臺式音樂會、表演藝術，可容納約10,000席
位。

　　除了體育場主館外，另有溜冰場副館。臺北小巨蛋副館常年結冰，
為國際標準滑冰場，場地面積61公尺×30公尺，配置冰上曲棍球、競速

滑冰相關器材設施，可舉辦標準室內冰上競技運動，平日對外開放（冰
上樂園）供一般市民參與滑冰運動，並開設各式教育訓練課程，滑冰場
看臺可容納800席位。此外，臺北小巨蛋館內規劃設置有六千餘平方公尺
的附屬商業設施空間，提供觀眾舒適的餐飲空間及休閒環境，並配合原
臺灣電力公司變電所設施地下化工程，闢建北向戶外廣場設施，銜接周

表9-1　臺北小巨蛋基本資料彙整

面向	基本資料
地理位置	位於臺北市敦化北路與南京東路四段交叉口，原臺北市立棒球場舊址
基地面積	19,789.51M^2（約5,986坪）
樓地板面積	88,401.11M^2（約26,741坪）
樓層	地下兩層，地上五層
建築高度	約40M
建蔽率	35.64%
開工日期	2001年11月12日
完工日期	2004年11月17日（配合水電至2005年底）
建築費用	約新臺幣47億
建築特色	1.主館設有15,362席座位（含48間貴賓包廂） 2.副館溜冰場設有800席座位 3.附屬商業設施面積達6,546.45M^2 4.汽車停車格503個；機車停車格715個 5.大型卸貨碼頭位於主場館後方，裝卸車輛可直駛入主館球場中
設備特色	1.主館可做多功能使用，除小型體育競技、演唱會，並與副館一樣地板具有結冰功能，可舉辦國際滑冰競賽 2.主館屋頂設有舞臺專用吊點172個（每點可承重2,000公斤），吊桿36支（每桿可承重1,000公斤，寬18公尺，高21公尺）
委託經營廠商	東森巨蛋經營管理股份有限公司（2005/06~2007/08）
委託經營期限	2005年12月1日2014年11月30日（9年）
解除委任日期	2007年8月22日 （臺北市文化基金會接管經營，2008年9月再轉臺北捷運公司經營）
試營運日期	2005年9月30日
正式開幕日期	2005年12月1日
開幕活動	張學友《雪狼湖》音樂劇（七場超過六萬人次，每場9,765席幾近滿席）

資料來源：李柏熹（2009），頁57。

邊街廓區域商業活動。臺北小巨蛋於2005年12月正式開館營運，創下三個月即開張營運的驚人紀錄，自2005年9月開始試營運起，已陸續成功舉辦各項國際性表演及賽事，以及眾多國際知名品牌發表會。小型活動到大型的賽事表演，臺北小巨蛋都能符合各類活動主辦單位的需求，提供專業服務品質。

二、臺北市立體育場整建工程全區規劃

1. 第一期工程：多功能體育館（15,000席）。
2. 第二期工程：綜合田徑場（20,000席）、水上活動中心（2,000席）、市民廣場與中央穿越道。
3. 保留設施：社教館、臺北體育館、松山分局、網球場。

臺北市立體育場整建工程全區完成，命名為臺北體育園區（李柏熹攝，2012）

三、小巨蛋位置與配置規劃

(一)建築標的物位置

北臨南京東路，西側為敦化北路，鄰近敦化環亞商圈。位處於交通繁華的松山區敦化北路和南京東路四段交叉口，與松山運動中心、臺北體育館及臺北田徑場合稱「臺北體育園區」。鄰近商圈有遼寧街夜市、

資料來源：http://www.taipeiarena.com.tw/web/w03/w0301.aspx

中崙市場以及百貨公司等，學區有敦化國小及敦化國中。

(二)交通

交通動線順暢，目前有多線公車與捷運可抵達。南京東路有南京敦化路口站，敦化北路有市立體育場站（或臺北學苑站）；捷運系統部分則分別有南港線與木柵線，以及松山線捷運線，交通十分便捷。

(三)小巨蛋空間規劃

主館最高可容納15,000人，遠端舞臺、演唱會等一般形式可容納11,000人。功能性係以高標準之美國室內體育館為規劃目標，基本上可分為四大功能：

1.體育功能：可舉辦具國際級之籃球、排球、羽球、網球、桌球、手球、角力、拳擊、柔道、體操、滑冰及冰上曲棍球等競賽（無法提

臺北小巨蛋主場館以顏色區劃空間位置，分為黃區、紅區、藍區、紫區，不同區域迴廊、觀眾席地坪、觀眾席牆面都有不同顏色，以利觀眾辨別（李柏熹攝，2012）

供大型球類運動使用，如棒球、足球等）。

2.藝文表演功能：提供大型集會、演唱會、會議、展覽會或其他藝文活動之場所。

3.商業功能：餐飲、速食、運動器材物品之販售攤位、停車位。

4.其他功能：運動員休息室、更衣室、保健室、訓練室、裁判室、媒體傳播室、採訪室等。

(四)小巨蛋功能配置

臺北小巨蛋為臺灣第一座室內國際標準競賽場地，除了體育賽事舉辦外，亦具有展覽、集會、藝術表演及演唱會等多功能設計。館內及其周邊規劃商業營業空間，可規劃為用餐、購物或休閒等多用途使用。

臺北小巨蛋除了球場內餐飲店面，也有環館對外開放的商店街（李柏熹攝，2012）

此外，主場館內更有商店區與餐廳之規劃，可有效提升體育館之經營績效。

四、小巨蛋室內樓面配置

基地面積19,789.51平方公尺，樓地板面積88,401.11平方公尺，總樓層地板面積約88,401.11平方公尺，地下兩層，地上五層。座位於主館約15,000席，副館約800席。主場地尺寸分析如下：

(一)主館

全臺首座多功能室內體育館，場地面積，伸縮席位伸展出時之主場地60公尺×29.5公尺、伸縮席位收納後之主場地為76公尺×41.5公尺，固定座位數，總計12,436個座位，B1（地下一層）無設置固定座位，由

廠商自行規劃；伸縮座椅總計2,485個座位；二樓總計6,115個座位；三樓總計3,836個座位。另備有休息室等空間：大型化妝室（容納約15人），3間；運動員休息室（容納約60人），2間；大型準備室，1間；辦公室類，3間；記者室，1間；工作人員休息室（容納約60人），1間；VIP化妝室，8間。

適合辦理之活動：

1.運動競技或體育表演等。

2.演唱會、馬戲團、各種表演秀等。

3.戲劇、舞蹈、音樂、傳統民俗演出等。

4.各式不同主題展覽等。

5.企業尾牙或是教育訓練之大型企業聚會。

6.宗教、政治性集會、婚宴等。

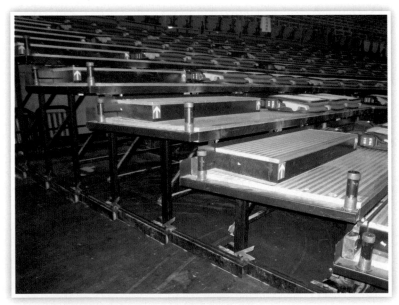

臺北小巨蛋規劃有伸縮座椅，增加場地使用彈性（李柏熹攝，2007）

7.主館地面下敷冰管,具有結冰功能,可舉辦大型國際性冰上活動。

主館空間平面規劃為地下兩層、地上五層;各層規劃空間為(**表 9-2**):

1.地下二層:汽車停車,主副館活動場共有476個(地下2樓)汽車停車位,委託中興電工嘟嘟房經營。

2.地下一層:主館場地、媒體室、更衣區(演出者化妝室)、貴賓室、機車停車場、營運單位辦公室。

3.一層:主要出入口、附屬商業設施、伸縮座位看臺以及中央控制室。

4.二層:2樓座位區、附屬商業設施。

5.三層:3樓座位區、包廂24間。

6.四層:包廂22間。

7.五層:資訊室及空調機房等相關空間。

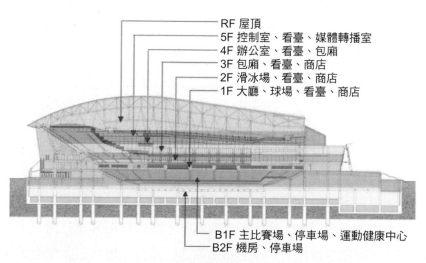

RF 屋頂
5F 控制室、看臺、媒體轉播室
4F 辦公室、看臺、包廂
3F 包廂、看臺、商店
2F 滑冰場、看臺、商店
1F 大廳、球場、看臺、商店
B1F 主比賽場、停車場、運動健康中心
B2F 機房、停車場

各層空間說明圖

表9-2　臺北小巨蛋各樓層概述表

樓層	設施介紹	數量
地下第二層	汽車停車場	共503車位
地下第一層	機車停車場	共715車位
	主活動場地／球場	
	球員／表演者更衣區	
	小型運動俱樂部	
地面第一層	附屬商業設施區	
	婚宴廣場	對外開放
地面第二層	主活動場地／球場	
	副活動場地／球場／溜冰場	
	餐廳	對外開放
	附屬服務設施（環繞型通道、廁所等）	
地面第三層	主活動場地／球場座位看臺	
	副活動場地／球場之餐飲區	
	大型餐飲空間	
	商務包廂	24間
地面第四層	主活動場地／球場座位看臺	
	商務包廂	22間
地面第五層	主活動場地／球場座位看臺	
	媒體轉播室／控制室	
	空調機房等相關設施	

(二)副館

　　是臺灣唯一符合國際標準的溜冰場，場地大小為61公尺×30公尺，總人數可達400人，看臺容納800個席位，擁有冬季奧運級標準冰面品質，曾獲「國際滑冰總會ISU」以及「亞洲滑冰總會ASU」執行委員、會長等專家認可，除了提供休閒外，也從事國家選手及培育滑冰人才訓練，至今舉辦多項國際大型冰上運動賽會。擁有各項專業設備，包括：國際標準冰上曲棍球圍板、冰上短道競速防撞墊、專業洗冰車兩部、冰球比賽高空防護網、標準冰球球門兩座、冰面上教學擋牆十條。因應開

放營運時間不同需求者及安全考量，滑冰場區分為教學區與初學者練習區。亦規劃完善及專業的滑冰課程，聘請各級（包含國家級）教練，依照遊客滑冰技巧的程度及喜好，提供完善及專業滑冰課程，學校社團亦可申請進行練習。館內設備有專業器材，可承辦各項冰上競技運動（冰上曲棍球、競速滑冰、花式滑冰、冰壺等）或從事戲雪體驗（堆雪人、打雪仗、拉雪橇），非一般營業時間則可包場，提供學生與團體優惠價格，經行政院體委會或臺北市體育處等主管機關核備在案之正式冰上運動競賽，收費標準給予6折優惠；經臺北市教育局或體育處核定之臺北市優秀（滑冰／冰球）運動人才及國家代表隊之日常訓練，一般正常使用時段為週一至週五，每天四小時，每小時收取1,500元水電空調費。如有特殊需特別集訓時段者，由申請單位協議。

1.副館座位數：劇場式800席座席。

2.滑冰場主場地：61公尺×30公尺（1,830平方公尺，約545坪）。

3.場地特性與設備說明：本館也可在冰層上鋪設專用地板，供中小型非冰上活動或集會使用。適合辦理之活動如下：

(1)各式冰上比賽、競技與活動。

(2)中小型集會活動等。

(3)戲劇、舞蹈、音樂、傳統民俗演出等。

(4)產品發表會、記者會、模特兒秀展等。

副館之其他重要設施為：

1.地下一層：715格機車停車場、健身房、舞蹈教室。

2.一層：壁球室（1F、2F挑高）。

3.二層：滑冰場場地、球員休息室、裁判休息室、更衣室。

4.四層：辦公室、控制室、媒體播報室、寫作工作。

臺北小巨蛋副館滑冰場，重新引領國內溜冰風潮（李柏熹攝，2013）

(三)租借與收費

　　臺北小巨蛋場館分有各項收費標準，於102年5月9日臺北市政府准予備查之臺北小巨蛋場館收費標準表中，分為主場館、副館（冰上樂園）兩類。

　　主場館部分，分為一般檔期與公益檔期。各明列主場館租借費用計有活動日、布置及拆臺日，依據時段分收不同費用，內含場地使用費（分售票／收費活動與索票／免費活動兩類）、清潔費以及水電空調費（分為夏月與非夏月時段），另收取錄影轉播費以及履約保證金（100,000×租用日數）。而依據「臺北小巨蛋場租優惠申請與審議原則」以及針對體育活動之「臺北小巨蛋之體育活動優惠方案」，提供場租之優惠；副館（冰上樂園）則分列門票（含滑冰券、補票／超時票、參觀券）、器材租用費用（冰鞋、戶具租用）、學生族優惠方案（限週一至週四）、團體優惠方案、場地租借費用（分全冰面／全日限公益，

時段租用；部分冰面租用）、教學項目（分團體課程、私人課程）。

　　臺北小巨蛋場館附屬空間亦有其收費標準表，於101年10月31日臺北市政府准予備查，分列主場館內部附屬空間租用費用、場館範圍平面及影視拍攝費用、戶外廣場租用費用以及場館內外廣告空間租用費用。主場館內部附屬空間租用費用包括：休息室租用費用（依坪數、適用人數與檔期收費）、室內攤位租用費用（3,150元／單位）、包廂租用費用（依據間數收取場地使用費）、店鋪租用費用（依據館內店鋪、館內空間以及坪數訂定收費標準）；場館範圍平面及影視拍攝費用包括：平面與影視攝影場地租用費（依租用時段）訂定收費標準，以及保證金（100,000元）；戶外廣場租用費用包括：全區租用與部分租用，另收取保證金（100,000元）；場館內外廣告空間租用費用則以廣告空間位置以及數量訂定收費標準，但限制酒類、競選、政治性、個人形象及與其相結合之廣告均不得揭出。

(四)具特殊性之多功能體育館

　　小巨蛋為符合國際標準的多功能體育館，綜合體育館的功能與都市活動結為一體。為塑造不同形象，以曲線層次屋頂為核心，以鈦金屬為屋頂的主要材料，透過色系與玻璃的設計搭配，隨光線透射，展現臺北小巨蛋的嶄新樣貌。北向立面使用的玻璃帷幕，引入自然光，使得大樹枝般的鋼骨結構配合挑高寬敞的視野，成為其主迴廊空間的核心特色。

　　此一臺灣首座之多功能體育館以創意、流行、文化為經營理念，採用國際化管理與在地化經營之思維，提供多元、豐富的休閒育樂場所，主要功能有以下幾個面向如**表9-3**所述。

表9-3　臺北小巨蛋之多功能面向表

功能面向	說明
教育功能	提供身體活動所需之空間與器材，提升身體適能，調節倦怠感，也是重要的教育場所，提供各類休閒育樂的教育。
訓練功能	提供鍛鍊身體適能與提升運動技巧的場所，兼具學校運動代表隊訓練，對於各項體育運動界之發展，具有重要的意義。
休閒功能	此一完善多功能體育館的建製，提供民眾參與休閒運動的動機，也呼應與滿足民眾對於高品質生活的需求。
服務功能	辦理各項藝文活動或表演、休閒與競技體育賽事（運動會、各項球類競賽、游泳比賽或其他相關體育活動），也協辦多項活動（例如晚會、集會）。
社會功能	藉由上述各項功能發揮，產生人際之間的互動，也因此社會功能得以發展。
文化功能	多功能體育館是多元文化之一，也是不同文化行為發生的場所，因此，亦為傳遞運動文化不可或缺之工具與媒介。
藝術功能	主館與附館內外，以及附屬商業設施皆呈現視覺色系，以創意為主軸，連接文化與流行，進行空間營造、風格規劃與產品設計。除了內部消費者外，外部經過者亦能感受強烈之藝術氣息。
交流功能	可提供跨國大型娛樂表演、演唱會、體育運動賽事、運動競技、表演與商業展覽之用，具有身心靈的交流作用，對於世界觀、國際觀之提升，有極大幫助。

資料來源：修改自林念恩、廖焜福、黃文成、許東雄（2007），頁85。

五、臺北小巨蛋服務項目

(一)遊客服務

　　服務臺工作人員可提供相關諮詢服務，也受理電話諮詢服務。服務項目有：諮詢服務、哺集乳室借用服務、遺失物協尋服務與行動不便遊客服務。整體空間規劃設計十分友善，針對行動不便人士，設有無障礙專用斜坡道、無障礙廁所、無障礙觀賞平臺及專用停車位等方面提供行動不便人士特別服務。而於活動日期間，行動不便專用服務項目：1F服務臺提供輪椅借用服務；從1F東北側電梯上2F後，可經由無障礙通道抵達座位區；1F西北側往南大門的通路，為無障礙坡道；場館內有多間無

臺北小巨蛋服務臺，除了諮詢，也提供售票、取票等服務（李柏熹攝，2008）

障礙化妝室；以及活動日進、退場，有人引導輪椅動線。另對聽障遊客也有傳真服務。

(二)售票服務

可使用現場購票、網路訂票（各大售票系統：年代售票系統、兩廳院售票系統以及寬宏售票系統）以及退換票處理。

(三)參訪導覽服務

於非出租時段開放機關團體參訪，參訪機關團體發函俾安排專人導覽解說服務。

第二節　高雄巨蛋之介紹

一、高雄巨蛋專案成立緣由

　　高雄現代綜合體育館（通稱高雄巨蛋）地處於高雄市左營區三民家商旁，博愛二路與新莊一路交叉路口，基地面積為56,198.6平方公尺。2004年以BOT方式動工興建，預定在此舉行體操、運動舞蹈等比賽。提供競技、表演、運動、會議、展覽、遊憩、教學等多功能使用。「高雄巨蛋」之經營管理由凱格大巨蛋運動股份有限公司於2009年7月正式接手，是傲視全國頂級的現代綜合體育館。主要定位為南臺灣、北高雄最大的綜合體育館，休閒運動生活的中心，也使高雄市成為時尚及運動潮流指標性的國際級體育觀光城市。

　　高雄巨蛋此一合乎世界標準之現代化綜合體育館，提供市民符合國際水準與多樣藝文展演及休閒娛樂活動，也成為國內外大型節目、運動賽事、國際會議等辦理的優質平臺。透過指標性活動投資引進，以及國際性展演節目的舉辦，由企業豐富多元的營運模式，使其成為高雄市整體形象的代表之一，也讓高雄市成為國際觀光的新地標。同時，高雄巨蛋亦為國內第一個體育館BOT案，投資總額約78億元也是符合國際奧會標準的多功能綜合體育館（陳耀東建築師事務所，2006）。特許年限為五十年，之後轉移給高雄市政府。

　　高雄巨蛋建置為全台「創意流行文化之首善中心，體育、藝文、會展、演講等大型活動之優質展演空間及場館效率經營之最佳典範」為目標，以「健康、休閒、購物」三合一生活遊憩體育園區為經營核心，與漢神巨蛋百貨相連，結合周遭環境商業資源，整合附屬商業設施，引進民間企業參與經營管理的觀念，透過完整區域整體的生活機能規劃，成為健康、休憩、購物合一多功能體育園區，也是吸引觀光客重要焦點。

尤在2009年世界運動會成功的開辦後，健康活力新城市行銷活動，高雄巨蛋儼然使高雄市邁向國際化。

高雄巨蛋另也與高雄捷運R14站與捷運車站結合為一整體，未來將成為休閒育樂中心，進而帶動運動休閒整體之經濟效益。

二、高雄巨蛋基本資料

主建築體育館內部挑高40公尺，相當於六層樓高的開放空間，設有15,000席座位，是一座符合奧運設施標準的現代化體育館，可供籃球、排球比賽及兩百公尺長度室內田徑場使用。附屬建築則為十層樓高48公尺的購物中心。總樓地板面積247,935平方公尺，分綜合體育館、體育館附屬設施及附屬事業三部分，其中附屬事業以購物中心方式規劃（陳耀東建築師事務所，2006）。左以新起的凹仔底森林公園、愛河，右擁河堤社區，並與漢神百貨連結，以及巨蛋商圈提供便捷的生活機能，使高雄巨蛋成為高雄市得天獨厚現代化規模、設備最完善的多功能體育園區。有關高雄巨蛋之建築詳細說明於下：

1. 設施名稱：高雄巨蛋。
2. 面臨道路：40公尺（博愛二路）。
3. 基地總面積：57,376.66平方公尺，南北向長度250公尺，東西向長度264公尺。
4. 體育館及附屬設施面積：148,765平方公尺（地上六層樓），各樓層分別為：

　　1F：室內——主場地、球員更衣室（演出者化妝室）、貴賓室以及各項行政空間、球場伸縮位看臺以及觀眾主入口、安全管理控制室、北向附屬商業設施、空調機房，統一伊士邦健身俱樂部。戶外——活動廣場、林蔭大道、外環附屬商業營運空

高雄巨蛋球員休息室（李柏熹攝，2009）

高雄巨蛋包廂區迴廊（李柏熹攝，2009）

高雄巨蛋包廂座席（李柏熹攝，2008）

間、停車場。

2F：室內──主場地2F看臺入口、媒體轉播室、室內附屬商業設
　　　施；戶外──數位式地標光塔、外環附屬商業設施。

4F：包廂12間、座位看臺。

5F：上層看臺入口、附屬商業設施。

6F：展覽廳、控制室及空調機房等相關空間。

5.構造：鋼骨鋼筋混泥土（SRC）＋鋼骨（S）造，鋼筋混泥土
　（RC）。

6.最大容納席數：15,000人。

7.設施功能：可舉辦符合國際奧會標準的籃排球比賽，以及大型演唱
　會、展覽會等活動。主球場位於1F，為了使場地使用彈性達到最
　高，高雄巨蛋大量設置伸縮座椅，因此，高雄巨蛋在伸縮座椅伸出
　的時候，場地尺寸為56公尺×26公尺；可是當伸縮座椅收起來時，

場地尺寸可達87公尺×57公尺。舉辦展覽時，約可容納280個3公尺×3公尺的標準攤位，對展覽公司而言是一個非常好的場地。尤其高雄地區長年以來欠缺一個大型的展覽場地，高雄巨蛋正好補足這個空缺。開幕以來，展覽使用天數為各類活動之冠。而臺北小巨蛋舉辦展覽則只能容納約180個攤位，對主辦單位而言未能達到最小經濟規模攤位，也因此臺北小巨蛋幾乎沒有展覽活動，而是以演唱會為主。

8.規模：

(1)多功能體育館：地下三層。

(2)三合一商圈：十層。

(3)樓地板面積：247,935平方公尺。

(4)造價：78億元（高雄市政府與中央各補助7.5億，合計15億），以BOT方式興建，廠商經營五十年後，設施轉移給市府。

(5)地點：高市博愛二路與新莊一路交叉口，附近有捷運紅線巨蛋站。

(6)工期：2004年8月開工，2008年完工啟用。

9.設計特點：屋頂採用輕巧之預力高拉力鋼索之大跨距鋼構空間桁架系統，跨距長125公尺，內部形成有高達29公尺的空間。但也因為屋頂的輕巧化設計，整體屋頂提供的吊掛承重不到50噸，遠較臺北小巨蛋低。

三、綠建築指標設計的新建工程

在重視節能環保風潮中，高雄巨蛋採用符合綠建築指標的設計，包括大片可回收雨水的屋頂、雨庇和太陽能源板構築而成的外牆、透光性佳有隔熱性能的窗戶玻璃、良好的隔音及通風換氣設計，並使用綠建材

與開放空間綠化等，使此綜合體育館同時具備高科技和環保功能，為地球盡一份心力。

綠建築標章項目：

1.日常節能指標。

2.水資源指標。

3.汙水垃圾改善指標。

4.二氧化碳減量指標。

5.室內環境指標。

四、得獎紀錄

1.2009年高雄市第四屆都市設計景觀評選大獎。

2.2010年中華民國工程師學會工程優良獎（最高票）。

五、科技設計

屋頂為大跨距鋼構外型，基地面積大，館內挑高40公尺，六層樓高的開放空間，15,000個座位，並設置了大型中央電子螢幕、活動天花板懸掛系統、視訊即時轉播等設備，是一座符合奧運設施標準的現代化綜合體育館，可提供籃球、排球、桌球、網球、5人制足球、手球、國際體操、韻律、國標等正式比賽，以及競技、表演、運動、會議、展覽、遊憩、教學等多功能的使用。移動式自動縮放座椅與大型活動吊具等設施、快速變更空間使用特性，可作為大型且多目標的活動使用，是2009年世界運動會舞蹈、體操的比賽場館。

2009世界運動會在高雄巨蛋舉辦的體操賽（李柏熹攝，2009）

高雄巨蛋屋頂設計理念與臺北小巨蛋明顯不同，且配有多功能四面式
LED記分板（李柏熹攝，2008）

六、交通配置圖

位於高雄市左營區博愛二路757號，高雄捷運R14站出口，北側為漢神百貨，南側為三民家商。

(一)場館位置

1.位置：高雄市左營區博愛二路757號。

2.位於高雄捷運紅線R14巨蛋站5號出口。

3.北側為漢神巨蛋購物廣場，南側為三民家商。

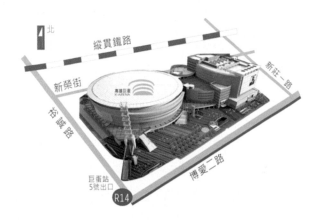

資料來源：http://www.k-arena.com.tw/

(二)交通資訊

高雄巨蛋交通便捷，捷運、公車與客運皆可抵達，自行開車也方便抵達。

七、空間特色與場地模式

各樓層場地配置圖請參閱官網（http://www.k-arena.com.tw/），空間

擁有獨立出入口、主空間、通購物廣場六樓露台、獨立電梯與緊急出入口，以及視野極佳之落地窗景。依據使用目的與功能之不同，可配置為以下四種不同模式，兼具多元化的應用。

    1.籃、排球場模式。

    2.演唱會場模式。

    3.展覽會場模式。

    4.演講會場模式。

    在舉辦演唱會，高雄巨蛋建築設計時，預設的舞臺位置是在西側，是體育館的長面，因此東側有9間貴賓包廂、有51席的殘障座席，固定座席也延伸到5F、6F（西側座席只到4F）。而臺北小巨蛋舞臺位置預設在南側也就是體育館的短面，因此，北側座席向上延伸到3F、4F、5F。以兩個巨蛋的舞臺規劃設計做比較，高雄巨蛋的規劃優於臺北小巨蛋，因為，高雄巨蛋的舞臺位置設計優點為：觀眾距離舞臺較近，可以讓大多數的人都享有比較好的舞臺效果，大多數的人也都可以正面向著舞臺（臺北小巨蛋除了黃區，紅區、紫區皆要轉頭才能看到舞臺）；包廂正對著舞臺（臺北小巨蛋48間包廂位於紅區與紫區，也要轉頭才能看到舞臺）。

    較可惜的是，大多數主辦單位受限於臺北小巨蛋經驗，習慣把舞臺擺放在短邊，即使在高雄巨蛋也一樣，徒浪費了高雄巨蛋原設計師的美意。

八、附屬商業團隊：「BEING sport伊士邦健康俱樂部」

    2009年進駐高雄巨蛋，成立BEING sport伊士邦健康俱樂部巨蛋會館。

本章結論

　　多功能體育館的目標在於提供更好的環境、運動設施以及服務（江金山，2007）。大規模、多功能與符合國際規格之體育館之興建，有益於提升國家形象與地位，不但得以作為國際賽事舉辦之場地，吸引知名選手來臺參賽，亦得以舉辦世界知名的藝文表演與活動。同時，也得以成為運動觀光的主要景點，帶動城市行銷與提升全民休閒運動之參與，兼具休閒、運動、觀光與行銷等多元功能。

　　臺灣目前最具規模體育館包括有臺北小巨蛋與高雄巨蛋。臺北小巨蛋位於臺灣首善之都臺北市，而高雄巨蛋則位於南臺灣最具代表性的城市——高雄市，一南一北相互輝映，而兩大體育館各有其指標意義，臺北小巨蛋2005年12月1日正式開館啟用，命名為臺北市立多功能體育館，是臺灣首座多功能室內體育館；高雄巨蛋全名為高雄現代綜合體育館，2007年完工，提供民眾競技、表演、運動、會議、展覽、遊憩、教學等之用，是符合奧運設施標準的現代化綜合體育館。此兩大體育館的興建與營運，揭開臺灣多功能體育館發展史的歷史新頁，也指引未來體育館的發展方向。未來可參考林念恩、廖焜福、黃文成、許東雄（2007）之建議，為應採用多角化經營、多用途使用、提高淡季使用率，並多舉辦國際型賽事，以為政府單位、公辦民營之業主與全民，帶來三贏的局面。

問題討論

一、請簡要說明臺北小巨蛋的發展簡史。

二、請簡要說明臺北小巨蛋的建物特色。

三、請簡要說明高雄巨蛋的發展簡史。

四、請簡要說明高雄巨蛋的建物特色。

五、請說明臺北小巨蛋與高雄巨蛋在體育館發展的特殊意義。

參考資料

臺北小巨蛋，http://www.taipeiarena.com.tw/web/w03/w0301.aspx

2009世界運動會，http://www.worldgames2009.tw/wg2009/cht/Venues_connect5.php

INKS高雄入口網，http://www.inks.com.tw/html/front/bin/ptdetail.phtml?Category=12
8828&Part=ivan961229-4

江金山（2007）。〈多功能體育館設施服務管理實證之研究：以臺北小巨蛋為
例〉。《大專體育學刊》，9(2)，頁13-25。

李柏熹（2009）。《巨型多功能運動場館關鍵成功因素之探討——以臺北大巨蛋
規劃為例》。世新大學觀光學系碩士論文，未出版，臺北市。

林念恩、廖焜福、黃文成、許東雄（2007）。〈臺北小巨蛋當前發展現況之探
討〉。《北體學報》，15，頁85。

高雄巨蛋網站，http://www.k-arena.com.tw/intro_00a.aspx

陳耀東建築師事務所（2006）。〈高雄巨蛋 飛躍國際〉。《營建知訊》，281，
頁8-10。

維基百科網站，高雄市現代化綜合體育館，http://zh.wikipedia.org/wiki/高雄巨蛋

維基百科網站，臺北小巨蛋，http://zh.wikipedia.org/wiki/臺北小巨蛋

臺北大眾捷運股份有限公司臺北小巨蛋網站，http://www.taipeiarena.org.tw/

臺北文化體育園區籌備處網站，http://www.dome.taipei.gov.tw/view1.htm/

臺北市政府臺北小巨蛋體育館網站，http://ncp.tcg.gov.tw/ncp/TaipeiArena/

遠雄巨蛋事業股份有限公司網站，http://www.farglorydome.com.tw/

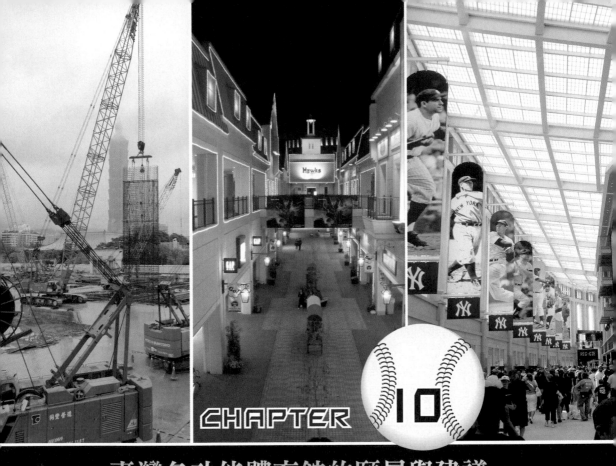

CHAPTER 10

臺灣多功能體育館的願景與建議

臧國帆

第一節　臺灣多功能體育館的願景
第二節　未來大型體育場館建築規劃興建與委外營運之建議
本章結論

重點摘要

　　建築硬體隨著人類科技不斷的演進，自近代1964年東京奧運的代代木競技場館誕生觀察以來，從傳統到環保綠建築，生態工法設計，人工智慧自動控制系統，相信未來的場館只會變得更聰明、更節能、更安全、更減少對人力上配置，這是可預見的未來，但我們都相信也盼望，科技始終來自於人性的場館建築規劃設計與被使用利用，2000年雪梨奧運的主場館及游泳館即為現代場館設計概念的里程碑，近代奧運似乎成為人類大型公共建築文明科技的時尚秀，進而帶動優秀建築師與營運管理人士啟發更多的概念與想法。

　　臺灣需要什麼樣類型的大型活動空間？需要多少數量？能滿足民眾休閒、娛樂、運動競技、藝文等類型活動使用，在臺灣都會區地狹人稠，公有土地供給量有限的情況下，多功能體育館似乎是個好選項的建築方案，但多功能體育館的正面意義就是滿足許多的需求功能使用，但負面上的意義就是什麼功能都不夠專業深入，失敗在規劃與施工細節，但這也是不得已的結果。

　　有鑑於此，在建築規劃時，仍須先考慮最大主要功能的實用性，以便將來營運上能有所盈餘自給自足，並預留未來改善空間，以便因應需求轉變時的彈性調整空間使用，並讓有營運經驗者擔任顧問規劃，或讓未來實際營運者直接參與設計，會讓整體建築方案的成功率大為提升，營運籌備團隊接管時更為順暢，降低經營風險，大幅提升場館使用的整體滿意度。

　　總之，從政策規劃之初，選址、乃至計畫執行，經營團隊的選擇方式，共同參與的執行模式，在在決定場館經營成敗的未來，即使是公辦公營，或是由非營利組織經營，都必須有社會企業的概念，如此才能將好的政策延續為美好的成果，並由全民來共享利益，這就是公共政策最佳的執行方式，對於未來我們希望有更多規劃專業及營運團隊的人才可以輩出，讓我們期待未來有好的適當數量專業場館，而不是多而不專業且無經濟效益的蚊子館。

第一節　臺灣多功能體育館的願景

　　大型多功能體育館的建築與建造，是人類建築、環保科技與藝術美學創作的結晶。不但是城市都會區運動、休閒、娛樂、藝術表演、商展、集會等綜合大型休閒活動空間最佳場所，亦是該國城市行銷的熱門觀光地標。但由於建造經費的龐大，都會區土地資源亦相對的珍貴，要如何做好建造前的溝通、協調等前置的建築企劃工作，以及如何將建築的空間規劃配置合理化，並與營運理念及目標做充分結合，降低工程與營運成本的雙重風險控制，都是相當重要的課題，在專案執行期間須謹慎而綿密建築與營運企劃、設計規劃、建造執行與試營運不斷修正，營運才得以日趨平穩達到硬軟體最佳效能。

一、多功能體育場館面臨的問題現況與願景

　　我們以東森巨蛋公司經營之臺北小巨蛋時期為例，以該時期作為近期多功能體育館研究背景，以當時筆者參與觀察，因場館建築規劃設計與公共工程及設備設施品質缺失，導致營運品質下滑與公安實際所產生問題，並以其他相關文獻及網路檢索等方法，蒐集之資料加以整理、比較分析、詮釋，發現國內大型多功能體育場館面臨的問題現況如下：

　　第一，大型多功能體育館名稱定位的不夠明確，且與國際名稱定義未必同步，此外，公部門並無大型多功能體育館相關專業建築規劃與商業營運經驗，導致主管部門無法確實主導場館規劃需求，致使實際營運後需求產生落差，亦可能導致場館無法發揮最大經濟效益。

　　第二，場館興建所作的營運管理方面評估，並非由有實際參與營運經驗的團隊協助評估，亦或是未來參與營運競標團隊參與提案評估，而公部門同時也欠缺實際民間商業運轉及成本控管經驗，將會導致建築前

期規劃，未能與未來場館實際營運市場需求有效結合設計，造成營運困難度增高，甚至附屬商業設施招商不易，增加場館附屬商業設施管理的複雜度，站在官方立場，當然可以將複查問題簡單化處理，簡而言之就是官僚思維，認為只要委外經營管理招商成功，就可以將難題順利轉移民間，就像房東房屋招租，載明各項條件，就等待自願者上鉤，既合理又可規避政治及行政責任，而且在委外經營後，可依合約規定，轉變成為監督者，隨時可過度介入營運團隊。

第三，因臺灣現代化多功能體育場館建設起步較晚，臺灣第一個真正商業運轉大型體育場館——臺北小巨蛋直至2005年12月才正式營運，所以在臺灣有大型商業運轉場館的專業經營與服務管理人才頗為欠缺。此外，加上公部門組織經常整併再造，相關承辦人員異動頻繁等相關因素，造成直接或間接使得場館在政策制度及結構面上，可能無法作有效傳承規劃執行經辦業務經驗，以及公辦民營正向的合作模式延續，最重要是法令方面規劃須創新突破，而政策法令創新的來源，正是來自公部門自身施政後與民間業者及民眾之間回應累積的經驗，還有國外案例的參考，例如公辦民營委外經營模式的多功能體育場館，不論是臺北小巨蛋，亦或臺北市國際網球中心，現階段都不會有場館冠名權的權利，實在非常可惜，當然相信公部門自有施政上的考量，但是相信有很多方式可讓公產於經營資產上更加活化，創造更好收益，也為城市國家行銷，可有更多的文化創意展現，不須拘泥太多的官僚傳統思維。

第四，採購法程序及招標規劃時序界面的缺失，以採購法在臺北小巨蛋實際執行現況為例，公部門承辦業務相關官員依法行政並無庸置疑，但問題出在規範與執行細節方式，仍不夠周延，例如原始空間設計的隔間方式，若不符合未來接管民營團隊需求，應即可協商停止施作該項工程，建議在新營運團隊進駐前，若全盤檢討其未來營運型態與需求後，對於移交前不須施作工程部分，應可請公部門檢討報請停工，並

追減工程總預算，撙節公帑，如此一來，除了可加速雙方點交與移交速度，也使民營團隊接管後，減少不必要的拆除費用與籌備時間。此外，例如臺北小巨蛋建築成本高達新臺幣47億（臺北小巨蛋網站，2009），而臺北市政府直至2005年完工階段前才進行委外經營招標，且要求得標者須於得標交接進駐後，民營團隊須配合市府自行出資繼續完成原場館規劃設計未完成之九大工程事項，其中包含全館指標系統、主副場館LED顯示幕等等，為何建築成本高達新臺幣47億還未能完工，須交由民營團隊出資完成，例如主副場館LED顯示幕，須按四年前所編訂的規格設備完成採購設置，完全不符現行使用者使用需求邏輯之合理性。這些問題都突顯了採購法不夠周延之處，招標時序界面上的錯誤，若由館方完成LED計分顯示器，也就無上述問題產生，又若交由民間代為完成採購，且為民營團隊出資，官方則可規範只能比現有規定更新更高規格，

新加坡室內體育館主場館上方裝置的固定式中央四面計分TFT螢幕顯示器（臧國帆攝）

市府因與東森巨蛋公司委外經營合約爭議問題,導致臺北小巨蛋多功能
體育館主場館上方至今尚未裝置固定式中央四面計分螢幕顯示器,就場
館完整性來看,甚為遺憾(國立臺北教育大學體育系100級同學拍攝)

臺北小巨蛋多功能體育館主場館運動賽會期間,目前僅能裝置臨時性計
分螢幕顯示器(國立臺北教育大學體育系100級同學拍攝)

而不是要求符合原設計規範。而若官方招標作業採建築標與營造標及營運標同時發包，則上述問題較能迎刃而解，有如商品開發商在商品設計時期，除了進行市調外，也邀請目標顧客的消費者，共同參與設計規劃，使其商品在上市之初，因貼近消費市場需求與想法，較不會開發失敗。

第五，公部門委外作業於跨部門協調時，非常缺乏以服務業招商的政策導向概念，且因懼於公務人員圖利罪，而過於流於行政慣例思維的官僚系統，最後導致事權整合未能有前瞻突破性，與更完善進步的整體政策及配套計畫，從而失去引導臺灣整體運動休閒產業發展契機。

第六，臺灣體育運動場館所牽涉到建築物的範疇，幾乎被納入一般建築的法規所規範，但運動場館有其特殊性及專業性，絕非一般建築體所能涵蓋的，所以從現行臺灣的市政規劃、都市計畫、建築法令、地政管理，乃至拉高到國土規劃層次，都須通盤檢討，倘若須藉由民營化，就須有讓利給民間的首要概念，這在現行臺灣高速鐵路的BOT案例，極為明顯，而多功能體育館興建，也會有其特殊需求性，也應專案檢討，包含營利空間樓地板面積及與主場館活動場地面積比例合理性，就是很現實的問題，不應只有現行法規檢討，也須兼顧場館整體營運利潤合理性探討，尤其在非活動營運期間，如何能保有日常商業活動空間，以增加場館日常固定營收，以維持場館日常營運開銷成本支出，這與目前官方習慣性以預算執行方式，有著很大的出入，除非公部門開始有著社會企業與公民社會的施政轉型，才會較符合社會與公民的期待，而新加坡政府就早已這樣實施，例如新加坡室內體育館即為一例。

第七，李柏熹（2009）研究指出，自2005年12月後，對於國內第一個採取公辦民營OT模式，且以多功能使用為目標的臺北小巨蛋，引起國內許多專家學者的關注，但由於民營時間過短，在尚未建立長期觀察研究前，臺北小巨蛋民營化不到兩年即回歸公營，因此僅有少數幾篇研究

指出臺北小巨蛋經營的問題，各界對臺灣運動場館的經營成效更提出質疑，擔心在環境欠佳的狀況下又蓋出數個擠壓公共建設的大型蚊子館。在市場現況沒有經營成功的案例，而相關的經營管理研究又付之闕如，大型運動場館的成功營運模式亟待建立。

第二節　未來大型體育場館建築規劃興建與委外營運之建議

　　場館的建築設計規劃與營運管理之間，在營運啟用後，若會造成設計概念與實際營運嚴重落差，就如同規劃者交付執行者之間溝通出了問題，導致執行上嚴重的偏差，就企業管理流程上，為避免執行偏差，通常都按PDCA程序來控制管理，但單就臺北市政府在2005年臺北小巨蛋公辦民營委外經營管理招標案為例，當時其招標時程是排放至建築本體工程即將執行完成的最後階段，只能說為時已晚，無法將最佳規劃與營運協調的時段擺入，創造提高營運的雙贏模式，實在讓人感到公部門有假藉委外民營作卸責之嫌，只因公部門無大型運動場館商轉之經驗，也非即將商轉的實際團隊，但未來臺北市政府的臺北網球中心，就可能即將採納建築與營運同時招標發包之執行模式，實在是明智進步的作法。

　　有關體育場館建築規劃興建與委外營運之建議如下：

　　其一，以臺北小巨蛋為例，其場館由政府負責規劃、發包、驗收，而委外得標營運團隊對初期建築規劃及日後營運構想無法及早介入，直至最後完工階段才能參與此案，且只有默認點收的權利，最後因工程規劃營造及採購設備品質缺失，所遺留的不確定風險，其營運成敗及風險都已直接轉嫁至民營團隊，並由營運團隊概括承受，日後營運團隊與政府在營運期間因管理執行認知不同，又於合約各自表述，因而迫使民營

團隊退出經營，其OT政策執行結果顯示全民皆輸，此舉政府不但失去每年權利金收入，還需自行營運並負擔營運成本及風險，完全與當初規劃委外經營政策之美意有所違背，建議避免再發生類似事件。又如臺北市中山足球場委外經營案例，更加無言，因舉辦2011世界國際花藝博覽會，而將場館徵召收回，但政策的反覆性，使得希望基金會在經營上無所適從，但也只能配合政策執行，這些都會導致民營業者，對得標後經營上風險的不確定性存有遲疑，將不利於未來大型公辦民營案件的推展。

其二，由於實務上經常發現規劃、經營與使用者三者之間產生的落差，使得場館前期開發規劃與後期實際營運管理，所導致產生管理技術上執行障礙仍備受爭議。因此通常發生模式是開發者所預定的經營管理團隊，並沒有參與建築計畫，等到工程完成後再談改善已太遲而且毫無作用，並徒增日後營運風險及財務上不必要之成本支出。在日本許多大型建設公司會投入大量人力物力，甚至與學界及專業顧問團隊合作進行建築企劃之專案研究，以避免設定方向錯誤。在臺灣，真正願意支付專業的建築企劃顧問費用，仍是一個較不願接受的概念，有鑑於此，在現今知識管理主流的年代裡，如何將運動管理專業知識與經驗建構在建築企劃，並應用於運動休閒場館開發案之初，再導入建築規劃及營運前期規劃作業整合之模式，是目前所缺乏研究及執行的領域，此研究議題值得學界及業界共同投入研究與開發。

其三，建議未來可研究探討政府於大型運動場館建築規劃興建及委外營運管理招標執行時序，其程序與時序執行之差異關係，是否成為影響大型運動場館日後營運管理關鍵成功因素。

其四，建議建立營運績效指標，用以建立合理的公辦民營權利金計算方式，才能針對場館經營，商業設施面積比例等實際營運議題，得到較好的探討及效益推估模式，並藉以在環境、公共政策、都市發展與民

營化之間，找尋適當施政的平衡點，創造共贏的幸福公民社會。

本章結論

　　多功能體育場館的日常營運硬體維護規劃與作業，是為提供所有使用者（包含觀眾、租借使用單位、經紀公司、演出者、選手、工作人員）最佳的硬體設施及空間服務品質，根據2005年東森巨蛋經營團隊內部會議資料，曾指出臺北小巨蛋竣工後部分建築並不符營運需要，若計畫執行之初，建築設計標與營運標能同時委託，可避免產生官民雙方預算執行上不必要的浪費，而依採購法的執行亦有所偏頗，應修正採購法與執行方式，例如最低標造成電梯設備品質低落，故障問題叢生，現已完全由市府自行更換電梯品牌與設備更新，豈不浪費公帑。

　　現今官員及專家學者，大家應開始思考，如何藉由大型運動賽會結合市政都更契機，並同時創造各項產業商業轉型發展，尤其是服務業創新部分，但更重要的是，在未來新建公共工程與委外經營的程序及時序，須儘快而謹慎的修正，才不至於落入場館前期建築規劃開發，與後期市場商業需求，以及實際營運管理需求無法銜接之陷阱，而導致執行落差，日後備受公論爭議。

　　以美國加州洛杉磯市Burbank公園改造計畫為例，進行兩案比較分析，其公辦民營委外經營的OT程序，是由民間發起向市府提案，市府出資興建部分建設，民營團隊同時參與部分建設，公園建築規劃初期由Burbank市政府召開公聽會並予以公告，議程中有Burbank網球中心總監Mr. Star Leaf向市府官員及市民報告，得標後再與政府共同執行，本案是於1994年美國洛杉磯市政府規劃執行，在1996年落成營運，營運期間還舉辦過前任世界網球球王阿格西復出挑戰級職業網球賽事，並於2010年

榮獲*LA Magazine*提名Burbank Park為LA最好的網球俱樂部。

　　由上述兩個不同個案比較結果得知，大型運動場館建築規劃品質與營運管理風險降低及服務品質提升的成功相關因素，是可藉由委外執行程序與時序上的差異來改善提升，並可避免日後營運上種種問題，因而導致場館經營的人謀不臧，建議爾後政府如能於建築規劃設計階段，就同時進行OT招標程序，並由得標營運團隊以未來商轉營運使用目標前提下，共同協助建築規劃設計執行，應為較正確的OT執行程序模式。

　　展望未來希望政府政策的施行既能符合社會全民所期待的公平正義原則，又能提升大型運動場館商轉能力，進而為城市整體的產業行銷發展帶來實質的經濟效益，希望藉由良好的政策及規劃執行，確實有效杜絕公帑的浮濫消耗，創造更多的青年就業機會，以及專業人才培訓的契機，為臺灣開啟運動、藝文、時尚與休閒的新世代生活模式。

問題討論

一、公辦民營的委外OT及BOT模式，你認為如何規劃執行會更好？現行方式該怎麼改善？

二、你希望如何來與政府採行何種合作經營模式？

三、為預防政策規劃與執行落差，你認為可採行哪些方式觀察協調與進行場館的規劃模式。

參考文獻

王儀祥（2001）。〈體育館及游泳池的規劃設計與營運管理〉。《淡江體育》，4，頁29。

王慶堂（1999）。《臺灣地區公共體育場經營現況之研究》。國立臺灣師範大學體育系碩士論文，未出版，臺北市。

李柏熹（2009）。《巨型多功能運動場館關鍵成功因素之探討——以臺北大巨蛋規劃為例》。世新大學觀光學系碩士論文，未出版，臺北市。

宗邁建築師事務所（2003）。《臺北市一萬五千席多功能體育館委託營運管理委託規劃技術服務期末報告》。未出版，臺北：臺北市立體育場。

東森巨蛋經營管理股份有限公司（2005）。《新加坡室內體育館經營研討會議會議紀錄》。未出版。

東森巨蛋經營管理股份有限公司（2005）。《臺北市一萬五千席多功能體育館營運計畫書》。未出版。

東森巨蛋經營管理股份有限公司（2006）。《2006年年度經營檢討會議會議紀錄》。未出版。

東森休閒育樂股份有限公司（2005）。《巨蛋專案會會議紀錄》。未出版。

新加坡室內體育館網站，http://www.sportshub.com.sg/

楊志顯（1997）。〈運動場館之整建與經營管理〉。《教育部國民體育季刊》，26(3)，頁107-114。

臺北大眾捷運股份有限公司，http://www.trtc.com.tw/MP_122031.html

臺北市政府臺北小巨蛋體育館網站，http://www.taipeiarena.com.tw/

錢鎮宇、楊惠琪、江祥綾、吳雨潔（2007）。〈終止東森合約　北市府接管小巨蛋〉。《聯合報》，2007年8月15日。

蘇雄飛（1999）。《國內外優良運動場館經營管理參考範例研究》。行政院體育委員會，未出版。

Los Angeles Magazine (2010), http://www.lamag.com/bola/articles/Story.aspx?ID=1390110

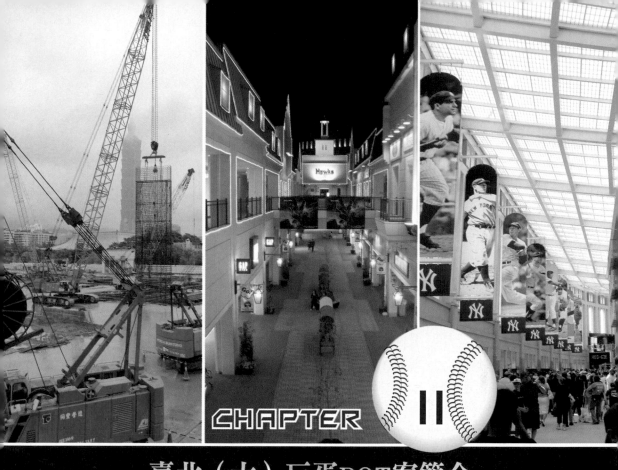

CHAPTER II

臺北（大）巨蛋BOT案簡介

李柏熹

第一節　臺北（大）巨蛋案的起源

第二節　臺北（大）巨蛋案的設計規劃

第三節　臺北（大）巨蛋案的展望

本章結論

重點摘要

　　本書雖以臺北小巨蛋、高雄巨蛋等15,000席等級的多功能體育館營運管理實務為核心，為了使本書更完整，利用本章介紹興建中，臺灣最大的多功能室內體育館——臺北（大）巨蛋的規劃內容。以期讓本書構成完整的「巨蛋」領域實務。

一、臺北（大）巨蛋（Taipei Dome）才是國外所謂「巨蛋」體育館，主要用途多是室內棒球場或室內足球場（或美式足球）。

二、臺灣自1991年11月職棒總冠軍賽，由球迷喊出「我們要巨蛋」開始長達二十年的巨蛋籌建之路，直到2011年7月才正式動工。

三、為了降低政府的財政負擔，引進民間企業化的經營管理技術，臺北（大）巨蛋由政府選址並決定規劃原則後，即以BOT方式徵求民間興建營運，並於2006年與遠雄巨蛋事業股份有限公司簽訂BOT契約，展開開發計畫。

四、除了40,000席的巨蛋棒球場，臺北（大）巨蛋還規劃了商場、旅館、辦公大樓、影城等附屬事業，以及臺灣第一個完整呈現百年棒球史的臺灣棒球博物館。

五、附屬事業的項目規劃，除了考慮到整體營運財務可行性的需求外，也必須考量整體園區的定位與服務完整性。

六、若以單一用途——棒球，來檢視巨蛋的需求與營運可行性，在目前臺灣的職棒市場狀況並不樂觀。但若擴大視野，臺北（大）巨蛋有三大主要用途：棒球、演唱會與展覽。而這三項活動市場都有足夠的潛力與動能，可以支撐臺北（大）巨蛋的使用率。

第一節　臺北（大）巨蛋案的起源

一、巨蛋體育館的起源

(一)全球巨蛋體育館的興建風潮

1965年，全球第一個巨蛋棒球場Astrodome在美國德州休士頓落成啟用，開啟了現代化巨型室內體育館的紀元，其超大跨距無樑柱結構（一般皆超過200公尺）的奇觀式建築，被譽為世界第八大奇景。日本第一座巨蛋棒球場Tokyo Dome在1988年於東京開幕，也被日本媒體譽為日本戰後最偉大的建築。1989年，全球第一座啟閉式屋頂巨蛋Skydome（現名Rogers Centre）在加拿大多倫多完工；1993年日本第一座可啟閉式屋頂的福岡巨蛋，搭載著日本的夢想與科技神話熱鬧開幕。

有學者研究歸納後發現，巨蛋多出現在經濟發達的先進國家，如美國、日本、英國、加拿大等，因此蓋巨蛋，也是一種國家競爭力與經濟力的展示。但與其說巨蛋是先進國家的象徵，不如說，巨蛋是該國職業運動發達的象徵。事實上，巨蛋體育館幾乎都是某一個、甚至多個職業球隊的主場，再因為氣候上的需求，將該場館設計興建為巨蛋。而通常，職業運動發達的國家，其經濟力與社會狀況也是較進步的。而正因為這種透過巨蛋展現國家競爭力的錯誤思維，臺灣的巨蛋之路從第一步就錯了。

1990年，臺灣在這一片巨蛋熱中開啟了職棒元年，並從1991年開始巨蛋評估規劃，整個90年代，臺灣各個城市也陷入了巨蛋狂潮，包括高雄市、臺北縣、苗栗縣、臺中縣市、彰化縣、屏東縣，甚至澎湖縣，都積極爭取巨蛋的興建，想搭載這股棒球與巨蛋的風潮，讓自己的城市飛上枝頭。

　　但從全臺大量興建卻乏人問津的文化館經驗，有了巨蛋卻沒有實質內涵（活動）與整體產業發展政策，只是形成另一個蚊子館罷了。1993年興建完成的15,000席桃園縣立體育館（桃園巨蛋），其年度使用率僅約120天左右；2001年完工的7,500席苗栗巨蛋體育館，使用率更不足80天。從這兩個案例便可以看出，硬體建設只是內容產業發展的一環，有好的「場地」，配合相關「產業政策」，才「有機會」帶動相關產業的發展；但同樣地，沒有好的場地，任何政策都是空談。

　　可惜直到今天，臺北小巨蛋、高雄巨蛋營運了多年，臺北（大）巨蛋也在興建中，我國仍提不出完整的、長遠的籃球發展政策或棒球發展政策，輿論卻不斷充斥著體育進不了巨蛋的荒謬言論。誠如前幾章曾經多次提及，目前籃球進不了臺北小巨蛋或高雄巨蛋，是因為場租太貴？還是因為籃球人氣不足？場租降了，甚至免費，籃球就能天天在小巨蛋中比賽嗎？

充氣式薄膜屋頂的東京巨蛋於1988年開幕，是日本，也是亞洲第一個巨蛋棒球場（李柏熹攝，2011）

1993年開幕的日本福岡巨蛋，是日本第一個，也是唯一一個可開頂式的巨蛋棒球場。1995年軟體銀行由大榮集團手上接手後，由旗下關係企業雅虎網站冠名為Fukuoka Yahoo! JAPAN Dome，主視覺由英文標示；2013年起，改由旗下另一關係企業雅虎拍賣冠名（Fukuoka Yafuoku! Dome），主視覺改以日文標示（李柏熹攝，2008、2013）

(二)巨蛋體育館的定義

第一章曾就巨蛋（DOME）提出各學者的綜合性定義，但本單元將提出反思，以筆者這些年與國外各巨蛋經營者交流後的心得，說明巨蛋一詞的個人見解。

由於全球第一個巨蛋體育館Astrodome採用DOME這個字為其名稱，DOME這個字也有了新的意義，從過去西方帶有宗教色彩的圓頂（或稱穹頂）建築，擴大為圓頂體育館，而臺灣因為東京巨蛋的背景，當DOME這個字用在運動場館時則翻譯為巨蛋。

雖然臺北小巨蛋或高雄巨蛋這類20,000席以內的室內體育館也可能擁有圓頂，但習慣上並不會將這類室內籃球場、排球場、網球場等建築稱為DOME。仍以室內棒球場、足球場等舉辦大型體育競技活動的室內體育館才會稱之為DOME。只是在中文，不論大小，皆喜歡冠上巨蛋之名。

　　有些學者擴大解釋DOME另有集運動、休閒、娛樂等於一身的超大型活動中心，自成一個休閒活動城市的涵義。但事實上，就筆者與美國、日本諸多DOME的經營管理階層會議的結果，除了東京巨蛋的確一開始就提出了Tokyo Dome City有此定位外，大多數在命名時並沒有將這些因素考慮進去，雖然在實際營運上，的確是朝著娛樂中心規劃，可是與命名卻是截然不同的兩件事。如加拿大多倫多的Skydome，在賣出冠名權更名為Rogers Centre時，並不是採用Rogers Dome。美國的許多DOME仍喜歡用PARK或CENTER來命名。而日本的巨蛋體育館DOME，皆沿用DOME這個字的片假名來命名，則是因為在東京巨蛋後，日本人已經認知「DOME，ドーム」就是巨蛋體育館了。

　　關於「巨蛋」一詞的來源與國際間的語意、用法，國內錯誤觀念頗多，有必要在此進一步說明。

　　1988年東京巨蛋開幕，以BIG Entertainments and Golden Games!為其營運定位，縮寫為BIG EGG，Tokyo Dome從此有BIG EGG的暱稱，傳到臺灣，直接將之翻譯為巨蛋，從此，巨蛋成為臺灣泛指此類室內體育館的專稱。由於BIG EGG在日本只是用來指稱東京巨蛋，其他巨蛋仍用DOME一字。因此，在日本使用ドーム（DOME），一般能理解是巨蛋體育館。但若使用BIG EGG，除非是棒球迷，不然也不知道指的是東京巨蛋。至於漢字的「巨蛋」，一般日本人並不知道是指ドーム（DOME）的。而在歐美英語系國家，也沒有人能瞭解BIG EGG跟DOME間有任何關聯，甚至單獨講出DOME這個字，歐美人士也無法直接聯想到巨蛋棒球場或巨蛋體育館，而是依其原意，想到較偏宗教性的圓頂（或穹頂）除非跟名字一起唸，如Astrodome。事實上，西方傳統的圓頂建築並不大，許多教堂中的圓頂，直徑可能只有十幾公尺。

　　但在臺灣，則是將巨蛋用來泛指所有的室內體育館，包括室內籃球場等規模較小、在國外並非使用DOME來稱呼的體育館。因此，全世界

1988年開幕的東京巨蛋，暱稱為BIG
EGG，成為臺灣稱其為巨蛋的濫觴（李
柏熹攝，2012）

僅有臺灣以「巨蛋」稱呼此類體育館，甚至自行擴大其意義到所有的室內體育館，不分規模大小。所以除了最早叫巨蛋的臺北小巨蛋，以及隨後的高雄巨蛋，使得真正是巨蛋的臺北巨蛋（Taipei Dome）因為要與小巨蛋區隔而變成臺北（大）巨蛋（已經是「巨」蛋了還多了「大」字，在修辭學上是很糟糕的表達方式），臺大體育館也常被叫成臺大巨蛋，桃園體育館也變成桃園巨蛋，氾濫成了有屋頂的體育館就是巨蛋。

　　曾有學者認為所謂巨蛋體育館，應該是座位席40,000以上、屋頂跨距210公尺以上直徑圓形或接近圓形、外觀白色近似蛋型、室內高度68公尺以上之建築。但事實上，那只是從國外各個巨蛋體育館（棒球場）歸納彙整所得的結果，不能算是規範。雖然美國、日本的職棒球場（包括

露天球場），大多數都超過40,000席，但也有不少不足40,000席的職棒球場或巨蛋（福岡巨蛋僅38,000餘席、大阪巨蛋僅36,000餘席），而為了容納40,000席以上的觀眾，球場含觀眾席的尺寸自然就會超過210公尺。因此，只要是40,000席左右的棒球場，無論有否屋頂成為巨蛋，跨距超過210公尺是必然的建築結構。至於高度，來自棒球揮擊後各種可能的棒球飛行路線，統計後發現即使是靠近本壘的高飛球，也大多在70公尺以下，才規劃出巨蛋棒球場的室內淨高需有68公尺以上。當然仍不免有些巨砲型打者可能打出超過天花板高度的球，因此各個巨蛋棒球場都會另訂相關的棒球規則，以判定當棒球打擊到天花板後的各種可能狀況。而若該巨蛋體育館是屬於足球場、美式足球場，高度就可以稍低。造型上，美國許多巨蛋棒球場不但不是蛋形，甚至也不是圓形或接近圓形，如2012年開幕，美國最新的Marlins Park。

因此，只要是棒球、足球、美式足球等大型體育活動的室內場地，就可以稱之為巨蛋體育館，不需拘泥於觀眾席次、跨距長度，甚至屋頂造型。

二、臺灣巨蛋籌建的歷史

1991年11月10號，臺北市立棒球場舉辦中華職棒二年總冠軍賽，統一獅對味全龍，當時的行政院長郝柏村也到現場觀賞。賽事進行到一半突然下起了大雨，在滂沱的雨勢下，比賽不得不暫停了將近一小時，郝柏村利用暫停的時間到播音室中講話安撫觀眾情緒，此時，全場觀眾終於按捺不住而一起高聲吶喊：「郝院長！我們要巨蛋！」、「我們要巨蛋」的吶喊聲一直迴盪在臺北市立棒球場。郝院長亦在同年11月21日迅速指示，由臺北市長黃大洲負責統籌覓地興建多功能室內棒球場。臺灣，從此走上了這條漫長的巨蛋之路。

二十餘年來，臺北（大）巨蛋的生產過程充滿了高度的政治操作，已經完成BOT委託的臺北（大）巨蛋，在2006年簽約直到2011年才開工，冗長的生產過程中埋下了諸多的環境變數，其中影響最大的兩項因素，是職棒與環保：職棒熱潮的退卻，讓興建巨蛋的合理性大為降低（陳志祥，2008）；環保意識的抬頭，讓巨蛋的興建更添變數（朱芳瑤，2007；詹家琪，2008）。

茲依時間序列，將臺北（大）巨蛋的生產過程區分為四個時期：

第一個時期，自1991年由行政院指定巨蛋開發起至2003年巨蛋終於定址於松山菸廠止，此一時期因為藍綠變天，中央與地方各有各的政治立場而不同調，導致巨蛋興建的政策雖然基於選舉考量為藍綠共識，卻成為操弄議題而在地點上多有轉折。

第二個時期，自2003年巨蛋落於松菸位置確認起至2006年BOT案完成簽約止，此一時期中央變綠而地方變藍，即使藍政府定址於松菸已無大礙，但卻又由綠中央文建會主導產生出松菸古蹟的議題，導致巨蛋基地的零碎，加上最優先議約人臺北巨蛋企業聯盟分裂，直到2006年爭議結束才趕在馬英九卸任市長前完成BOT簽約。

第三個時期，則自2006年簽約起到2011年取得建照，十餘年以巨蛋為議題籌碼的政治惡鬥陸續發酵，地方居民與環保團體組成松菸公園催生聯盟，有計畫的推動松山菸廠巨蛋變更為公園，間接導致巨蛋在簽約後四年多才終於低調的動工，反對聲浪逐漸趨緩，但反對的動作卻未曾稍減。

第四個時期，從2011年6月取得建照並開始施工至2015年完工（預定），歷經二十年的規劃籌備，臺北（大）巨蛋終於進入營造施工的階段，看似順利的表象下，其實還是潛藏著許多的阻礙，但無論如何臺北（大）巨蛋終於有一個可以看到的架構，2017年臺北市主辦的世界大學運動會也將利用巨蛋作為開閉幕的主場地。

(一) 1991～2003年：政治操作下的巨蛋選址

　　1991年11月，行政院長郝柏村責成臺北市進行巨蛋評估規劃。臺北市政府經過各項評估考量，市長黃大洲決定以關渡平原為建置巨蛋的預定區域，但由於關渡平原牽涉到長期以來關渡地區嚴重的土地炒作問題，在政治與經濟的多重角力下，該案預算並未獲得臺北市議會通過。1994年臺北市長選舉變天，由民主進步黨的陳水扁當選，關渡平原興建巨蛋一案因此被擱置。陳水扁於1995年2月6日成立「巨蛋催生小組」另外評估臺北市可行的巨蛋建置地點，重新檢視了關渡平原、中山足球場、南港農業區（含202兵工廠）、臺北市立棒球場原址（即臺北市立體育場），以及松山菸廠合併臺鐵臺北機廠等，最後陳水扁採行了松山菸廠方案，並積極與松山菸廠所屬的臺灣省政府宋楚瑜展開協商。但由於藍綠間的矛盾，此方案的協商並不順利，直到1996年仍未有具體結果，北市府甚至放話表示不惜將松山菸廠變更為公園用地（此舉也埋下了2006年起「要公園不要巨蛋」抗爭活動的伏筆）。

　　陳水扁為了兌現競選承諾，除了持續與省府協商，北市府也重新評估其他替選方案的可行性，其時恰逢軍方有意將南港202兵工廠變更為愛國者飛彈基地，引發了附近居民喊出「我們要巨蛋，不要飛彈」、「歡迎巨蛋，反對飛彈」等抗議口號。在各項可能的地點中，巨蛋催生小組於1996年7月20日第八次會議中決議，將巨蛋定址於臺北市立棒球場重建，並於1996年10月7日評選出劉培森建築師事務所負責規劃、設計及監造巨蛋。但由於招標過程出現瑕疵，主辦官員副市長陳師孟被新黨市議員秦麗舫控告偽造文書與瀆職罪，雖然最後地檢署以罪嫌不足不起訴，但此案從此受到臺北市議會杯葛而難以進行專案報告，並成為1998年陳水扁競選連任時遭受攻擊的弊案之一。

　　1997年，延續1995年起的BOT風潮，陳水扁眼見臺北國際金融大樓

臺北市立體育場曾是臺北（大）巨蛋候選場地，原址為臺北市立棒球場、田徑場，現已改為臺北小巨蛋、臺北田徑場與松山運動中心，結合旁邊原有的臺北體育館成為臺北市體育園區（李柏熹攝，2012）

（臺北101）設定地上權（BOT）成功後，也計畫將臺北（大）巨蛋案採用BOT方式委託興建經營，但由於巨蛋商機遠低於101大樓，臺北市政府原打算補助得標業者69億興建巨蛋。但在行政院公共工程督導會報時，政務委員黃大洲認為BOT案政府不該出一毛錢，而將臺北市立體育場土地由文教區變更為商業區，並允許興建旅館等商業設施以補貼巨蛋的營運，BOT期限為七十年。

1998年陳水扁競選臺北市長連任失利，由國民黨馬英九當選，針對

巨蛋案，馬英九指示副市長歐晉德籌組「巨蛋體育館籌建小組」並擔任召集人。重新檢視松山菸廠、臺北市立棒球場原址、關渡公園等三處可能的地點後，松山菸廠在十二項評估條件中，以相對較優的成績讓巨蛋重回松山菸廠（**表11-1**）。1999年5月4日，馬英九向行政院副院長劉兆玄針對興建國際級多功能體育館、整建現有運動場館，以及興建各行政區市民運動場館進行簡報，獲得副院長劉兆玄、體委會主委趙麗雲、經建會副主委劉玉山等人的肯定。此時，在松山菸廠興建巨蛋幾乎已成定局。

就在巨蛋即將落腳在松山菸廠的同時，2000年總統大選，陳水扁當選總統，中央與地方再度不同調，為巨蛋的興建再添變數。

依北市府的構想，松山菸廠將規劃為結合運動、藝文之綜合園區，

表11-1　巨蛋體育館選址十二項初步評估表

	評估項目	松山菸廠	關渡公園	市立體育場
1	交通運輸服務程度	A	B	C
2	土地取得難易程度	B	B	A
3	環境保護影響程度	B	A	C
4	籌建時程配合程度	A	B	A
5	周邊設施配合程度	A	C	A
6	都市發展帶動程度	B	A	B
7	市府財政負荷程度	B	A	B
8	相關條件配合程度	B	A	B
9	市民及社會團體支持程度	A	B	B
10	需求及機能達成程度	A	B	B
11	影響現有運動設施使用程度	A	A	C
12	營運管理可行程度	A	B	A
	總計	7A 5B	5A 6B 1C	4A 5B 3C
	結論	松山菸廠相對較優		

資料來源：臺北市政府（1999）

巨蛋體育館用地約7.83公頃，配合現有荷花池保存，規劃約2.29公頃的藝文公園用地，其餘用地規劃為道路、商業區及住宅區等，其中商業區用地約5.37公頃，住宅區1.13公頃擬作為標售和配合使用。2000年6月5日，市長馬英九主持的市政會議中通過松山菸廠興建巨蛋體育館及藝文園區案。但就在市政會議做出決議後的第二天，6月6日文建會主委陳郁秀、副主委羅文嘉在藝文人士與古蹟學者陪同下視察松山菸廠，並表示松山菸廠的歷史意義具有高度的保存價值，將向財政部爭取「以文化為最優先的規劃，在此打造臺北新藝術文化園區」。而對臺北市政府才剛通過松山菸廠興建巨蛋的決議，陳郁秀說，北市的構想僅止於內部作業，由於土地為國有財產局所支配，最終的裁奪將是行政院（丁榮生，2000）。

2000年6月8日，行政院長唐飛在聽完北市府的松山菸廠巨蛋的規劃簡報後做了四項裁示：一，航高的問題須解決；二，巨蛋園區須文化與體育並存；三，修正園區內過多的住宅規劃；四，行政院將指定一位政務委員，協調文建會、體委會和市府，早日推動該項重大建設（張啟楷、董孟郎，2000）。因此，未來整個問題的關鍵有二：航高限制部分，臺北市政府必須提出在該地建巨蛋不至影響飛航安全的有力證明；其次是古蹟爭議，一旦菸廠被指定為古蹟，原來完整方正的18公頃土地只剩下L形的10公頃空地興建巨蛋及其附屬事業，不完整的地形將難以規劃出巨蛋（張啟楷，2000）。尤其古蹟指定後，在歷史文化意涵高於設施開發的前提下，古蹟的重要性必然高於巨蛋，反而出現了喧賓奪主的古蹟衝擊新議題。而此一議題，直到2011年一直都是歷次巨蛋都審會議的關鍵重點。

6月15日臺北市議員陳永德針對松山菸廠的規劃主辦了一場公聽會，邀請松菸附近十五個里的里長與居民參加，出席的民眾強調反對市府下蛋在松菸，希望改規劃為「文化藝術園區」（王超群，2000）。7月17日

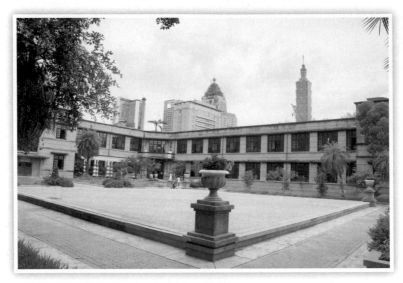

松山菸廠古蹟現已開放成為松山文創園區，吸引許多藝文展覽與人潮，成為臺北新興的休閒去處（李柏熹攝，2011）

民進黨臺北市議會黨團在松山菸場召開公聽會，與會的民眾與市議員皆反對巨蛋興建在松菸，認為巨蛋將破壞古蹟，所帶來的人潮、噪音、垃圾與交通問題，都會給當地帶來相當大的環境衝擊（廖瑞宜，2000）。即使在各界的反對聲浪下，馬英九仍不放棄在松菸興建兼顧巨蛋與古蹟共存的體育文化園區（程金蘭，2000），9月8日參加完中央與地方協調會報後表示，行政院原則上支持巨蛋開發案，同時，納入民眾與藝文界人士意見後，松山菸廠將充分尊重文化與古蹟，因此，未來松菸巨蛋園區的名稱為「文化體育園區」，而非「體育文化園區」（王嘉陵，2000）。

　　為了配合松山菸廠古蹟的保存與再利用，臺北市文化局於2001年3月22日召開松山菸廠古蹟審議公聽會，但地方居民所反應的，鮮少在古蹟的議題，而是著眼在反對巨蛋的興建，尤其對巨蛋帶來人潮的交通衝擊特別憂心（陳盈珊，2001）。9月4日，臺北市市政會議通過古蹟本體

（辦公廳、製菸工廠、鍋爐房、一至五號倉庫）將提報為古蹟，而歷史建物部分（機器修理場、育嬰室、檢查站）則持保留態度。

陳駿逸、魏冠中、龔招健（2001）報導指出，2001年11月18日球迷在天母球場再度向臺北市長馬英九狂喊：「我們要巨蛋！」為延宕了十年的巨蛋規劃發出了怒吼。馬英九表示，巨蛋體育館一定要建，但現在卡在土地問題上，只要中央支持臺北市政府在松山菸廠現址建巨蛋，臺北市政府可以馬上規劃動工。

馬英九在2001年11月21日表示，「古蹟應該要活化，不是完全不能使用，國外有許多體育館與古蹟結合的案例，而臺北市現在也有很多古蹟還在使用，總統府、監察院就是最好的例子。」臺北市政府同時委託在國外專精於體育館建築設計的HOK s+v+e（現改名為POPULOUS）公司，針對松山菸廠在保存捲菸工廠和倉庫等古蹟的前提下，評估巨蛋是否仍可以設置，以及其最佳設置區位建議。2001年12月10日上午，HOK s+v+e向馬英九提出期末簡報，馬英九聽完簡報後肯定巨蛋與古蹟的結合不但不是障礙，更是另一種新奇的體驗，有利於古蹟的永續保存與利用。2001年12月26日古蹟審查委員會審查通過於松山菸廠古蹟旁興建巨蛋之可行性。雖然此一政策乃經過古蹟委員會審查同意，但日後仍出現了巨蛋基地周圍欠缺足夠的人員疏散空間的憂慮（丁榮生，2001），更導致了後來巨蛋與古蹟距離太近產生壓迫感的爭議，成為巨蛋落於松山菸廠的反對因素之一。

2002年3月19日，行政院發文臺北市政府，有條件同意（另需解決用地、古蹟、航高問題等）松山菸廠的巨蛋興建案。由於松山菸廠占地約18公頃，土地價值約250億，因此臺北市政府將採取「以地易地」的方式與中央交換以解決土地產權問題。2002年7月9日，「臺北文化體育園區籌備處」掛牌成立，展開用地取得、徵選規劃團隊、航高限制專案放寬、環境影響評估、都市計畫變更、財務計畫擬定、BOT作業與招商等

臺北（大）巨蛋預定地因為政策的反覆，最後成為一個不方整的L型，
規劃上變得擁擠，又緊鄰古蹟，甚至比臺北市立棒球場原址更不好使用
（李柏熹攝，2013）

各項作業。

2003年，第四次臺北市古蹟暨歷史建築審查委員會第四次會議通過
松山菸廠指定為古蹟案。12月16日提報市政會議討論通過，成為第99處
市定古蹟。

松山菸廠是因為巨蛋興建的必要，才有遷廠的決策出現，但想不到
的是，遷廠後松菸反而變成古蹟了，使得巨蛋落於此L型基地變得狹窄擁
擠，更使社會上出現古蹟旁不應該蓋巨蛋如此大量體的巨型建築物，這
樣喧賓奪主的轉變，恐怕是當初始料未及的。

(二) 2003～2006年：巨蛋BOT案的招標與簽約

2003年12月30日，「臺北文化體育園區——大型室內體育館開發

案」正式上網公告。2004年5月17日，由遠雄企業團等民間企業組成之「臺北巨蛋企業聯盟」獲選為最優先申請人並展開議約事宜。但同年9月29日，聯盟內部爆發合作糾紛，成員中的劉培森建築師事務所與日本竹中工務店宣布退出聯盟，自此遠雄與臺北市政府展開長達兩年的得標權利解釋往來。其間，遠雄為了保有最優先申請人的資格，並證明新團隊優於舊團隊，巨蛋建築規劃部分與美商HOK s+v+e合作，營建施工則與日本大林組合作，國內承辦建築師則委託瀚亞建築師事務所。2006年6月19日，第八次臺北巨蛋甄審會審核通過遠雄得標。同年10月3日，臺北市市長馬英九與遠雄巨蛋事業股份有限公司董事長趙藤雄聯名簽署「臺北文化體育園區——大型室內體育館開發計畫案興建營運契約」，依據合約規定，2007年10月前臺北市將基地移交給遠雄進行工程開發，BOT期限為自簽約日起算五十年（含興建工期），五十年後土地與全部地上物移交回臺北市政府。

　　整個巨蛋的選址開發受政治力高度干預的過程，其實與英國倫敦千禧巨蛋（Millennium Dome，後內部改建並更名為O2 Arena，成為倫敦地區最重要的娛樂地標）的開發興建頗有異曲同工之妙。依據Wilhide（1999）對千禧巨蛋的紀錄，該巨蛋是1993年10月由英國保守黨政府所推動的建設，於1994年2月召開第一次籌備會議並逐步展開後續工作。但在野的工黨卻以巨蛋象徵對私人企業的讚頌而加以抵制；而當1997年工黨執政，千禧巨蛋卻成了新工黨的紀念碑（官文炎，2000）。直到1997年6月，工黨政府才同意巨蛋的興建，於1998年1月動工，1999年12月為迎接千禧年到來而開幕。

　　到此為止，松山菸廠巨蛋案，從位置的選擇與改變，到松山菸廠的波折，其政治意涵往往超越了巨蛋本身的價值，而棒球與巨蛋，也淪為政治角力的工具。巨蛋在冗長的催生過程中終於簽約了，正當國人滿心期待巨蛋的來臨，新的挑戰卻正在醞釀。

(三) 2006~2011年：變數與挑戰

◆反巨蛋之聲浪與運動

巨蛋由於其奇觀化的建築量體，往往具備了相當程度的觀光效益，加上臺北文化體育園區的整體設置，除了巨蛋，還包括了購物商場、旅館以及文化古蹟等構成休閒觀光的要素。因此，對當地居民一樣產生了涵蓋環境衝擊、文化衝擊以及經濟衝擊等觀光帶來的社會衝擊。許多研究也發現，運動場館設施的興建往往忽略了附近生活居民的空間壓迫，因此常引起保護團體與居民的反抗，而這種對立皆是肇因於場館與周圍的社區欠缺溝通與聯繫。

也因此，漫長的巨蛋夢並沒有因為簽約而宣告實現。2007年起，配合環評審查與都市設計審查的需要，遠雄巨蛋公司舉辦了多次公開說明會，但每次會中皆遭受附近居民與環保團體強烈的抗議與杯葛。尤有甚者，延續自2000年起的地方抗議聲浪，隨著巨蛋BOT案簽約確認，環保團體與附近居民於2006年組成了「松菸公園催生聯盟」，透過輿論、民意代表，有計畫的推動反對巨蛋興建並改建為森林公園的訴求。

由於「松菸公園催生聯盟」有效的結合了住民自決、環境保護、全球暖化等現代議題作為基本論述，再加上2007年8月臺北小巨蛋遭市政府收回經營權，以及中華職棒市場每況愈下的需求面問題，利用每一次遠雄說明會的機會製造抗爭與議題，突顯巨蛋興建的非必要性與規劃設計的不合理性，並主動通知環保線記者與公民記者到場，取得新聞主動發言權。此外，該聯盟對巨蛋BOT合約中所載的權利義務以及相關環評法規研究甚為詳細，並緊抓「附屬商業設施面積大於巨蛋體育館面積是本末倒置、圖利財團」等議題，利用一般民眾反財團的心態，在輿論中成功訴求出巨蛋可能潛藏龐大的官商勾結問題，並將此議題訴諸民意代表與監察院，從輿論、臺北市議會與監察院三方層層施壓。

2008年1月28日，臺北市政府環境影響評估審查委員會第六十五次會議，審查遠雄所送臺北（大）巨蛋規劃案，會前由「松菸公園催生聯盟」成員率先發言，其中最重要的發言即為，臺北（大）巨蛋案在2002年所做的民意調查雖然取得七成民意支持度，但該調查並未說明巨蛋以外的商業設施量體，而且當時的開發量體與現在遠雄的規劃案顯有不同，應重做民意調查。因此，環評委員決議，「量體與原先差異部分需先釐清，並就其變更較大部分辦理說明會後，再辦民意調查」，並將上述兩份資料檢附於環評報告中再送審。針對此一決議，遠雄一方面委請律師進行訴願程序，以抗議環評委員會之決議，因為量體差異，是從政府的招標文件就有差異，遠雄巨蛋公司乃是依據招標文件所規定的量體設計，並未超出招標文件與合約規範；另一方面，為了加速本案之審理，仍同時籌備說明會之召開與民意調查的執行委任。此一結果，讓巨蛋開發案延宕了十個月，直到2008年8月完成公開說明會，9月完成民意調查，彙整於環評說明書後，11月掛件至市政府。

針對環評委員會的決議，在邏輯上有其可議之處。因為本案臺北市政府已於2002年做過民意調查，完成初步都審、環評，據以進行招標，並於2006年10月3日完成BOT簽約。依照環評會之要求重做民調，「萬一」民調結果反對興建的民意大於贊成興建之民意，將出現本案難以繼續推動卻又因此違約的矛盾困境。以政府邏輯與環評委員會要求重做民調的精神，民意反對當然就應該停止本案；但依據合約精神，遠雄是在臺北市政府確定此開發案內容與開發量體，並公開招標後，才予以投標並簽約，萬一終止合約，必然衍生司法訴訟與違約賠償等問題。

一個簡單的決議即造成長達十個月的延宕，更何況本案歷經了九次都審與五次環評才終於取得建照，充分突顯我國行政效率之不彰。

◆市政府與受託廠商的角力

　　直到合約所訂的2007年10月3日，臺北市政府因為無法依合約清除地上物（主要是樹木移植），仍無法交地給遠雄；遠雄也因為樹木保護委員會決議希望多留樹的前提下，對遠雄的設計案有意見，而持續修改設計方案而遲遲未能取得建照。甚至，在市政府原始規劃巨蛋時，希望增闢市民大道松菸匝道並拓寬忠孝東路四段553巷以銜接北延的逸仙路，形成環場道路以降低交通衝擊，也在553巷居民的反對下以及松菸荷花池生態維持的理由下而變更，導致交通規劃必須重新設計。

　　在1990年代到2000年代初期，巨蛋一直都是各項選舉的重要議題，各界支持巨蛋興建、相信巨蛋神話的巨蛋效應不斷擴大延燒。但反而是2006年巨蛋案簽約後，支持巨蛋興建的聲音式微了，反對巨蛋興建的聲音變大了。雖然由遠雄在2008年重做的民調中，支持興建巨蛋的比例仍是多數，但支持者卻變成沉默的大眾，反而由少數的反對者取得發言權。臺灣的巨蛋夢是否能實現，仍充滿了高度的變數。

(四) 2011～2015年：營造施工期

　　臺北市政府與遠雄巨蛋公司簽約後的巨蛋園區設計方案，歷時五年，經過九次都審、五次環評後，終於在2011年6月取得建造執照並開工，預計2016年開幕，並規劃於2017年成為臺北世界大學運動會（簡稱世大運，World University Games）開閉幕式的主場館。

　　臺北（大）巨蛋的興建看似定案，但整個施工過程並不順利，在此舉二個例子以茲說明。

◆夜間施工處罰與申請

　　工程施工的第一個步驟是連續壁工程，依據「臺北市建築工程夜間及例假日施工管理辦法」規定，連續壁與基樁施工期間為上午六點到

晚上十點，合計十六個小時。施工時大致有三個程序：挖掘、放置鋼筋籠、灌漿（水泥），整個程序完成大約需要五十個工作小時，遠超過一般建案的施工期間。其中，灌漿就大約需要十六個小時，亦即挖掘完畢後，不論剩下的時間是幾個小時，為了避免灌漿時間超過施工時間，只能暫停施工，待第二天才施行灌漿工程。

這樣的程序有兩大問題：第一是時間的浪費，即使挖掘完成後還有十個小時的施工時間，這項工程仍然不能進行，因為下一個工程做下去會超過晚間十點的施工時間限制；第二是成本的增加，因為臺北（大）巨蛋園區的連續壁深達40公尺、基樁深達70公尺，如果不能即時進行灌漿，雖然注入穩定液，經過一夜仍然有崩塌的可能而必須局部重新挖掘。

因此，遠雄巨蛋公司一方面調整施工程序以符合法規，另一方面也積極向臺北市政府申請夜間施工待核准。只是在夜間施工核准前，仍有多次因工程未能立即於晚上十點結束而遭環保局開罰，因此引來民眾的抗議以及議員的關切，導致夜間施工的申請難度增加。

◆ 世大運未安排在巨蛋進行棒球賽

臺北（大）巨蛋是2017年世界大學運動會開閉幕的主場館，棒球也是世大運的比賽項目之一，只是考慮到世大運是重要的城市行銷機會，開閉幕典禮就算不能媲美2008年的北京奧運，至少也不能亞於同樣是臺北舉辦的2009年聽障奧運（Deaflympics）。有鑑於此，開閉幕典禮的節目預期將會十分盛大，也估計將占用較長的時間進行硬體搭建與綵排，所以世大運執行小組在申辦書中並未將臺北（大）巨蛋列為棒球比賽的舉辦場地。

但2012年9月6日，臺北市議員李慶鋒、陳建銘針對臺北市政府這樣的安排提出質疑，認為北市府考量需架設燈光、舞臺及轉播設備，該場

館將「不安排」棒球賽程，抨擊巨蛋「不務正業」，這種規劃「實在太瞎！」（劉榮，2012）。

結果新聞輿論以訛傳訛，由「巨蛋『不安排』打棒球」，變成「巨蛋『不能』打棒球」，政府從本應該自我檢討賽程安排，變成檢討巨蛋設計。隨後在9月26日由臺北市體育局召開專家學者會議，邀請中華民國棒球協會、中華職棒大聯盟、棒球教練、棒球選手、運動領域研究學者等棒球界人士，由遠雄與巨蛋球場設計公司POPULOUS進行簡報，針對巨蛋棒球場的規格進行檢討（事實上，本案已於2011年6月取得建照並動工，2012年9月才要檢討棒球場的設計，程序上也有可議之處）。

經過逐一核對球場設計規範與實務需求的嚴格檢討後，僅發現本壘後方的距離，未達國際棒球總會（International Baseball Federation, IBAF）球場規定中「建議」（Recommend）的60英尺，為49英尺8英寸。

會中專家堅持那是「規定」，而非「建議」，因為依據中華民國棒球協會所編定的「中華民國棒球規則」（2009）1.04條第六項：「自本壘至後擋設施，以及自壘線至最近之圍牆、看臺或其他在界外區之阻礙設施之距離應在60呎（18.288公尺）以上」。

但不論是該專家，或主持的體育局主席，除了忽略IBAF棒球規則中所用Recommend一字的原意，也完全忽略POPULOUS所提出來的兩點佐證說明：

1. 美國舉辦過如經典賽等IBAF認可的國際性棒球賽事所使用的職棒球場，其中有許多也未達60英尺，包括Petco Field（44英尺7英寸）、Angel Stadium（56英尺2英寸）、AT & T Park（45英尺11英寸），因此本壘後方是否有60英尺的空間並非IBAF認可國際棒球賽球場的必要條件。

2. 為了增加球賽刺激度，美國新球場有縮短本壘後方距離的趨勢，

2008年開幕的美國職棒華盛頓國民隊球場，本壘後方的距離為44英尺6英寸，不但讓觀眾距離打者更近，也增加球賽的精采度（李柏熹攝，2012）

2009年開幕的美國職棒紐約洋基隊球場，本壘後方的距離為52英尺6英寸（李柏熹攝，2009）

包括2008年啟用的Natitude Park（44英尺6英寸）、2009年Yankee Stadium（52英尺6英寸）、2009年的Citifield（45英尺）、2010年的Target Field（45英尺）、2012年的Marlins Park（47英尺），因此縮短本壘後方距離為美國新球場的趨勢。

有鑑於IBAF白紙黑字的「建議」，以及「中華民國棒球規則」的「規定」，體育局為了避免日後爭議，會中最後仍決議要求臺北（大）巨蛋必須修改設計，將該距離放大到60英尺以上，而該項變更則列為北市府世大運籌備會議定期追蹤的項目。

 ## 第二節　臺北（大）巨蛋的設計規劃

一、園區整體規劃

臺北市政府在巨蛋的招標申請須知（臺北市政府，2003）中，針對開發面積規定了總容積面積為九萬六千坪，其中巨蛋體育館部分不低於三萬五千坪。因此2006年臺北市政府與遠雄巨蛋公司簽約時，遠雄所提出來的園區設計方案，規劃了一個40,000席的多功能室內棒球場，還有一個購物商場、電影院、旅館與辦公大樓。直到2011年取得建照前，除了巨蛋的面積較固定外，歷次的方案皆是在上述面積規範下進行調配。

其規劃基礎，來自於財務平衡的永續經營理念。如一般所知，巨蛋本身屬於低自償性的大型公共設施，也因此衍生出巨蛋之開發規劃為BOT案的構想。而作為支撐財務可行性的商業設施，就成為本案能否永續經營的關鍵。

因此究竟要規劃哪些商業項目來「養」巨蛋，有兩大考量重點：第一，能為巨蛋服務加值的商業設施；第二，具有高現金流量或高毛利的

商業型態。

在參考了國外許多多功能體育館的設計規劃後，歸納發現，商場與旅館幾乎是每一個綜合體育園區必備的兩大商業型態，如東京巨蛋、福岡巨蛋、Rogers Centre等，皆是體育園區內即附屬商場、旅館，或是附近有商場、旅館。而商場與旅館，不但提供了體育園區賴以維生的金流與利潤，也提供到訪球員、觀眾附加的休閒服務，可謂是未來類似開發案的「標準配備」。

考慮到臺北（大）巨蛋位於臺北市區的優異地理條件，同時也顧慮到商場、旅館皆有經營上不確定的風險，租金收入相對是較穩定的，因此特別再規劃一棟辦公大樓，作為穩定的現金來源。

商場、旅館、辦公大樓這三個基本商業項目確定了之後，再針對市場趨勢、園區定位、地理條件等，規劃其他商業型態，包括電影院、主題餐廳等。

臺北（大）巨蛋外觀示意圖（李柏熹攝，2012）

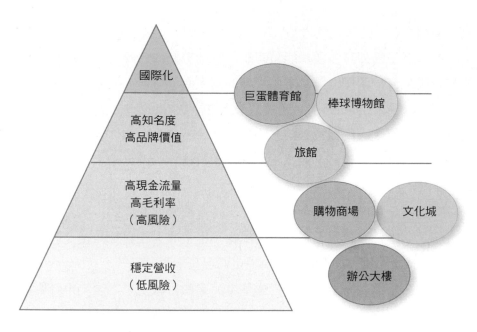

臺北（大）巨蛋園區規劃階層定位圖（李柏熹，2012）

二、各項設施簡介

(一)巨蛋

在臺北市政府關於「臺北文化體育園區——大型室內體育館開發計畫案」的規定，臺北（大）巨蛋是一個可以容納「四萬席」的「多功能」「室內」「棒球場」，為了滿足這四項前提，臺北（大）巨蛋在設計上有許多創新的構想：

◆符合國際賽事的「棒球場」

臺北（大）巨蛋是委託國際上設計體育場館經驗最豐富的POPU-LOUS公司所設計，除了2012年倫敦奧運主場館與O2 Arena外，POPU-LOUS也設計過美國20座職棒大聯盟球場，最新的幾座也都是POPULOUS

的作品，包括Natitude Park、Yankee Stadium、Target Field、Marlins Park。因此不但球場符合國際賽事標準，也將美國職棒球場最新的設計趨勢帶進臺北（大）巨蛋中。

有趣的是，臺灣號稱棒球王國，棒球被稱為國球，由北到南也有多座棒球場，甚至也曾主辦多場國際性賽事，包括世界盃、亞洲盃、洲際盃、亞洲職棒大賽、世界棒球經典賽等，但卻沒有一個「國際標準」棒球場的認證單位，中央的體育署無法認證，中華民國棒球協會無法認證，主管的臺北市政府體育局也無法認證，都希望假手國外IBAF來認證，這其實值得政府深思。

◆ 不畏天候的「室內」棒球場

為了避免臺北多雨的氣候影響賽事進行，規劃之初即要求這是一個室內棒球場，也就是巨蛋。唯一考量的因素是屋頂是否要設計為可啟閉屋頂的型式？由於臺北（大）巨蛋預定地位於市區，附近有住家、辦公大樓，為了避免活動時的聲音影響周遭環境，加上天母棒球場受到附近居民抗議的前例，可以預期有活動時的屋頂勢必都要關上，設計為可開頂式的巨蛋意義不大，因此仍以封閉式的巨蛋棒球場為設計方向。

◆ 「多功能」使用的室內棒球場

除了棒球的基本使用，大型室內場地多用途使用不但是國際上的趨勢，也是市場上的期待。而會使用到如此大型室內場地的活動，依據日本巨蛋的經驗與國內的市場調查，歸納出演唱會與展覽兩大項，其他則有演講、集會、宗教活動與馬戲團等次要活動。但一般來說演唱會與展覽對場地有較多較特殊的要求，如音場、吊點、電源、暗管、後場空間等。因此在臺北（大）巨蛋的設計上，也針對演唱會與展覽的特殊需求進行相關配套設計。

在演唱會上，臺北（大）巨蛋不但設計了舞臺表演專用的電源，也

預先規劃了控臺的位置並配置相關管線；更大手筆的在屋頂設計了舞臺專用懸掛系統：包括一個可以承重70噸的大型吊架，以及80組可以承重2.5噸、165組可以承重1.6噸的吊點（設備含鐵鏈吊車或捲揚機）。比臺北小巨蛋36支承重750公斤的吊桿系統與172個承重2公噸的吊點更龐大。

　　以上舞臺表演相關設施設備的設計，有兩項基本考量：首先，是加快舞臺搭建的效率，一般的大型舞臺，搭臺時間幾乎都要三到五天，但屋頂吊掛系統讓硬體廠商增加了30%以上的效率，也增加了舞臺表現方式的多樣性；其次，是避免舞臺硬體廠商的壟斷。光有懸掛吊點卻沒有配備相對應的吊車（或捲揚機）是不完整的，雖然對場館方而言省下了相關設備費用，卻會造成日後少數硬體廠商壟斷的疑慮，因為吊重1噸、吊掛鐵鏈超過60公尺的吊車（捲揚機），只有少數硬體廠商擁有，場館未設置，就會造成主辦單位非得找那少數硬體廠商，而任由該廠商壟斷

臺北小巨蛋吊桿系統——屋頂控制馬達部分（李柏熹攝，2005）

臺北小巨蛋吊桿系統──升降吊桿部分（李柏熹攝，2005）

或坐地起價。

在展覽上，共設計了42個展覽專用的工作地盒，提供展覽攤位所需要的電力、網路、給排水等。並設計了展覽用的觀眾進出動線、廠商進出動線與後場卸貨空間。由於巨蛋平面層相當於世貿展覽一館兩個展區的使用空間，為了廠商展出彈性使用，也特別規劃了隔屏與分區空調，讓廠商可以只使用一半，或兩區舉辦不同的展出。

◆「四萬席」的多功能室內棒球場

由於松山菸廠北側7.8公頃的土地被劃入古蹟保護，可以作為巨蛋園區的土地成為一個L型基地。受到基地條件的限制，巨蛋棒球場40,000席的席次分配也成為一次設計智慧的考驗。基地可供興建巨蛋的位置，是松山菸廠南側到忠孝東路的區塊，該區塊寬約198公尺、長約414公尺。依據巨蛋BOT契約中的設計規範，基地北邊要與松山菸廠古蹟留出10公

尺以上的安全距離，南邊忠孝東路要留出12公尺退縮綠帶及人行道，加上建築物的造型、雨遮、牆面厚度等，實際可用於巨蛋建築的寬度不到170公尺。

　　因此在座席分配上，勢必要減少南北側（亦即一、三壘位置）的觀眾席，轉而集中到內外野。巨蛋棒球場於是設計將內野安排30,000席座位，外野安排10,000席；此外，內野有20間貴賓包廂，外野有16間貴賓包廂。

(二)商場

　　臺北（大）巨蛋的商場，位於忠孝商圈、信義商圈的樞紐地帶，同時北有松山文創園區，南有國父紀念館藝文特區，結合巨蛋的體育娛樂活動，形成一個新型態的購物休閒區域。商場緊鄰著巨蛋，在光復南路側，是一個大型購物中心，將由臺灣現有的百貨業者進駐。目前的規劃，將朝全年齡層、全商品面、一次購足的單點旗艦大店設計。目標不

日本福岡巨蛋旁的鷹城（Hawks Town）購物中心（李柏熹攝，2007）

僅是大臺北地區的消費者，也將擴大發展成為國際觀光購物中心。

(三)旅館

　　由於巨蛋將舉辦許多國內外大型體育娛樂表演活動，不但球員、藝人與工作人員有住宿需求，外地觀眾也有住宿上的需求；加上市區有較多的商務旅客住房需求；並考慮到整個園區的未來發展，勢必成為臺北市的重要觀光地標。因此，園區中規劃了一個擁有400個房間的旅館，並有大型宴會、商務會議等輔助功能。

(四)電影院

　　為了讓整個園區的休閒娛樂功能更完整，在基地北側靠近市民大道

日本東京巨蛋旁的東京巨蛋飯店，擁有1,006間客房（李柏熹攝，2012）

日本福岡巨蛋旁的飯店，擁有1,052間客房，原為JAL飯店，現已改為Hilton飯店（李柏熹攝，2007、2013）

的冷僻區域（相對於忠孝光復端），規劃了一個有14個廳的影城，影廳的等級，從強調舒適豪華的Gold Class Seats到著重畫質音響震撼度的大型IMAX放映廳都有，甚至逐漸興起的4D影廳也在規劃中。

(五)臺灣棒球博物館

　　棒球從日據時代引進臺灣，已經發展超過一百年，一個臺灣棒球發展史，事實上就是臺灣近代史的寫照。棒球屢屢是臺灣最能與國際各強權競爭的運動項目，也是最有民間潛藏動能的活動，雖然持續有各種小型的棒球主題展示在推動，也不乏許多專業收藏家默默典藏關於棒球的點點滴滴，但卻一直沒有一個單位能完整的搜集、規劃、展示臺灣百年來的棒球血淚史。

　　隨著臺灣第一個（很可能也是唯一的一個）巨蛋棒球場的興建，同時規劃了臺灣最大最完整的棒球博物館，不但要搶救臺灣的棒球寶物，也要讓參觀的民眾透過博物館的展示，瞭解棒球的興衰血淚、瞭解臺灣的近代，進而從棒球的史觀中，找到臺灣在未來的定位。

日本東京巨蛋旁的野球體育博物館，2013年更名為野球殿堂博物館，英文名稱為The Baseball Hall of Fame and Museum，與美國Cooperstown的The Baseball Hall of Fame and Museum相同（李柏熹攝，2012、2013）

獨立於美國各球場外，位於紐約郊區Cooperstown的美國棒球名人堂與博物館（The Baseball Hall of Fame and Museum），是美國棒球文化的重鎮，整個小鎮都以棒球為主題（李柏熹攝，2007）

第三節　臺北（大）巨蛋案的展望

一、大型活動市場的潛力

　　本書前幾個章節就不斷強調一件事：蓋巨蛋是容易的，怎麼樣永續經營才是重點。臺北（大）巨蛋採用BOT方式，注入許多附屬事業擴大商機來養巨蛋，固然提高了巨蛋永續發展的機會，但若因為有了商業設施而忽略巨蛋本體的營運，也不是一個成功的經營方式。曾有一個從事演唱會硬體搭建的廠商，因為參與過臺北小巨蛋的經營，2006年到遠雄巨蛋公司毛遂自薦要擔任顧問，提出來的第一個顧問建議：「避免臺北（大）巨蛋虧損的唯一方式，就是開幕後就上鎖不要營運。」這種消極的心態絕對不是有為的企業家所當為，更不是當初蓋巨蛋的初衷，來自社會的觀感更差。雖然這家廠商最後並沒有擔任臺北（大）巨蛋的顧問，但這些年來，「巨蛋會賠錢」、「巨蛋一年辦不了幾場活動」的聲音卻從來沒有停過。

　　事實上，只要仔細觀察臺灣近幾年的大型活動市場就可以發現，臺北（大）巨蛋的活動量並不需要擔心，其主要支撐點有三項，也就是棒球、演唱會、展覽三大項活動的發展潛力。

　　在棒球活動上，雖然職棒平均觀眾數只有數千人，但更仔細的去分析單場觀眾數可以發現，開幕賽、冠亞軍賽幾乎都可以達到萬人甚至以上的觀眾數，而北部的幾個棒球場，包括天母球場、新莊球場甚至桃園球場，都在交通不便的位置。如果改在臺北（大）巨蛋，交通便捷加上球場環境舒適，觀眾數必定可以再成長。除了國內職棒賽事，亞洲職棒大賽、經典賽以及美國或日本職棒來臺交流賽等，也屢屢在票房上創出佳績。因此，也許短期內臺北（大）巨蛋還不太可能成為職棒例行賽

事的場地，但透過上述的賽事，一年有超過二十場且觀眾數超過三萬人以上的棒球賽事應該是可以期待的，然後配合整體棒球制度與環境的改善，在好的球場吸引下，巨蛋內的棒球賽事也可以逐年增加，最後達成主場球隊進駐，成為職棒例行賽事球場的目標。

臺北小巨蛋從2006年開幕第一年就創下使用天數232天的佳績後，使用率幾乎年年成長，到2010年已經突破300天，成為一日難求的高使用率多功能體育館。其中雖然以演唱會為大宗，也正突顯了演藝娛樂市場對大型場地的需求，使得許多排不進小巨蛋檔期的藝人轉往南港展覽館或世貿二館開唱，而這些演唱會中，更不乏連開三場以上的藝人。由此可見，只要有場地，帶動相關市場是可能的；其次，現存連唱三場以上的藝人也將是未來臺北（大）巨蛋的準客戶。

在展覽方面更不用擔心，臺北世貿展覽館的使用率在全球展覽館中名列前茅，雖然南港展覽館啟用後，外貿協會有意將展覽重心移往南港，但由於世貿展覽館的地利之便，仍是許多策展公司的首選。臺北（大）巨蛋的平面層面積有12,950平方公尺，相當於半個世貿展覽一館，可容納約700個3公尺×3公尺的標準攤位，是最受歡迎的展覽場地尺寸。而地理位置、周邊服務甚至比世貿展覽館更好，因此可以預期臺北（大）巨蛋開幕後，勢必成為最重要的展覽場地。

尤其在大型活動市場中，賣的並不是「天」，而是「週」。主辦單位最喜歡的活動舉辦日期一定是例假日或例假日前一天，因此，雖然巨蛋有365天可以租用，真正的使用卻是52週，主辦單位正好利用週間進行硬體搭設，週末舉辦活動，結束後立刻拆卸。由以上的市場潛力說明，要賣完52週並不是太困難的事，經營的重點反而是：如何能賣得比52週還多，填滿活動與活動間的空檔，真正讓365天天天都被利用。

二、未來其他巨蛋開發案的建議

臺北（大）巨蛋的設計規劃，除了原有專業團隊的深入規劃，在筆者加入後，也以營運的角度提供多項建議，做了許多與原始設計不同的改變，包括：(1)將巨蛋180度轉向，讓三萬席的內野遠離捷運出入口，以利於人潮疏散；(2)封閉觀眾席各樓層與商場的出入口，避免排隊與散場的觀眾影響商場正常營運；(3)增設演藝人員專屬化妝室；(4)增設巨蛋屋頂演出專用舞臺吊點與吊架，加速藝文娛樂類舞臺搭建時間；(5)增設表演專用電力系統；(6)增設展覽專用電力、網路、給排水工作地盒。

從許多角度來看，臺北大巨蛋的設計與考量，算是相當完備，可是仍免不了還是有些與現實妥協的不足與遺憾，其中影響最大的，是巨蛋內的餐飲零售空間嚴重不足。前面章節提過，不論美日的巨蛋棒球場或露天職棒球場，都有相當大的餐飲零售空間，少的至少也有三、四十間，多的甚至像洋基球場有超過三萬坪，而臺北（大）巨蛋目前僅設計十間。這是一個與現實妥協後不得不然的設計。臺灣職棒市場雖然自2013年經典賽，以及義大犀牛隊找來美國職棒巨砲曼尼打了三個月，票房上有顯著增加，但究竟自此就是個轉振點開始提升，或只是個短期現象，仍有待觀察。另一個可能使用巨蛋的大型活動——演唱會，從臺北小巨蛋的演出狀況也可以觀察出，巨蛋內的餐飲零售需求量並不大。兩大主要活動對巨蛋內餐飲零售的需求有限下，只好降低此空間的規劃設計，可是仍預留日後擴充的臨時攤位。

其次，在整體園區的空間配置上，可以考慮規劃一個以「棒球」或「演藝娛樂」的價值產業鏈，以發揮更有主題性的集客綜效。

如果是棒球產業鏈，除了巨蛋棒球場，巨蛋出入口周邊，至少應該配置運動用品專賣店、與中華職棒大聯盟及各球團合作的職棒紀念品商店（並引進美日職棒周邊商品）、棒球運動主題餐廳，並在園區中規劃

打擊練習場、樂樂棒球等，並規劃球迷俱樂部。如果可能，甚至可以請中華職棒大聯盟的辦公室搬遷到巨蛋園區。這些對整個園區棒球價值的塑造都有相當大的幫助。

　　如果是演藝娛樂產業鏈，除了將巨蛋塑造成臺灣唯一的巨星殿堂外，園區內也應該規劃一個藝能養成的空間，如和唱片公司或藝能經紀公司合作，規劃一個開放式的演藝教室；另在園區中開設有現場駐唱的餐廳或酒吧，並開放廣場成為現場表演空間，讓演藝教室中的學員能去「實習」；和廣播電臺合作規劃Open Studio；和球迷俱樂部結合成為歌迷俱樂部，定期舉辦相關活動；同樣的，也邀請各大唱片公司、藝能經紀公司進駐到巨蛋園區辦公。這一切的規劃，除了讓學員看到一條清楚的演藝之路，從教室、街頭演出，到最終進入巨蛋殿堂，也會因為表演娛樂元素的呈現，而產生相當大的集客效益。

　　此外，在球場平面層地下預設一個大型升降舞臺，也是可以讓設計團隊仔細思考的方案。雖然全世界沒有任何一個巨蛋有這種設計，但做為一個「巨星表演的殿堂」，其實有其必要性與實用性。尤其增設的升降舞臺，不但可以增加主辦單位搭設舞臺硬體的效率，更可以讓主辦單位增加巨蛋彈性運用的思維，去思考在巨蛋中演出的各種可能性。（大）巨蛋部分，目前各項大型演出幾乎都將舞臺推到外野最末端，甚至將舞臺搭到外野的座位區上，以求得座位的極大化，但此種舞臺位置，對內野後方的觀眾並不適當，視距超過200公尺，幾乎就是在現場「看電視」（大投影幕）。有了場館方事先考量到觀眾的視距、視角以及觀眾數等條件最佳化的升降舞臺，配合場租條件的彈性規劃，能讓主辦單位思考兼顧座位數與觀賞品質的平衡點，而放棄一切以最大座位數為考量的商業角度，創造主辦單位、觀眾與場館方三贏的局面。

2008年4月19日波伽俐演唱會於臺中洲際棒球場舉辦，主辦單位為求最大觀眾數，將舞臺搭至外野觀眾席上，造成後方觀眾距離舞臺太遠，而最貴區域的前排觀眾又須仰頭才能觀賞（且舞臺前緣後3公尺就看不到了）（李柏熹攝，2008）

本章結論

　　雖然臺北（大）巨蛋的規模與本書主軸小巨蛋的經營實務略有不同，但整個開發過程，幾乎就是本書從第一章起所介紹的綜合開發案完整實例。礙於本書重點、篇幅，以及臺北（大）巨蛋尚未完工營運，本章僅重點介紹本案的開發程序以供參考。

　　臺北（大）巨蛋BOT案在風風雨雨紛紛擾擾中，籌備了二十年終於動工。前半段的政治角力與後半段的公民參與問題，其實是非常值得政府、民間企業與公民團體好好借鏡參考的。尤其每當在對國外單位介紹本案時，毫無例外，聽到本案歷經二十年，經過了十二任行政院長、四

任臺北市長以及九次都審、五次環評，才終於能夠開發，都感到非常不可思議，也對我國的行政效率提出相當高的質疑。

在政府的立場，應該非常清楚的知道，這個開發案具體的需求與效益是什麼？會帶來的衝擊是什麼？兩相權衡下，做或是不做？或是替代方案？或是改善方案？接下來是開發的方式，是公辦公營？公辦民營？或是BOT？尤其，若是決定公辦民營或BOT後，就必須在公眾利益與廠商利益間尋求一個平衡點，廠商無利可圖，方案不可能成功；廠商獲利太高，是否犧牲了公眾利益？不要怕廠商賺太多，重點是，原來規劃的公眾利益是否維持住？如果廠商有能力提高本身的獲利能力，同時兼顧，甚至提高了公眾利益，政府也應該給予鼓勵的。訂定出合理的遊戲規則後，也決定好執行的方案，就要運用合法的公權力，招標前，先幫未來的廠商排除可能的障礙。對任何商業活動而言，最可怕的是不可預期的風險，尤其，是來自政策搖擺不定產生的風險。臺北（大）巨蛋在2006年簽約後，面臨的幾乎都是政策不確定的風險，因為這樣拖延五年，產生了超過30億的相關支出，若是財力比較薄弱的公司，很可能因為這樣被拖垮。

在民間企業的立場，參與此類大型公共工程前，內部應詳細評估各種可能的狀況，包括可預期的財務風險，以及不可預期的政治風險。尤其我國一向在政治議題上有較壁壘分明的民粹傾向，加上選舉多，政治氛圍也傾向於討好選民的決策導向。許多問題不在技術層面，而是政治層面。此外，獲利固然是企業經營的核心，但在曰利之餘，能多曰義，不但有助於提升企業形象，也符合現今企業社會責任的潮流。

在公民團體的立場，積極的監督政府各項政策與執行，並參與地方重大建設的意見表達，當然是值得鼓勵的作為，事實上也該如此。對環境有重大傷害，一定要阻止；有弊端，一定要揪出來；有違法違規事項，更不容妥協。可是如果是合法的開發案，而在學理上、案例上或環

境影響上，又沒有絕對的對錯，不妨以更開闊的胸襟參與。尚未定案時當然可以各抒己見並有所堅持，一旦定案了，就在該項方案確定的前提下嚴格監督，或是參與規劃意見，才能產生雙贏的方案。

　　臺北（大）巨蛋的規模與營運型態是臺灣過去從未出現過的，甚至在全球都是稀有個案，但這並不代表巨蛋的營運將陷入困境。如果能從巨蛋本身的條件與優勢，仔細觀察市場趨勢與需求，仍然有機會創造高的使用率與高營收。

問題討論

一、早期的各項巨蛋相關研究報告都指出，巨蛋是一個國家或城市，經濟是否發達、社會是否進步，建設是否進步的重要指標，你同意這樣的看法嗎？為什麼？

二、相較於我國低迷的職棒現狀，你認為臺北（大）巨蛋還有興建的必要嗎？

三、如果臺北（大）巨蛋完工後，我國職棒市場仍沒有明顯的起色，你認為該如何提高棒球活動在巨蛋中的使用率？

四、你同意「棒球租不起巨蛋」嗎？怎樣讓棒球租得起巨蛋？

五、巨蛋的附屬事業，除了本章所提到的項目，還有哪些建議？

參考文獻

丁榮生（1997）。〈巨蛋效應下的都市大規模空間開發經驗——以日本巨蛋為例〉。《建築師雜誌》，86(5)，頁110-118。

丁榮生（2000）。〈松菸廠「文化體育園區」謀共識〉。《中國時報》，2000年8月8日。

丁榮生（2000）。〈陳郁秀：保留松菸　保育文化〉。《中國時報》，2000年6月8日。

丁榮生（2001）。〈陳：扣我大帽子未免太重〉。《中國時報》，2001年11月22日。

中華職棒大聯盟網站，http://www.cpbl.com.tw/

王超群（2000）。〈松菸建巨蛋　里長「粉感冒」〉。《中國時報》，2000年7月18日。

王嘉陵（2000）。〈巨蛋未定案　市府恐接變化球〉。《中國時報》，2000年9月9日。

朱芳瑤（2007）。〈環團反建大巨蛋　要公園〉。《中國時報》，2007年11月3日。

李柏熹（2009）。《巨型多功能運動場館關鍵成功因素之探討——以臺北（大）巨蛋規劃為例》。世新大學觀光學系碩士論文，未出版，臺北市。

官文炎（2000）。《運動場館建造背景及其發展之研究：以巨型體育館為例》。臺北市立體育學院休閒運動管理學系升等論文，臺北市：科正。

張啟楷（2001）。〈馬：松菸蓋巨蛋活化古蹟〉。《中國時報》，2001年11月22日。

張啟楷、董孟郎（2000）。〈馬英九：誰讓巨蛋蓋不成　誰負責〉。《中國時報》，2000年6月10日。

陳志祥（2008）。〈中華職棒經營危機　兄弟象：再虧　就解散〉。《中國時報》，2008年7月22日。

陳盈珊（2001）。〈交通擺不平反彈聲盈耳〉。《中國時報》，2001年3月23日。

陳義煌（2009）。《中華民國棒球規則》。臺北市：中華民國棒球協會。

陳駿逸、魏冠中、龔招健（2001）。〈松山菸廠孵巨蛋　就等政院點頭〉。《中

國時報》，2001年11月19日。

曾至賢（2000）。〈市政會議通過松山菸廠建巨蛋〉。《中國時報》，2000年6月6日。

程金蘭（2000）。〈菸廠建巨蛋　馬英九不死心〉。《中時晚報》，2000年8月11日。

詹家琪（2008）。〈大巨蛋交通說明會爆發口角　民眾離席抗議〉。中央通訊社，2008年8月2日。

廖瑞宜（2000）。〈菸廠下巨蛋有人想翻案〉。《中時晚報》，2000年7月17日。

臺北市政府（1995）。《巨蛋催生小組考察報告書》。臺北市：臺北市政府巨蛋催生小組。

臺北市政府（2003）。《徵求民間參與興建暨營運臺北文化體育園區——大型室內體育館開發計畫案申請須知》。臺北市政府，未出版。

遠雄巨蛋公司網站，http://www.farglorydome.com.tw/

劉榮（2012）。〈花288億蓋大巨蛋　不能打國球〉。《自由時報》，2012年9月7日。

Wilhide, E. (1999). *The Millennium Dome*. London: Harper Colins.

CHAPTER 12

多功能體育館公辦民營之相關政策與法規分析

黃蕙娟

第一節　世界各地民營化之興起

第二節　臺灣地區民間參與公共建設之沿革

第三節　多功能體育館委外經營之政策與法令

第四節　BOT與多功能體育館委託經營模式

本章結論

重點摘要

本章將從世界各地民營化興起之緣由開始，回頭探討臺灣地區民間參與公共建設之沿革與發展，進而由多功能體育館公辦民營之相關政策與法令進行分析，並針對法令面進行探討，最後聚焦於說明民間參與多功能體育館等公共建設之各種經營模式。本章重點簡述如下：

一、民營化潮流形成的三大主要原因，包括：(1)來自1980年代經濟自由化理念之盛行；(2)世界各先進國家推動民營化之成功經驗；(3)因應國內政經環境之變遷。

二、民營化定義為：政府部門將功能、角色、經營權、所有權或公共資源，部分或全部轉移給非政府部門之合法作法之一。而常見的民營化類型包括有撤資、委託及替代。

三、「委外經營」是民營化策略中最常被使用的方式，亦即透過政府與民間部門簽訂契約關係，由政府提供相關協助，民間部門履行契約規定項目，或對標的團體提供服務。

四、我國民間參與公共建設之相關法令有：「獎勵民間參與交通建設條例」、「促進民間參與公共建設」、「發展觀光條例」、「停車場法」與「政府採購法」。

五、要成功運作BOT，則民間企業資源的充裕與否，政府單位對於相關資源的掌握，以及監督與行政程序的完備性，成為BOT成功與否的關鍵，也因之，良好的法治規定成為必要條件。在我國，促參法為民間參與公共建設之基本法。

六、各計畫因其項目有不同市場、財務特性與涉及公益性強弱之不同，且因應各國不同國情與需要，亦衍生出許多類型。民間參與公共建設並非只有一般所熟知之BOT模式，其他型態皆由BOT模式衍生變化而來，然實務上，仍以BOT模式採用最多。

工業革命之後，由於產製技術的突飛猛進，加以能源的有效開發運用，使得工時縮短，工作效率提升，以及閒暇時間增加。在近期，進入後工業時代後，更導致民眾對各項休閒需求日增。而多媒體與網際網路發達的新世紀裡，資訊科技取代傳統的工作模式，使得坐式生活成為常態，多數人鮮少參與各項身體活動，導致慢性疾病漸起，也使得慢性疾病取代過去傳染性疾病，成為十大死因的主要原因（黃蕙娟，2013）。

　　蘇維杉（2007）指出，因應這樣的時代趨勢與社會轉變，提供質優、便利且兼備多功能的休閒場所，成為各國政府的要務，無論是國家政策或是民間運動產業皆無可避免需和體育館產生關聯。我國政府順應該趨勢，於各地興建場館。首當其衝為，臺北市於十二行政區設置十二座運動中心，於2010年亦已全數到位，一區一運動中心之運動地圖正式宣告完成（倪瑛蓮、施致平，2012；黃蕙娟，2013），臺北小巨蛋與臺北（大）巨蛋也因應興建。在各場館建置完備之際，過去一再被討論的

高雄巨蛋外觀（李柏熹攝，2013）

議題再度被凸顯,亦即政府實難以公家有限資源,以及傳統的經營模式管理眾多場館,公共支出一再緊縮,然公共需求卻面臨邊增。因此,納入民間營利的營運方式與經費挹注,成為解套的另一項出路。因此,委外經營儼然成為現今多功能體育館經營不得不正視的重要課題。

因此,本文將由世界各國民營化的演進出發,進而說明臺灣地區民間參與公共建設的情況,加以探討相關政策與法令,以及分析各項民間參與公共建設之模式,期得以一窺多功能體育館委外經營相關議題之面貌。

第一節　世界各地民營化之興起

一、民營化的起源

一般而言,民營化之政策常與民間參與相提並論,也因之,本節先由民營化起源進行說明,再於下一節探討民間參與公共建設之相關議題。經濟部國營事業委員會(2001)研究民營化政策形成,歸納出民營化潮流形成的三大主要原因,包括:(1)來自1980年代經濟自由化理念之盛行;(2)世界各先進國家推動民營化之成功經驗;(3)因應國內政經環境之變遷。而何謂民營化?郭玉閃(2005)認為,民營化乃是以私人產權為主體之市場機制。李俊瑩(1999)則指出,民營化相關學說之重點,係指限制政府干預,發揮市場機能、提升資源利用率為內涵,以經濟自由理論為基礎,將行政機關資產移轉為民間機構所有或經營。亦即——民營化,是種經營方式的轉變,重點在於民間參與公共事務之觀念,其中蘊含削減公部門權力,而增長私部門參與之意義。同時,也因為民間參與將可使公共建設更有效率,減輕政府在公共建設投資與後續經常性支出的負擔,彈性運用及配置有限資源,更可藉由民間企業的發展,有效提升國家競爭力,均衡國家整體建設、社會與環保之均衡發展。因

此，民營化遂成為世界各國解決現有公共建設資本短缺、專業缺乏、營運節省、效率提升與較佳服務問題的解決之道，兼具「社會效益」與「經濟效益」（王明德，2004）。同時，亦得以解決市場失靈，透過資源整合增創之利益，使公私雙方互蒙其利，強化政府體質並提升競爭力，強化民間參與與民主決策，並有效克服傳統公共行政之缺點，有效解決社會問題（孫本初、郭昇勳，2000）。

二、世界各地民營化

世界性的民營化運動起源於1980年初期。二次大戰後，歐美各國首以社會福利政策面對接踵而來的經濟危機，後又面臨石油危機、匯升壓力，以及為因應全球化而導致擴大財政支出與放鬆貨幣供給，終導致政府不得不積極推動國營事業民營化（黃蕙娟，2013）。民營化之起源為1979年英國柴契爾首相執政時，為致力於減少政府對一般經濟活動之干預，積極推動公營事業民營化而生。而在1987年至1989年間英國進行自來水及國營電力公司之民營化後，即正式揭開歐陸的民營化風氣。爾後傳至美國、蘇聯，在開放市場經濟之後，1991年蘇聯宣告瓦解，匈牙利、波蘭亦開始國營事業民營化，自此，隨自由經濟民主思潮，民營化政策就此開始，「民營化運動」興起後，傳遍世界各國。然而，民營化定義雖在各學者之研究各異，但甘恩光（2002）認為，得以綜合為：政府部門將功能、角色、經營權、所有權或公共資源，部分或全部轉移給非政府部門之合法作法之一。而常見的民營化類型包括有撤資、委託以及替代三種類型（Savas, 2000），「撤資」與「委託」皆為政府部門主動決定，「替代」政府則處於較被動的立場（黃建發，2003），其本文參考Savas（2000）彙整其分類與意義，說明於**表12-1**。

上述各項民營化之方式之選擇，仍須以各國之政策因素，以及民營

表12-1 常見民營化型態一覽表

類型	說明	方式	說明
撤資（Divestment）	公營事業或國有資產移轉到民間	出售（Sale）	
		無償移轉（Free transfer）	
		清理結算（Displacement）	
委託（Delegation）	政府部門委託民間部門部分或全部財貨與服務的生產活動，但政府有監督之責，此為最廣泛使用的民營化策略	簽約（Contract out）	政府將部分貨品或服務委請民間提供辦理。
		特許權（Franchise）	政府提供某項財貨或服務如水電、瓦斯及交通運輸業者經營權給私部門，可向私部門收取權利金或是租金，保留「價格率之核准權」，由使用者付費。
		補助（Grant）	政府對提供特定財貨或服務之私部門，予以免稅、低利貸款或直接補助。
		抵用券（Voucher）	政府提供合於特定資格民眾服務，持有者藉由使用優待券消費特定貨品（如食物、房租），通常社會救濟即採用此法。
		強制（Mandate）	由政府以命令方式要求私部門支付強制性服務，例如失業保證金，由私部門分擔或共同承擔政府若干社會安全責任。
替代（Displacement）	指大眾認為政府所提供生產或服務不能滿足社會需求，由民間部門提供生產或服務，以滿足社會大眾	功能不足的替代（Displacement by default）	當公部門無法提供足夠財貨或服務，由私部門替代並補足政府某些功能上的不足，例如警力欠缺，則有民間保全公司的產生，會使人民對私部門的依賴增加。
		退離的替代（Displacement by withdrawal）	主要在於因應私人企業在市場占有率的日漸擴增，導致公部門縮減規模及資源的投入，以利於私營企業之發展。
		解制的替代（Displacement by deregulation）	藉由法令修訂，開放私有企業進入原為政府公有獨占市場，甚至取代之，例如開放民營加油站。

高雄巨蛋外觀（李柏熹攝，2013）

化目標為準，並可能將各方法中，選擇一種或是數種方式，形成學者所謂之部分機制。然因現有之體育館多採用委外經營之形式，其屬性較接近於委託之方式。

第二節　臺灣地區民間參與公共建設之沿革

　　回顧歷史，我國早在清光緒十三年（西元1887年），劉銘傳為興建南北縱貫鐵路基隆彰化路段，上清廷奏摺，奏請允許召集商股興建，不動公款，亦即已為民間參與公共建設之濫觴。甚而1896年清廷與俄國之中東鐵路協定，也以BOT方式進行，顯示民間參與公共建設在我國緣由已久。

　　我國於1987年宣布解嚴後，社會環境日漸開放，人民關注政治、

經濟與社會議題，也迫使政府學習國外經驗，引進民間資源參與公共建設。我國之民營化政策自1989年開始推動，主要涵蓋有公營事業民營化、公共服務外包以及民間參與公共建設三大領域，因此，民間參與公共建設實為民營化的一環（王遠志，2010）。民營化施行的方式繁多，各目的事業單位依據營運目標之差異，方式亦各有不同，若以委託方式區分，得以分為單方委託或是契約委託；以委託事項性質則可分為管制類、福利與服務類及採購類；或以是否涉及公權力得以區分為外部業務委託與內部業務委託。丘昌泰（2000）則由國有化及市場角度，分析建構市場導向策略光譜圖，右端表示為自由化市場策略，最左端則是完全的政府經營，如圖12-1所示。其中，「委外經營」是民營化策略中最常被使用的方式，亦即透過政府與民間部門簽訂契約關係，由政府提供相關協助，民間部門履行契約規定項目，或對標的團體提供服務，同時契約中應載明雙方職責、義務、期限及標的團體人數（江岷欽、林鐘沂，2000）。

現有政府業務係以業務性質為主，民間參與多寡程度為輔，亦即由機關單純事務委託，直至政府釋出公權力完全委由民間執行（黃建發，2003）。依據行政院人事行政局（2001）之分類，我國政府業務委外辦

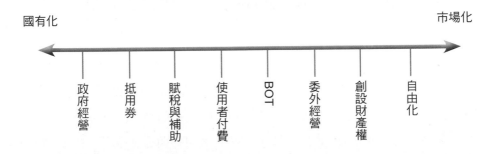

圖12-1 市場導向策略光譜

資料來源：丘昌泰（2000），頁394。

理模式型態分為四大類，分別說明於下：

一、機關內部業務委外

指政府機關將內部業務或設施委由民間辦理或經營。係由政府機關支付相關費用，由民間對機關提供服務，可分為內部事務性工作委託辦理（例如清潔工作、保全與警衛等）；以及內部設施或資產委託民間管理經營（例如員工餐廳、福利部等），此形式若獲盈餘，尚可分配福利金。

二、行政助手

係指機關為達特定行政目的，於執行職務時委託民間機構協助，但實際負責職務仍為政府機關本身，民間僅提供專業技術、人力與設備。政府機關需依據採購法等相關規定向民間購買之，未涉及公權力之委託行使，例如路邊停車格之收費即屬於此類。

三、公共設施委外經營

因政府與民間對經營權及資產設備所有權擁有程度之不同而異，各機關委託民間經營或管理，係指各機關將其所屬之公共服務或執行性質之整體業務，委託民間辦理之，並將現有土地、建物、設施或是設備，委託民間經營管理，而受託之民間單位則需自負經營管理以及公有財產保管之責。也可為機關不提供土地建物、設施設備，僅以經費補助或特許方式委託民間企業提供服務，此類之委託型態有下列數種，請參閱**表12-2**。

表12-2　我國政府委外辦理模式分類

型態	說明
部分公營 部分民營	由政府提供建物設備，由政府與民間共同經營提供服務。建物設備之應用，可採用時間與空間共享以及專有時間空間方式將部分業務委託民間機構辦理，此模式並非所有業務與硬體皆委託民間，而是採用分割模式辦理。
公辦民營	政府提供土地建物、設施設備等基本要件，委託民間經營管理，民間業者享有業務執行之權力，但須完全承擔提供公共服務之業務經營能力及效率、效能提升，以及公有財產保管之責任。政府擁有原先土地硬體之所有權，並負有監督與目標達成之責任。部分案例中，政府可在委託其間收取租金、權利金與回饋金，對政府財務助益甚大。
初期公辦民營	逐步民營化。政府提供土地、建物、設備甚至人力，尋覓合適之民間業者經營，自由政府以土地等資產折價入股，或由政府與民間共同合資，逐步轉向民間企業或是非營利組織經營。
特許興建模式	是民間參與公共建設之典型模式（Build-operate-transfer, BOT）。由政府對公共建設或服務進行規劃，並協助所需土地之取得，由民間公開競標，得標者需辦理細部計畫，執行工程興建，並在興建完成後擁有特定期限內經營之特許權。民間企業以營運所得作為投資報酬，待營業期滿後，再將資產移轉回政府，後續政府得以自行經營，或再度發包民間進行後續經營。
補助民間機構 提供服務	政府機關不提供土地、建物、設施與設備，惟為執行公共服務政策，以購買勞務、經費補助或特許等方式，委託民間提供服務。

資料來源：整理自徐嘉伶（2006）。

四、行政業務項目委外

係為簡化政府行政業務，各機關得因為實現特定行政目的，針對個別事件，將業務委託民間辦理，包括：

1. 內部事物或服務：各機關內部之事務，或是對外提供之相關服務，得以委託民間機關辦理，例如各機關之資訊系統、保全業務或內部清潔等。

2. 行政檢查業務：各機關將蒐集、查察、驗證及認定一定事實所做檢

查行為等業務，委託民間專業機構或專業技術人員代為執行。例如汽車委託民間代檢，證照審查委託民間公會辦理。

3.輔助行政業務：各機關得以針對需求將業務委託民間機構辦理，使其進行輔佐，協助行政機關執行部分管制性業務，例如委託民間進行違規車輛拖吊或拆除違章建築等。

而由於本文之公營體育館是將公共營造物委託民間經營，歸屬於委外經營模式，同時，此體育館亦是由臺北市政府提供土地，完成建物與設備後，再轉由民間企業經營管理與營運，因此，屬於各機關委託民間經營或管理中公辦民營之營運模式，因此，下節將接續探討多功能體育館民間參與公共建設相關政策與法令，以更清晰理解臺灣多功能體育館之相關政策方針。

第三節　多功能體育館委外經營之政策與法令

一、民間參與公共建設之政策演進

1989年7月，行政院成立「公營事業民營化推動小組」，優先揭示臺灣地區民營化的四大目的有：(1)增加事業自主權，提高績效；(2)籌措公共建設財源，加速公共投資；(3)吸收社會游資，紓解通貨膨脹壓力；(4)增加資本市場籌碼，健全資本市場發展（董仁邦，2007）。而我國民間參與公共建設正式起源為1993年8月，行政院通過「國家建設六年計畫期中檢討」，大力推動民間參與公共建設。而1994年11月，立法院審查通過「獎勵民間參與公共建設條例」（簡稱獎參條例），成為民間參與公共交通建設之依據；接於1995年8月，行政院核定之「以BOT方式推動國內公共建設方案」，計列管有包括高鐵等二十二項BOT示範計畫；在

示範計畫推廣之際，1996年12月召開之國家發展會議（簡稱國發會），共同決議調整政府角色與職能，擴大民間參與，要求政府落實民間參與公共建設條例，並修法擴大其實施範圍，健全法治基礎；終於1998年年底，行政院提出促參法草案，2000年2月9日通案立法實施「促進民間參與公共建設法」（簡稱促參法），不但成為臺灣目前民間參與公共建設之主要法源，更擴大適用範圍至公益性為主之社會勞工設施與商業性強之重大商業設施，同時也迅速開展我國民間參與公共建設模式。同年10月25日並發布施行「促進民間參與公共建設施行細則」（簡稱促參法施行細則），2001年10月31日進而修正公布促參法適用範圍，逐步建構相關子法暨規定。

除了法制之建置外，推動組織部分也有所進展。2002年12月20日成立「行政院促進民間參與公共建設委員會」，帶動各部會及地方政府推動，並協調解決促參業務；2003年6月2日之「行政院鼓勵各機關積極

臺北（大）巨蛋外觀示意圖（李柏熹攝，2013）

辦理民間參與公共建設方案」，透過獎勵機制提升機關辦理意願；更於2003年6月27日頒布「92年度機關辦理促進民間參與公共建設案件投資契約獎勵作業要點」與「92年度縣市政府辦理促進民間參與公共建設案件前置作業費用補助作業要點」。顯見，臺灣已逐步建立完整之民間參與公共建設之法制架構與推動機制。爾後，高雄捷運、臺北轉運站、臺北101、高鐵與市府轉運站等公辦民營之專案出現，也揭示臺灣已進入公辦民營的新世代。

二、民間參與公共建設之相關法令

我國憲法第144條中規定：「公用事業及其他有獨占性之企業，以公營為原則，其經法律許可者，得有國民經營之」。因此，公營事業應以公營為原則，除非有法律的特別許可。民間參與公共建設模式，即是由民間經營公營事業，因此須有法律授權。我國民間參與公共建設之相關法令有：「獎勵民間參與交通建設條例」、「促進民間參與公共建設法」、「發展觀光條例」、「停車場法」與「政府採購法」等（葉張基，2008），皆有民間參與興建或營運之相關規定，但以「獎勵民間參與交通建設條例」、「政府採購法」以及「促進民間參與公共建設法」為我國重要之民間參與公共建設法律，因此，本文整理黃蕙娟（2013）之說明，僅摘該三法令簡述於下：

(一)獎勵民間參與交通建設條例

「獎勵民間參與交通建設條例」於1994年12月5日公布實施，2002年6月19日修正，全文共計六章，49條，內容包括有：總則（1~8條）、用地取得與開發（9~24條）、融資與稅捐優惠（25~34條）、申請及審核（35~39條）、監督與管理（40~45條）與附則（46~49條）。為我國政府

推動民間參與公共建設之立法先驅，然適用範圍侷限於交通建設。主要
目的在於解決政府財政困難。主要之優惠為政府授予民間機構「特許經
營權」，因此，民間機構投資興建公共建設之後，可以特許經營權獲取
一定收益。政府提供民間機構用地之取得，開發便利以及融資與稅捐優
惠，待特許權期滿，即全部資產移轉予主管機關，為我國BOT等民間參
與模式之法源（王允文，2007）。

(二)政府採購法

　　「政府採購法」於1998年5月27日公布施行，2001年1月10日修正公布
第7條，並於2002年1月26日經立院修正三讀通過，共計八章，114條。由
於民間參與公共建設仍屬廣義之政府採購行為，尤其選商程序仍以公平競
爭方式進行，故「政府採購法」仍對民間參與公共建設之選商模式加以
規定。而「政府採購法」第99條規定之適用對象，主要雖為一般所稱BOT
模式，然其他衍生模式，亦應有本法之適用（羅昌發，2008）。而「促
參法」第2條「促進民間參與公共建設，依本法之規定」，使「政府採購
法」第99條似無再適用之地。然而，因「促參法」規定，主辦單位在中央
為目的事業主管機關，在直轄市為直轄市政府，在縣（市）為縣（市）
政府，惟不包括鄉鎮市公所。若鄉鎮市公所欲辦理民間參與公共建設事務
時，則必須依據「政府採購法」第99條規定。或因無法適用「獎參條例」
與「促參法」而仍有委外之必要者，亦適用「政府採購法」之規定。因
此，「政府採購法」於民間參與公共建設仍有適用之處。

(三)促進民間參與公共建設法

　　「促進民間參與公共建設法」於2000年2月9日公布施行，2001年10
月31日修正，全文共計六章，57條，為民間參與公共建設之基本法，內
容包括有：總則（1~12條）、用地取得與開發（13~28條）、融資與稅捐

優惠（29~41條）、申請及審核（42~48條）、監督及管理（49~54條）與附則（55~57條）。另「促參法細則」於2000年10月25日發布，全文共63條。核心精神在於「民間最大的參與」及「政府最大的審慎」，對於公共建設採廣義之定義，加強民間參與之意願，同時基於政府最大審慎之原則，對私有地之取得及租稅獎勵僅限於重大公共建設，兼顧維護公共利益與落實民間推動機制。由條例架構來看，「促參法」基本上與「獎參條例」相同，其條文內容主要在於擴大民間參與公共建設範圍，在其第九項中運動設施，即涵蓋本文所指之多功能體育館在內。

由於「促參法」為民間參與公共建設之基本法，因此，若干法規暨規定因應而生，為求更清晰相關規定，以下茲就與多功能體育館相關，衍生自「促參法」之法規與規定彙整於**表12-3**（因「促參法」第39條衍生之各縣市有關促進民間參與公共建設減免地價稅、房屋稅及契稅之自治條例眾多，在此略之）。

第四節　BOT與多功能體育館委託經營模式

BOT理論之提出，被認定最早源自於英法兩國。追溯至十八世紀初期，英國經濟學家Edwin Chadwick發展土地競標原理，亦即利用特許權競標解決公共建設遭壟斷之問題。而法國則為第一個創造特許權公司的國家，於1853年有公司獲得里昂（Lyons）為期九十九年之輸水特許權；直至1984年，土耳其總理於規劃公共部門民營化政策時，率先提出BOT名稱，開啟由公共工程交予民間自行融資、設計、興建與營運，並於一段時間後，將經營權交回政府的概念（胡攸印，2005）。爾後，此成為許多大量需求公共建設但資金資源有限之國家，與民間合作的重要策略。

BOT是民間與政府間的一種合約關係，胡攸印（2005）歸納學者分

表12-3 我國促進民間參與公共建設之相關法規及規定

公布日期	法條名稱	法源依據
2000.02.09	促進民間參與公共建設法	
2000.05.15	主辦機關審核民間自行規劃申請參與公共建設案注意事項	促參法第46條授權訂定
2000.05.24	民間機構參與重大公共建設營利事業股東適用投資抵減辦法	促參法第40條授權訂定
2000.08.30	民間參與重大公共建設毗鄰地區禁建限建辦法	促參法第22條授權訂定
2000.09.01	民間機構參與重大建設進口貨物免徵及分期繳納關稅辦法	促參法第38條授權訂定
2000.10.25	促進民間參與公共建設法施行細則	促參法第56條授權訂定
2000.10.26	促進民間參與公共建設公有土地出租及設定地上權租金優惠辦法	促參法第15條授權訂定
2000.10.27	促進民間參與公共建設之重大公共建設範圍訂定及認定原則	促參法第3條授權訂定
2001.06.28	民間機構參與重大公共建設適用投資抵減辦法	促參法第37條授權訂定
2001.10.09	民間機構參與重大建設進口貨物免徵及分期繳納關稅辦法	促參法第38條授權訂定
2002.03.01	民間機構參與公共建設甄審委員會及評審辦法	促參法第44條授權訂定
2002.11.27	民間參與公共建設申請及審核程序爭議處理規則	促參法第47條授權訂定
2002.12.11	交通部促進民間參與交通建設附屬事業容許項目 經濟部促進民間參與公共建設附屬事業容許項目	促參法第27條授權訂定
2003.06.11	民間參與經建設施公共建設接管營運辦法	促參法第53條授權訂定
2003.06.25	經濟部辦理促進民間參與公共建設區段徵收取得土地處理辦法	促參法第19條授權訂定
2003.08.20	民間機構參與重大公共建設免納營利事業所得稅辦法	促參法第36條授權訂定
2003.08.20	民間參與經建設施公共建設區段徵收取得土地處理辦法	促參法第18條授權訂定
2003.09.04	促進民間參與交通建設與觀光遊憩重大設施使用土地上空或地下處理及審核辦法	
2004.08.16	交通部辦理促進民間參與公共建設區段徵收取得土地處理辦法	促參法第19條授權訂定
研擬中	重大公共建設所需用地之開發、處理及被徵收土地所有權人領回土地、建築物之折算基準辦法	促參法第17條授權訂定

資料來源：修改自胡攷印（2005）。

析，提出BOT模式主要有以下五大特性：(1)先期投資成本高；(2)計畫複雜性高，前置期作業需謹慎；(3)工程回收期長，風險多但可轉移；(4)公私部門需長期協商與合作；(5)採用專案融資，需在無追索權或有限追索權基礎上進行。

此外，BOT得以成為世界潮流有其原因，董仁邦（2007）歸納眾多學者之觀點，提出BOT主要的優點有：(1)減輕政府財政負擔，節省鉅額公共支出；(2)提高建設品質與營運效率；(3)避免政府部門人事膨脹；(4)風險分擔更有效率；(5)資金有效運用；(6)減少興建與驗收時技術及介面爭議；(7)吸引外資與技術轉移；(8)政府的控制；(9)滿足社會福利與政治利益；(10)可刺激經濟發展。

然而，世界各國各BOT專案，有許多仍在特許期限內，國內高鐵、高捷弊案頻傳，因此BOT之應用如雙面刃，評估前不得不慎。董仁邦亦同步提出BOT之缺點有：(1)國內外經驗未臻成熟；(2)政府有圖利之困擾；(3)專案特許公司投資成本高；(4)專案之報酬無法自由支配；(5)專案特許公司控制權消失；(6)可行性評估的不確定性；(7)民間企業風險增加。

而陳清鴻、林貴幅（2009）針對公立體育館民營化之探討亦提出，其民營化需探討：結合商業價值吸引民間投資、有法源基礎可依據、場館專業人力認證制度的推動與民營化模式與專案之間的適合度，目前以OT方式較為主流。有鑑於上述分析可知，要成功運作BOT，進而獲取效益，則民間企業資源的充裕與否，政府單位對於相關資源的掌握，以及監督與行政程序的完備性，成為BOT成功與否的關鍵，也因之，良好的法治規定成為必要條件。在我國，「促參法」為民間參與公共建設之基本法，因此，欲分析各類民間參與公共建設之促參模式，則為有「促參法」之定義最為完整，因此，以下依據「促參法」第8條第一項與第29條規定以及黃蕙娟（2013）之分類，歸納說明民間參與公共建設，包含有下列各種型式：

臺北小巨蛋外觀圖（李柏熹攝，2013）

1. 興建—營運—移轉（build-operate-transfer, BOT）：由民間機構投資興建，並進行營運，於營運期滿後，將該建設之所有權移轉予政府（「促參法」第8條第一項第一款）。

2. 無償興建—營運—移轉（build-transfer-operate, BTO）：由民間投資興建，完成後，政府無償取得所有權，並委由該民間機構營運。營運期滿後，營運權歸還政府（「促參法」第8條第一項第二款）。

3. 有償興建—營運—移轉（build-transfer-operate, BTO）：由民間投資興建，完成後，政府一次或是分期給付建設經費以取得所有權，並委由該民間機構營運。營運期屆滿之後，營運權歸還政府（「促參法」第8條第一項第三款）。

4. 整建—營運—移轉（rehabilitate-operate-transfer, ROT）：由政府委託民間機構，或是由民間機構向政府租賃現有設施，予以擴建、整

建後，再進行營運。營運期限屆滿後，營運權歸還給政府（「促參法」第8條第一項第四款）。

5. 營運—移轉（operate-transfer, OT）：政府興建完成後，委託民間機構營運。營運期限屆滿後，營運權歸還給政府（「促參法」第8條第一項第五款）。

6. 興建—擁有—營運（build-own-operate, BOO）：為配合國家政策，委由民間機構投資興建，擁有所有權，並自為營運或委託第三人營運（「促參法」第8條第一項第六款），營運期限屆滿後，並不將此項基礎產業項目移交給公共部門。亦即政府規劃，由民間購置土地並以特許權進行營運，以收入投資報償，項目所有權為投資人擁有，為完全民營化方式，也是最早出現的類型。

7. 其他經主管機關核定之方式：實務上曾有專案核定提交民間參與之案例，也尚有興建—移轉（build-transfer, BT）。所謂BT模式係由民間自備資金，從事興建政府核定之建設計畫，俟完工後，將設施移轉政府。而政府於完工後，逐年編列預算償還建設經費及利息，或於施工期間階段性付款，部分款項待完工後再分年償還。這種模式乃指政府核定之公共建設，由業者及其融資銀行共同參與投標，以標金最低者得標。此種方式對民間風險較高，除了需事先墊付經費外，也需承擔建設期間之風險。

　　除上述各項定義之方式外，各計畫因其項目有不同市場、財務特性與涉及公益性強弱之不同，且因應各國不同國情與需要，亦衍生出許多類型（**表12-4**）。由此可知，民間參與公共建設並非只有一般所熟知之BOT模式，其他型態皆由BOT模式衍生變化而來，亦即各種模式已從最典型的民間參與投資興建公共建設，演變出多種型態（陳清鴻、林貴幅，2009），然實務上，仍以BOT模式採用最多。

表12-4　民間參與公共建設之型態

型態	翻譯	說明
BOOT build-own-operate-transfer	興建—擁有—營運—移轉	因為O（Own）意義之差異，可區分為兩種：(1)Own為擁有，政府授予民間企業特許權時，亦賦予相關物業之開發權與營運權；(2)Own為擁有該項公共建設，使民間企業擁有產權，待特許權期滿，則此公共建設以議定之價格或是計畫殘值，以有償方式再移轉給政府。
BOOTT build-own-operate-transfer-training	興建—擁有—營運—移轉—訓練	民間企業在完成上述模式後，在營運期滿欲交還給政府時，需要完成相關技術轉移訓練，故在BOOT之後增加T（training）。
BTL build-transfer-livery	興建—移轉—出租	民間興建後移轉給政府，政府再出租給其他人使用。
BLT build-livery-transfer	興建—出租—移轉	民間投資興建公共建設後，在特許期間內出租給政府機構，以供社會大眾使用，其所謂的「民營公有」，此法民營業者能取得較穩定之投資報酬。
BTOT build –transfer and operate-transfer	興建—移轉—營運—移轉	政府負責規劃與興建期間之資金籌措，而工程之興建由民間負責，俟完工後所有權移轉政府，而民間企業取得特許經營權，負責設施之運轉與資產之維修、增製及汰換等工作。特許營運期滿，所有資產所有權移轉政府。BTOT在辦理招商時，同時選出一家工程興建與營運團隊，不同於BT+OT模式是分兩次招商，極可能興建與營運由兩家不同公司組成。
BTS operate-transfer-sell	興建—移轉—出售	由民間興建公共建設，完成後移轉給政府，由政府再出售給其他民間企業使用。
LROT lease-renovate-operate-transfer	租用—更新—營運—移轉	民間承租政府舊有之公共建設予以投資更新，在特許期間營運。屆滿特許期後，連同更新的設備一併移轉給政府，政府可依此途徑更新處理老舊公共建設。
BOTO'T build-operate-transfer-operate' transfer	興建—營運—移轉—營運—移轉	在BOT模式特許期滿後，民間企業將專案計畫移轉給政府後，政府單位可以自行營運，或是尋求適當的民間機構繼續營運，因此O'T即是代表第二階段之營運循環。
DBFO design-build-finance-operate	設計—建造—融資—營運	原是以設計、建造的統包為主，但是承包商一併提出融資計畫以換取營運權。待興建完成後，民間企業不經由營運獲取報酬，而是於合約中載明雙方同意之計價方式，由政府支付計算之影子費用（shadow rate）。

（續）表12-4 民間參與公共建設之型態

型態	翻譯	說明
IOT Investment-operate-transfer	投資—營運—移轉	民間企業收購現有之公共設施，依據特許權協議營運，最後，再移轉給政府。
TOT transfer-operate-transfer	移轉—營運—移轉	由政府單位將已興建好之公共設施移轉給特許公司，從特許公司一次性的獲取費用。於特許期間，民間企業獨立營運該設施，以其營運收益作為投資的收入。待特許期間結束後，由政府收回該設施之經營特許權。

　　綜合上述型態分析可知，事實上，各種民間參與公共建設之型態都是由傳統發包方式發展而來。現在民間參與公共建設模式已十分多元，且具備彈性變化，只要適用且是好的思考方向，許多更新的政府機構與民間企業之合作模式將會不斷衍生。

本章結論

　　為解決現有公共建設資本短缺，專業缺乏，並克服傳統公共行政之缺點，各國期望透過民間企業的加入，有效達成節省營運成本，提升營運績效與提供較佳服務，進而提升國家競爭力，均衡國家整體建設，以及社會與環保之均衡發展，因此，促成世界民營化潮流的興起（黃蕙娟，2013）。我國亦開始推動民營化政策，主要涵蓋有公營事業民營化、公共服務外包以及民間參與公共建設三大領域，民間參與公共建設自此之後，便成為民營化的一環。而由於公營體育館是將公共營造物委託民間經營，歸屬於委外經營模式，亦即，體育館是由政府單位提供土地，完成建物與設備後，再轉由民間企業經營管理與營運，因此，多功能體育館亦屬於委外經營之營運模式。而2000年2月9日於「促參法」公

布施行後，對於公共建設採更廣義定義，在其第九項運動設施中，即涵蓋多功能體育館在內，因此，理解多功能體育館之營運，自須瞭解公辦民營之政策與法令發展。

　　然而，要成功運作BOT，進而獲取效益，民間企業資源的充裕與否，政府單位對於相關資源的掌握，以及監督與行政程序的完備性皆成為關鍵。在我國，「促參法」為民間參與公共建設之基本法，因此，各類民間參與公共建設模式，以「促參法」定義最為完整。而各計畫因其項目有不同市場、財務特性與涉及公益性強弱之不同，亦衍生出許多類型，由此可知，民間參與公共建設並非只有一般所熟知之BOT模式，現在民間參與公共建設模式已十分多元，且具備彈性，許多更新的合作模式將會由BOT模式不斷衍生，但實務上，仍以BOT模式採用最多。然BOT是否得以發揮正向功能，消滅弊案與負面效益，創造政府、企業與民眾三贏，共生、共榮與共利之局面，則有賴於政府單位的睿智，以及民間機構的積極參與。

問題討論

一、請簡要說明世界各國民營化的崛起與趨勢。

二、請說明世界各國民營化興起的原因。

三、請簡要說明現有民營化型態有哪些？

四、請簡要說明我國政府委外辦理模式分類？

五、請簡要說明我國多功能體育館公辦民營之政策演進。

六、請簡要說明我國多功能體育館公辦民營之相關法令。

七、請簡要說明民間參與公共建設之分類，以何者運用最多？

八、請簡要說明何謂「公辦民營」與BOT？

 參考文獻

王允文（2007）。《論行政部門對民間參與重大交通建設之監督管理機制——以高雄捷運為例》。未出版碩士論文。國立中山大學，高雄縣。

王明德（2004）。《民間參與公共建設政策之績效評估制度及其運作機制之建置（第一期）》。臺北市：公共工程委員會委託研究。

王遠志（2010）。《民間參與公共建設犯罪及法規範之研究》。未出版碩士論文。國立臺北大學法律學系，新北市。

丘昌泰（2000）。《公共管理——理論與實務手冊》。臺北市：元照。

甘恩光（2002）。《公立醫院「公辦民營」政策執行之評估研究》。未出版碩士論文。銘傳大學公共管理與社區發展研究所，臺北市。

江岷欽、林鐘沂（2000）。《公共組織理論》。臺北市：國立空中大學。

行政院人事行政局（2001）。《推動政府業務委託民間辦理實例暨契約參考手冊》。臺北市：作者。

李俊瑩（1999）。《我國公營事業民營化之檢討與法制變革重點建議》。未出版碩士論文。國立臺灣大學，臺北市。

胡攸印（2005）。《臺灣、日本民間參與公共建設制度之比較研究》。未出版碩士論文。國立屏東商業技術學院，屏東縣。

倪瑛蓮、施致平（2012）。〈運動休閒新起點——探析臺北市市民運動中心之發展現況及未來契機〉。《中華體育季刊》，26(2)，頁215-222。

孫本初、郭昇勳（2000）。〈公私部門合夥理論與成功要件之探討〉。《考銓季刊》，22，頁95-108。

徐嘉伶（2006）。《臺北市市民運動中心委外經營過程之研究》。未出版碩士論文。國立臺北大學，新北市。

郭玉閔（2005）。〈被誤導的「公用事業民營化」〉。天則公用事業研究中心。http://www.ccppp.org/shownews. Asp/ newsid=544

陳清鴻、林貴幅（2009）。〈我國公立體育場館民營化之探討〉。《中華體育季刊》，23(3)，頁142-148。

黃建發（2003）。《公立體育場民營化可行性評估——基隆市立體育場之個案研究》。未出版碩士論文。國立體育學院，桃園縣。

黃蕙娟（2013）。〈我國公立運動場館委外經營相關政策與模式之探討〉。《大專體育雙月刊》，126，刊登中。

經濟部國營事業委員會（2001）。《經濟部所屬事業民營化》。臺北市：作者。

葉張基（2008）。〈民間參與公共建設國家賠償責任之解構〉。《中正大學法學集刊》，24，頁161-205。

董仁邦（2007）。《臺灣地區民間參與公共建設問題與對策之研究》。未出版碩士論文。國立臺灣海洋大學，基隆市。

羅昌發（2008）。《政府採購法與政府採購協定論析》。臺北市：元照。

蘇維杉（2007）。《運動產業概論》。臺北市：揚智。

Savas, E. S. (2000). *Privatization and Public-Private Partnerships*. New York, US: Chatham House.

運動休閒系列

多功能巨蛋體育館之營運管理實務

作　　者／李柏熹、臧國帆、黃蕙娟
出 版 者／揚智文化事業股份有限公司
發 行 人／葉忠賢
總 編 輯／閻富萍
特約執編／鄭美珠
地　　址／22204 新北市深坑區北深路三段 260 號 8 樓
電　　話／(02)8662-6826
傳　　真／(02)2664-7633
網　　址／http://www.ycrc.com.tw
 E-mail ／ service@ycrc.com.tw
 I S B N ／ 978-986-298-125-2
初版一刷／2014 年 1 月
定　　價／新台幣 550 元

國家圖書館出版品預行編目（CIP）資料

多功能巨蛋體育館之營運管理實務 / 李柏
熹, 臧國帆, 黃蕙娟著. -- 初版. -- 新北
市：揚智文化, 2014.01
　　面；　公分. -- (運動休閒系列)

ISBN 978-986-298-125-2 (平裝)

1.運動場地　2.體育館

528.981　　　　　　　　　　102026972